聊城职业技术学院
人文素质阅读书系

经典阅读

Classic Reading

主　编　王书芬
副主编　贾　敏　李淑青

山东人民出版社
国家一级出版社　全国百佳图书出版单位

前　言

经典阅读是一种人生姿态，无论青灯野馆、凄风苦雨，还是金碧辉煌、春风得意，无论年老体衰、弱不禁风，还是青春年少、风华正茂，“绿衣捧砚催题卷，红袖添香伴读书”“白发无情侵老境，青灯有味似儿时”。经典阅读带给人的不仅仅是对心中理想世界的坚持，更是对我们思想和心灵的升华和净化，进而改变我们的生活轨迹。余秋雨说过：“只有书籍，能把辽阔的空间和漫长的时间浇灌给你，能把一切高贵生命早已飘散的信号传递给你，能把无数的智慧和美好对比着愚昧和丑陋一起呈现给你，区区五尺之躯，短短几十年光阴，居然能驰骋古今，经天纬地，这种奇迹的产生，至少有一半要归功于阅读。”

在人类历史的长河中，古今中外的优秀作品像繁星一样闪耀，其中的经典著作像一颗颗璀璨的明珠炫目。经典作品使文字具有了永恒的价值，它比图像更空灵，比冥想更深邃。阅读经典让你站在巨人的肩膀之上，遨游于伟人汪洋恣肆的思想海洋，它把自然人转化为社会人。阅读经典虽不能改变人生的长度，但可以改变人生的宽度和厚度。通过阅读，你可以视通四海，思接千古，与智者交谈，与伟人对话。阅读经典的意义就在于，它在超越世俗生活的层面上，建立起精神生活的世界。一个人的阅读史，就是他的心灵发育史，它使人超越了动物性，不至于沦为活动

〔明〕王绂　墨竹图　纸本墨笔　尺寸不详　台北故宫博物院藏

木偶，行尸走肉。毛姆说："养成阅读的习惯，等于为自己筑起一个避难所，几乎可以避免生命中所有的灾难。"

刘勰在《文心雕龙》中说过："操千曲而后晓声，观千剑而后识器。故圆照之象，务先博观。"所以，本教材在编写时尽量涵盖古今中外的文学成就，以诗词、散文、小说、戏剧为体例，精心挑选名篇佳作，汇编成册。本教材共分五章：第一章对阅读的含义和阅读方式的变化进行了解读，并提出进行经典阅读的意义、方法和途径；第二到第五章分别从四种文学体裁进行详细阐释，每章的第一节是对本文学体裁的概述，第二节和第三节是名篇赏析，通过赏析指导阅读方法，提升阅读能力。每小节后面都附有推荐书目和篇章，拓展阅读量。

参与本书编写的各位同仁，抱着对阅读的挚爱，自愿组成经典阅读教学团队，严于治学、精心执教、不辞辛苦，将几年来的教学经验认真总结梳理，融入教材，增加了本教材的实用性和可读性，与国内同类教材相比，本教材具有以下特点：

第一，从阅读现状和学生需要出发。本教材的内容基本来自教学一线，对国内高职学生阅读现状进行了充分的调研，不回避当下阅读存在的问题，而是因势利导，提出积极的对策，从阅读文本的选取和赏析角度都考虑到学生的阅读需要，进行积极正面的解读。

第二，作品赏析和阅读方法的有机统一。授之以鱼，不如授之以渔。本课程组设计课程之初就以培养学生的兴趣、提高学生的阅读能力为出发点，让阅读成为陪伴学生终生的良师益友，所以在教材编写上，在赏析的过程中渗透阅读方法的指导。

第三，改进了以往某些教材的枯燥解读。以往的某些同类教材基本是著作篇章的堆砌，只是从字词上进行一些简单的注解，对于作品的思想内涵缺少适当的解读和引导。本教材进行了很大的改进，力图给阅读者提供新的视角，既可以作为人文素质课程的通用教材，也可以作为高校大学生提高人文素质的读物。

本教材在编写过程中，得到了院领导的高度重视和鼓励，尤其是得到于西昌主任的多次指导和帮助，在此表示感谢。由于时间水平有限，本教材难免会有一些不足，恳请广大读者批评指正。

编　者

2016 年 1 月

目 录

第一章
做一个会阅读的人

随着知识爆炸、科学技术发展，现代社会为人们提供了多种阅读载体，除了传统的纸质阅读，以迅猛之势发展起来电视、电脑、手机等现代阅读载体逐渐在人们的生活中占据有重要的位置。这些载体通过影像、声音、文字等形式传播各种资讯，每一位现代人都置身于阅读的海洋中，通过阅读来了解社会、定位自我。

但在这里还是有一个严肃的议题：这些现代社会的电子阅读载体是否真的能增进我们对自己世界的了解和对社会的判断吗？

现代阅读载体在传播资讯时，经过太多精心的设计，使得我们已经没有了思考的必要，只是一味地接受。现在媒体需要做的就是如何将少部分人或个别人的态度与观点包装起来，然后通过电视、电脑、手机等媒介传播给受众。受众所面对的是一种复杂的组成——从独创的华丽辞藻到经过审慎挑选的资料与统计，目的都在让人不需要面对困难或努力，很容易就整理出“自己”的思绪。这些经过精美包装的资讯很容易被接受，受众根本用不着自己思考，不用自己做结论。所闻所见、所思所想、所作所为，渐渐地都笼罩在别人的意念和观点中，丧失了自我思考和决定的能力。

如何能在众多资讯中建立起独立的思想和判断能力，最好的途径就是提高阅读能力，成为会阅读的人。

第一节　阅读概观

“阅读”与我们如影随形，是我们生活中无法脱离又很难说清其存在意义的一部分，阅读是什么？阅读方式发生了哪些变化？什么是经典阅读？经典阅读给我们带来了什么？

阅读在中国古人那里就是“读书”，在中国的文化传统中，“读书”从来就具有至高无上的地位，如果说古人对“读书”价值的认识深受贵族阶级文化的影响，乃至有文人清高的一面。今天，我们对阅读则应站在更加客观、更加理性、也更加全面的角度去。

一、阅读的含义

阅读是从视觉材料中获取信息的过程。视觉材料主要是指文字和图片，也包括符号、公式、图表等。首先是把视觉材料变成声音，后达到对视觉材料的理解。阅读是一种主动的过程，是由阅读者根据不同的目的加以调节控制的，陶冶人们的情操，提升自我修养。阅读是一种理解、领悟、吸收、鉴赏、评价和探究文章的思维过程。

阅读大概可以分成三种：

第一种是信息资讯阅读。这类阅读的目的只是为了了解情况。我们阅读报纸、广告、说明书等就属于这种阅读。对于大多数这类资料，读者应该使用一目十行的速读法，眼睛要在文字间快速浏览，及时捕捉自己所需的内容，舍弃无关的部分。任何人想及时了解当前形势或者研究某一段历史，速读法是必须要掌握的，然而，是否需要中断、精读或停顿下来稍加思考，要视所读的材料而定。

第二种是文学作品阅读。文学作品除了内容之外，还有修辞和韵律上的意义。因此阅读时应该较为缓慢，注意控制速度，自己能听到其中每一个词的声音，嘴唇要动起来。例如读“压力”这个词时，喉部肌肉应同时运动。阅读诗词更要注意听到声音，即使是一行诗中漏掉了一个音节，照样也能听得出来。阅读散文要注意它的韵律，注意捕捉词句前后的声音，还需要从隐喻或词与词之间的组合中获取自己的感知。对于文学家的作品而言，唯有充分运用这种接受语言的能力，才能汲取他们的聪明才智、想象能力和写作技巧。这种依赖耳听、通过眼睛接受文字信号，将它们转译成声音，到达喉咙，然后加以理解的阅读方法，最终同我们的联想能力有关。

第三种是学习研究阅读。这种方法一般用来阅读哲学、经济、军事和专业学科著作。阅读这些著作要联系相关知识，并且要不断设疑、求证，通过查阅相关资料使知识结构系统化。这种阅读特别适用于在校大学生对自己学科、专业的拓展学习，从而获得更高层次的进步。

二、阅读方式的变化

自从纸张被发明后，纸质的书籍和报纸成了人们主要的阅读对象，书籍可以传播知识、传承文化，阅读书籍则可以让人了解历史、预知未来，可以涵养人格、陶冶情操。尤其在中国，人们对于书的感情更为复杂，即便不识字的人拿到一本书都会满怀崇敬。千百年来，人们对于纸质书籍的情感是不可替代和超越的。

随着社会发展、科学进步，人们的生活方式发生了很大的变化，阅读方式不再单单指通过纸质的书籍、报纸进行阅读，还包括通过手机、电脑等电子媒体进行阅读，主要有这样几种阅读方式：

1. 在线阅读

越来越多的人开始习惯通过网络进行阅读。读者在阅读时可以根据实际的需要，利用文本机制提供的查询能力，迅速找到自己感兴趣的内容和有关信息。人们只需轻击键盘，输入关键字，所需要的信息就会呈现。

互联网上有大量的图书资源。很多大型网站都在其主页上建立了自己的书库，其内链接了大量的图书，从典籍到新书，应有尽有。人们可以以花很少的钱甚至免费就能阅读到自己想要读的图书。于是很多在线阅读网站也在这场网络阅读浪潮中兴起。炙手可热的网络也吸引了很多杂志社的注意，他们开始利用这个平台发行自己的电子杂志。电子杂志兼具了平面与互联网两者的特点，在融入了图像、文字、声音、视频、游戏等动态元素的同时，还加入超链接、及时互动等网络元素，成为了一种时尚、享受的阅读方式。

2. E-book

网络阅读虽省钱省时，但终究需要电脑在侧，不能随时随地使用。于是，比网络更方便的专门阅读电子书的掌上阅读器——E-book 便应运而生了。它主要通过手机或是专门的阅读器进行。很多网站利用手机便于携带的特点开发了手机书城，并且在网络上提供了可在手机里浏览文字的 PDF、JAR、TXT 等文本格式的下载。人们可以在手机里很容易地找到自己所要了解的资料进行阅读。而全国各大杂志社也开始以彩信的格式发行手机报。

至于电子阅读器，它的开发也引起了各大商家的兴趣。它专为阅读图书设计，内置上网芯片，可以从互联网上方便购买及下载数字化的图书，并且有大容量的内存可以储存大量数字信息，一次可以储存大约 30 本传统图书的信息。这些电子书使阅读变得更加方便易行，人们可以随时随地地进行阅读。它们的出现有效利用了人们生活中边角余料的时间，也免去了人们携带书本杂志的不便。

3. 有声阅读

随着现代生活节奏的加快，已经很少人愿意静心读书了。于是人们开始利用 MP3、MP4、Flash 等多媒体方式进行阅读。

用播放器听书和下载手机电子书一样，用户只需在相关网站寻找相关书目，支付少量的费用或者免费，便可以“眼睛休息，耳朵来听”的方式进行阅读。即使走在路上，我们也可以进行阅读，了解信息。据有关专家研究，很多时候，声波进入大脑比眼目的扫描更能让人加深记忆，所以听书有时比看书更有效率。而各个调频也在各自的节目中越来越多增加读书的时段，有的甚至进行了连载，以增加收听率。

而为了给阅读增添声色，人们也开始利用各种软件平台开发动画，将文字转变成有声有色的动态图片，让阅读变得更加通俗有趣。特别是图文绘本和漫画、画册一类的书，动画的出现让它们的阅读更加简单有趣。

有声阅读的出现在极大程度上丰富了人们的阅读方式，给人们带来更多的视听享受，让阅读实实在在地变成了“悦读”。

三、科学运用各种阅读方式

传统阅读与网络阅读的比较：

1. 传统阅读的优点

第一，传统阅读具有权威性高，保存性好的特点。

第二，传统阅读对于深层次知识研读和深度学术交流仍然是一种很好的载体，最能够表现和传达细致入微的情感和深刻思想，代表着一种阅读的传统和理念。

2. 网络阅读的优点

第一，方便快捷，信息量大。

第二，网络阅读改变了单一的文字或静态的图像的表现形式，能够对文字、图片、影像、声音等信息形态进行有机的合成，实现文本、数据、声音及各种图像在数字化环境中的一体化传播。因此阅读的趣味性大大提高，吸引力更强，影响力更大。网络阅读还具有共享性、开放性和互动性，能够满足人们交流沟通的需求。

网络阅读以其趣味性、便捷性给现代人提供了阅读的可能性，尤其是其娱乐性对青少年极具吸引力，这都是应该充分肯定的。但同时，网络阅读的局限性也是显而易见的，因为缺乏恰当的监管和引导，网络阅读提供的内容质量良莠不齐，出现了"浅阅读""快餐阅读""碎片化阅读""盲目阅读"，消减了深度阅读和个性化阅读，以致出现思想认识模糊、价值判断失衡等问题。

面对阅读方式的变化，要因势利导，给青年学生和广大读者提供正确的阅读导向，"经典阅读"正是以此为目的。经典阅读，不仅是为了增长知识，更是要从中汲取精神资源；经典的选择与阅读，必须有开阔的视野，不仅要读古代经典，还要读现代经典，不仅要读中国经典，而且要读外国经典，不仅要读西方经典，还要读东方经典，不仅要读文学经典，还要读社会科学、人文科学和自然科学的经典等，绝不能将任何一个经典绝对化、神圣化；而在阅读经典的同时，还要阅读生活这部"大书"，关心、参与现实生活的创造，在生活实践中加深对经典的理解。集中到一点，就是不要为读经典而读经典，目的是要促进自己的精神成长，我们是为了"立人"而阅读经典。

第二节　经典阅读阐释

一、经典与经典阅读

经典，主要指记载了人类历史文化进程，对人类文明的发展起过重大作用和重大影响，历经岁月沧桑不减其价值的著作和篇章。这些作品具有不可取代的代表性和影响力，展示了人类文明各方面的成就，反映思想的流变和文化的发展。同时，"是具有丰厚的人生意蕴和永恒的艺术价值，为一代又一代读者反复阅读欣赏，体现民族审美风尚和美学精神，深具原创性的文学作品，它们是文学史的支架和龙骨"。文学上主要有诗歌、小说、散文、戏剧等几种体裁。

所谓经典阅读，主要包括两个方面的内容：一是阅读书面读物，同时关联着相应的阅读方式、阅读状态，即阅读是独立进行的、个性化的、宁静怡悦的，并能以文字符号为引导而使阅读主体展开联想、想象以及再创造。苏东坡有诗曰："故书不厌百回读，熟读深思子自知。"朱熹也曾感悟："读书之法，在循序而渐进，熟读而精思……使其意皆若出于吾心。”

二是阅读有品位的好书。阅读美文，特别是经典之作，因为无论涉及哪一个领域或哪一个层面，往往都是智慧的闪现、精神的馈赠，而且能够经历时间长河的无情冲刷而更见其超越时空的生命光彩。阅读这样知识的、精神的佳品，是人类极富智慧的选择。真正的阅读者，往往能在阅读中获得愉悦，达到净化心灵的境界。于谦《观书》有云：“书卷多情似故人，晨昏忧乐每相亲。眼前直下三千字，胸次全无一点尘。”读书如晤故人，读书荡涤心胸，读书修身养性，真乃人生一大快事也。

经典阅读是一个自主选择的过程，更是一个动态构建的过程。这种“选择”与“构建”，都是在平等的“对话”与“理解”中完成的。读者通过作品，理解作者的人生和思想感情，反思自我的生命历程，逼近自我生命的本质，在经典阅读中重新发现自我。

二、经典阅读的三重境界

经典阅读的第一种境界是“开卷有益”。顾名思义，就是只要多读好书，自会收获良多。三国时期著名政治家诸葛亮在《诫子书》中说：“夫学须静也，才须学也；非学无以广才，非志无以成学。”英国哲学家弗兰西斯·培根在《论读书》中说：“读史使人明智，读诗使人灵透，数学使人精细，物理使人深沉，伦理使人庄重，逻辑修辞使人善辩。”的确，读书尤其是经典阅读乃一个人成长进步的重要阶梯。

经典阅读的第二种境界是“雕精达博”。如不能雕精达博，学问便如浮萍无根，难以致远，难现大气象；根深则枝繁，根深则叶茂，此千古不变之理也。中国传统文化有教人“苦读”的传统，像“头悬梁，锥刺股，彼不教，自勤苦”“学向勤中得，萤窗万卷书”之类的倡导多多，难以尽述。我认为，这恐怕不仅仅是勤奋向学的泛泛提倡，某种意义上也是对进入雕精达博之境的微妙提示。以愉悦、快乐为追求目标，在“开卷有益”的阅读层面上是可以的，但想进至“雕精达博”的境界恐怕难矣！如果读书只满足于当下的愉悦而不注重分析、综合、系统化，不仅思想难有高度、深度和宽度，所获知识恐怕也很容易像网络资讯那样沦于即刻性和碎片化。

经典阅读的第三种境界是“融会贯通”。这里所说的“融会贯通”，可以从两个层面去理解：一是追求各类知识的融会贯通，也可称之为“圆融通透”；二是注重知行合一，在行中知，在知中行，即是自觉追求理论书本知识与人生社会实践的有效融合。经典阅读的过程也是一个不断内修于心、外化于行的过程，在这一过程实现素质和涵养的提升。

三、经典阅读的方法途径

同一本书，不同的人读会有不同的收获，这与读者的人生经历、知识底蕴密切相关。我国思想家张潮说过："少年读书如隙中窥月，中年读书如庭中望月，老年读书如台上玩月，皆以阅历之浅深为所得之浅深耳。"阅读经验越丰富，积淀的经典内涵就越深厚。对于年轻的大学生而言，要提高读书效率，就要将读、思、写三结合，在研读中提高自己的创造性思维能力和综合运用知识的能力。这里简单提到几种方法，在后面的经典文体阅读中会有具体介绍。

1. 探源法

任何能传世的经典或学说都不会是无端而来、无端而去的，一般都有对前人的继承和对后代的影响。当我们读完一部经典著作，也许一时不能宏观把握其中要义，这时不妨参考一点与之相关的资料，追溯一下这些作品受过谁的影响。

2. 选择法

苏轼曾说："书海如人海，百货皆有。人之精力不能兼收尽取，但得其所欲求索，故愿学者每次作一意求之。"当我们面对篇帙浩繁的经典作品时，不可能将它们一一解读，需要我们有所取舍，有所选择。选取中结合自己的爱好、特长、专业等，既能扩大了知识面，又提升了阅读兴趣。

3. 联想法

中国传统文化中"形象思维"最为发达，无论是讲哲学、叙历史，还是抒情咏物，都离不开形象的描绘。从这一点上讲，称汉语言文学为世界上最美丽的文法是丝毫不为过的。阅读时，必须充分展开自己想象的翅膀，跟随着创作者的飞翔而遨游。阅读主体以最大的能动性进入作品，使自己的灵性与作品的意境相融通，和作者进行以诚换诚的交流和别有意味的心灵沐浴。

中国是一个重视教育、崇尚读书的国家，从古至今就有很多人提出过对于阅读的见解，现附上几篇名家文章，从中体会阅读对于个人、社会和国家发展的意义。

曾国藩的教子之道：唯读书则可以变其气质

曾国藩

（1811 ~ 1872），汉族，初名子城，字伯涵，号涤生，宗圣曾子七十世孙。中国近代政治家、战略家、理学家、文学家，湘军的创立者和统帅。与胡林翼并称曾胡，与李鸿章、左宗棠、张之洞并称“晚清四大名臣”。官至两江总督、直隶总督、武英殿大学士，封一等毅勇侯，谥曰文正。

曾国藩出生于晚清一个地主家庭，自幼勤奋好学，6岁入塾读书，8岁能读四书、诵五经，14岁能读《周礼》《史记》文选。道光十八年（1838年）中进士，入翰林院，为军机大臣穆彰阿门生。累迁内阁学士、礼部侍郎，署兵、工、刑、吏部侍郎。太平天国运动时，曾国藩组建湘军，力挽狂澜，经过多年鏖战后攻灭太平天国。

曾国藩一生奉行为政以耐烦为第一要义，主张凡事要勤俭廉劳，不可为官自傲。他修身律己，以德求官，礼治为先，以忠谋政，在官场上获得了巨大的成功。

曾国藩的崛起，对清王朝的政治、军事、文化、经济等方面都产生了深远的影响。在曾国藩的倡议下，建造了中国第一艘轮船，建立了第一所兵工学堂，印刷翻译了第一批西方书籍，安排了第一批赴美留学生。可以说曾国藩是中国近代化建设的开拓者。

“人之气质，由于天生，很难改变，唯读书则可以变其气质。古之精于相法者，并言读书可以变换骨相。”曾国藩写给儿子的家信不仅表达了读书改变一个人情操和价值观的道理，也指明了要读经典、要读懂读透的读书方法。

书，要怎么读才对呢？

曾国藩教给孩子的读书方法主要有：

第一，要读经典。因为曾国藩自己就是标准的儒家知识分子，所以他教曾纪泽读书，从小就很有规划，主要是以《十三经》和《二十三史》为根本。

按曾国藩的观点来说，这些都是经历过时间考验的经典中的经典，而经典之所以称之为经典，就是其中的智慧、思想都是经过实践检验了的，这是最值得后人学习与吸取的。

我们为什么读书？是为了学习别人的智慧与思想。知识性的东西会随着时间而不断更新，但思想性的东西、智慧性的东西，越经过时间的沉淀，就越有学习的价值。所以，读书最大的捷径，就是读经典。

经典一定要精读，因为从学习的效率上来说，精读要比泛读还要重要。泛读虽然也能学到不少东西，但学得多，忘得也多。但精读就不一样，能吃得深、吃得透。

第二，“一书不尽，不读新书”。就是说一本书没读完的情况下，不要急着读另一本书。事实上就读书而言，有很多人有这种毛病，一下弄好多书，这本翻翻，那本翻翻，美其名曰读了好多书，其实一本都没读完，一本都没读通、读透。而曾国藩主张一本没读完，就不要忙着去读其他的书，这实际上就是沉浸的读书法。

国学大师王国维也说，学习的境界要先入乎其内，再能出乎其外。读书更是这样，一本书，你要先能沉浸进去，你才能最终从中获得有价值的东西。

当然，曾国藩虽然主张读书要沉浸其中，但他从来不主张死记硬背。他对儿子说：“凡读书，不必苦求强记。只须从容涵泳，今日看几篇，明日看几篇，久久自然有益。”也就是说读书沉浸其中，其实应该是一件非常轻松愉快的事，不要当成任务来死记硬背。

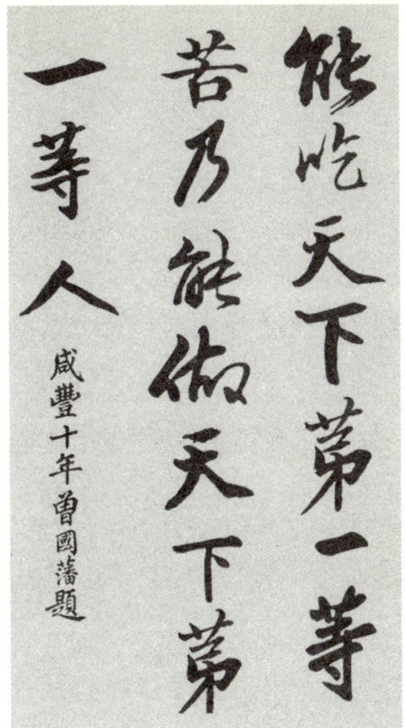

曾国藩手书家训

不过，读书应该是件轻松愉悦的事，但这不代表像看闲书那样就行。曾国藩主张看书的时候要能作札记，也就是看书的时候得学会动手，边看边写，要“略作札记，以志所得，以著所疑”。也就是要把读书时的所感所想，不论是心得体会，还是疑惑不解的地方，都要能随手记下来，这样才能有助于读而后学。后来，胡适先生就对曾国藩这种读书作札记的方法最为推崇。

第三，就是要培养个人的读书兴趣与方向。曾国藩对两个儿子的教育就是最典型的例子。老大曾纪泽不喜欢科举考试，不喜欢八股文，喜欢西方的语言学和社会学，曾国藩就鼓励他按自己的兴趣方向去读书。而且最难能可贵的是，虽然对于曾纪泽感兴趣的这些所谓的西学，曾国藩自己不是太懂，但他为了儿子也努力地去看了不少书。后来，曾纪泽写成《西学述略序说》和《〈几何原本〉序》，这两本书出版，都是曾国藩亲自批阅后为之刻版发行的。

对于老二曾纪鸿，曾国藩就更是这样了，不仅鼓励曾纪鸿培养出数学研究的兴趣，难能可贵的是，曾纪鸿结婚之后，他的老婆郭筠是个喜欢读书的女性，曾国藩觉得在那种重男轻女的社会环境下，儿媳妇能喜欢读书，是非常不容易的。所以在教儿子的时候，还顺便教儿媳。郭筠不像曾纪鸿一样喜欢数学，她只喜欢文学与历史，这一方面曾国藩绝对是大家。所以在曾国藩的引导下，郭筠通读《十三经注疏》和《资治通鉴》，也成了一个有名的才女。

后来，他还主张从年幼的孩子中选拔一些聪明的、对西学感兴趣的，由政府出资送他们出国去学习。正因为有他的大力提倡，于是近代历史上，有了第一批出国的留学学生，这第一批孩子中，就有一个名叫詹天佑的学生，后来成为了中国铁路工程学的奠基人。

读书，为了健康、快乐、有意义地活着

钱理群

钱理群

1939 年 1 月 30 日生于重庆，祖籍浙江杭州。北京大学资深教授，博士生导师，并任清华大学中文系兼职教授，中国现代文学研究会副会长，代表作有《心灵的探寻》《与鲁迅相遇》《周作人传》《周作人论》《大小舞台之间——曹禺戏剧新论》《丰富的痛苦——堂吉诃德和哈姆雷特的东移》《1948：天地玄黄》等。

20 世纪 80 年代以来中国最具影响力的人文学者之一。他以对 20 世纪中国思想、文学和社会的精深研究，特别是对 20 世纪中国知识分子历史与精神的审察，得到海内外的重视与尊重。

钱理群一直关注教育问题，多有撰述并为此奔走。他被认为是当代中国批判知识分子的标志性人物。

鲁迅指出："人各有己，而群之大觉近矣"

我今天的题目是"读书，为了健康、快乐、有意义地活着"。我要讲的，是鲁迅先生对青年的一些建议。

什么叫合理地做人？什么叫快乐地、有意义地活着？这背后其实关乎如何处理人和社会、个体和群体的关系问题。鲁迅对这个问题有两句话，第一句是"人各有己，而群之大觉近矣"。就是说当每个人都感知到个体，人群就近乎于彻底觉悟了。此句强调个体的自由觉醒是社会觉醒的前提；另一半是："人各有己，而中国也就立起来了。"每个人都把握了自己，都具有独立的意志，那么中国也就真正站起来了。个人独立，是国家独立的基础和前提。也就是说，鲁迅先生认为，人的本性，首先表现为他的个人性。因为人是有个体性的，个体的独立自由权利是国家独立自由权利的基础和社会进步的基础。

鲁迅的第二句话是："无数的人们都和我有关。"就是说，我不是孤立地存在，我是作为群体的存在。因此他提出，一个真正博大的人，是能够体会到全人世间的快乐和痛苦的。别人的幸福是他的幸福，别人的痛苦也是他的痛苦。他感觉到自己和他人和社会是一个生命共同体，所以他说人不能够只是咀嚼自己小小的悲欢。这是鲁迅对当时年轻人最严峻的批评，把个人的悲欢看成是整个世界，脑子里面只有自己，把个人的悲欢作为全部的目的，这就违背了人的社会性。

这都涉及人际关系的问题。只有在群体的发展中，才会有真正个体的发展，因此鲁迅就在此基础上提出了新的价值观、新的伦理观，叫"自他两利"。追求自我利益与他人利益之间的平衡。这是完全新的价值观和伦理观，在为己和为他间取得平衡。所以我常跟志愿者说，志愿者虽然是为他，但首先是为己，因为在利他过程中，你的生命得到价值，把利他和利己统一了起来。

因此我要提一句话，当你强调“我们”的时候别忘了“我”，“我们”的发展是以“我”的发展为基础；当你强调“我”的时候别忘了“我们”，“我”的发展必须在“我们”的共同发展中取得发展，这是一个辩证的关系。

我一直强调平衡的概念，在物质与精神中、个人与社会中取得平衡，不要绝对偏向其中一方。我们中国最大的毛病就是“钟摆现象”，老是偏向一方，一强调物质就没有精神啦，一强调他人就没有自己啦。其实，我们要回到“中道”来，回到中国传统文化的中庸上来。当然，我们讲的是动态平衡，完全平衡是没有的，它是在不断矛盾、不断平衡、不断偏置的过程中来到达某种平衡。在具体的操作中可以偏向一方，是个矛盾斗争的过程。

从刚才的讨论可以看出，健康、快乐、有意义地活着，讲起来很容易，但实际内涵很丰富，这就需要我们去研究、琢磨，更重要的是要我们去实践。

对根本的人性，要充满信任和自信

紧接着的问题是如何实践？这是我讲的第二个题目，叫“静悄悄地变革，从读书开始”。

“静悄悄”是什么意思？实际上是说，要真正使每个中国公民快乐、健康、有意义地活着，实际上要有制度保证，这就是我们进行经济政治改革的原因。但我们普通人怎么参加改革？

我们注意到这样一种现象，很多人对自己的生存状态感到不满、感到累、感到没意思的时候，却无力改变，于是就产生了焦躁、发牢骚、怨愤的现象，成了愤青，这就是我们当前的困境。我们既对生存状态不满，有要求、渴望，但是又做不到，而且没力量去改变这一切。

如何走出这样的困境？我的建议是，第一不要发牢骚，第二不要等待，要行动起来，从改变自己和改变周围的人的存在开始。这里要引用鲁迅的话：“青年何须寻那些挂着金字招牌的导师呢？不如寻朋友，联合起来，同向着似乎可以生存的方向走。因为你们所多的是生力，遇见深林，可以劈成平地的，遇见旷野，可以栽种树木的，遇见沙漠，可以开掘井泉的。”鲁迅号召青年人自己解救自己，自己解放自己，自己联合起来。联合起来干什么呢？我建议，联合起来快乐地、健康地、有意义地活着。按我们的价值观、我们的理想快乐、健康、有意义地活着，来创造一种新生活。

比如说，在这个物质享乐消费的社会里边，我们这一群人尝试着物质简单、精神丰富的生活方式；当许多人奉行极端利己主义，拒绝承担任何社会责任和社会道义的时候，我们这一群人，尝试着利己利他；当许多人奉行将他人视为敌人，坚持丛林法则，进行残酷的你死我活的斗争的时候，我们这一群人，不把别人当敌人，而当成兄弟姐妹，大家一起合作；当这个社会充满谎言的时候，我们这一群人努力地部分生活在真实里……别人我们管不了，但是我们自己可以管自己，或者我们这一群朋友可以互相理解。我们采取一种“我不跟你玩儿，我自己玩儿行不行”的方式，所以我就提倡“自己玩儿，按自己的方式去玩儿，我们联合起来，自己玩儿”。自己去过一种快乐、健康、有意义的生活。幸福地度日，合理地做人，这是可以做得到的。

这就存在变革，从改变自己和周围人的存在开始。这是每个人都可以做的，只要你愿意。但我强调静悄悄，别对抗，不张扬，低调说话，别大声嚷嚷“哎呀你们不合理呀”，不要让别人注意你，你就静悄悄地该做什么做什么，这样可以最大限度减少你的阻力，而且也的确没有什么可大声张扬的地方，你不要摆出一副愤青的姿态。而且我们要相信一点，我们的追求，刚开始很孤独，但我们追求的“快乐、健康、有意义地活着”，是最符合人性的，而人性给予我们一种力量，我们对人性要充满信心。我们可以对社会失望，但对于根本的人性，要充满信任和自信，你要相信，符合人性的事情总是会得到别人的理解。只要你成功了，别的人就跟着你一起做了。这有一种内在的吸引力和竞争力，我们做得好，就会对周围产生影响，像滚雪球一样逐渐扩大。

我记得我参加过北京最早的志愿者组织，当时没几个人参加，但现在发展得相当可观，几十万人了。

只有在读书的时候，才最平等

再问一个问题，这样的存在变革从什么时候开始？从哪里开始？从读书开始。我郑重地介绍，希望诸位能够支持读书会，从读书会开始，这是我这些年来一直在提倡和接触的。

最早是福建的一群老师，在网上建立1+1读书俱乐部，一群老师每个月读一本书，在网上展开讨论，在一个城市里聚会讨论这本书。泛泛提倡读书是不行的，那没办法交流，大家共同读一本书，然后来思想见面，很容易操作。

那天我到福建去了，他们就在网上发布消息说钱理群教授来了，马上就有各地的人聚集到福州来听我讲，听完他们就走了，这样一个读书会的形式把人都聚集起来了。在读书过程中形成一个共同理念，然后再考虑我们要做什么事情。现在读书会在全国有相当大的影响，我觉得，这是一个很好的办法。

这里又要追问一个问题，为什么要从读书开始？读书的重要性到底在哪里？我想我有两个理由：第一，快乐、健康、有意义地活着，关乎幸福观、价值观、人生观，关乎我们的信仰问题。这问题的解决不能凭空想，需要知识和历史资源作为背景，世界观的解决和寻找，前提是在历史上寻找精神资源，这就需要读书。

在我看来，某种程度上，全世界的文明历史就是各地区、各民族、各时代人在不断寻找合理价值观和幸福观的过程。寻找过程中中国积累的经验全部集中在书本里，特别是经典著作里。所以首先读经典，广泛吸取人类文明的精华，作为解决价值观、幸福观、人生观的基础。第二，读书本身就是一种最理想的、健康的生活方式，同时也非常快乐，读书极其快乐，也寻找意义。中国古话说“书中自有黄金屋，书中自有颜如玉”，这可能有假，但是书中自有意义在这句话无假，且是人类文明积淀的那种意义，所以读书可以延伸我们的精神空间、生命空间。

我常说，只有在读书的时候，才最平等。每个人都可以读书，读书的时候才是独立自主的。任何人，从孔夫子到普希金，你招之即来挥之即去。想见孔子，打开《论语》就可见了，不想见，合上就走了，这多自由啊，以你为主，而且完全超越时空的界限，这何等快乐！何等幸福！此时不读，更待何时！这是我们普遍意义上说读书的意义。

从在座的角度说，大学是人生中最好的读书的时光。我经常和大学生讨论一个问题，你们自命为大学生，但是，你们知道大学是干什么的吗？你想过大学在你人生阶段中占据什么样的位置吗？我看很多人没想过，糊糊涂涂当大学生，还自以为傲。我有两句话，第一，大学不同于中学，它有相当的独立自主性，中学你不独立，听家长、老师支配。第二，大学不同于工作以后，因为你们的任务是准备为社会服务，不要求你直接为社会服务。你享有公民权，但不尽公民义务。人生就这一段，四年，不够再读研究生。

在这样的大学生活中，我们应该做些什么呢？我认为，应该读书！

读书是通向文明的最好途径，大学就要独立自主、集中精力地读书，还要自由，一生中只有这四年或八年。

可是有些大学生一上大学就忙着去公关，这不好，钱以后能赚，书以后不一定会读。现在是一个常识，大学就是来读书的，不是来搞关系赚钱的。大学里要充实自己，为未来和社会服务。

“好人要联合起来做好事”

怎么读书，鲁迅的建议非常重要。

第一，大可以看看本分以外的书及课外的书，不要只将课内的书抱住。学理科的可看看文科的书；学文科的可看看科技的书。这样对别人别事可以有更深的了解。但中国人普遍有个毛病，那就是认为自己学的是最好的。要有更开阔的视野，大家要看清楚，我们学术发展的前景是什么？未来的学术发展是要走向综合的，这是理工文的通，还有文史哲的通，所以事业不能过分狭窄。还有，我们现在是知识社会，人的职业也会不断变换，特别是中文系的学生，毕业后职业容易变换，安全稳定会很难，所以最重要的是你的学习能力。真正学到的东西是靠自学得来的，你的知识结构越合理，你就越能适应职业、知识不断更新的时代，这就是鲁迅的话的深层含义。

第二，要为趣味而读书。读书大体可以分为两种，一种是职业的读书，一种是兴趣的读书。你们至今的读书，基本是职业的读书，就业教育的读书也一样，它是片面的。鲁迅曾作一个比喻，读书就像打麻将一样，对于真正的赌徒，追求的不是赚钱，而是摸牌摸出的无限趣味。所以读书也应该是非功利的、快乐的、为乐趣的。应试教育的最大罪恶就是把快乐读书变成功利的读书。实际上读书本身就是一种快乐的生活方式。

第三，鲁迅提倡一种随便翻翻的读书方式。读书方式可分为“正襟危坐”的读书，还有随便翻翻的读书。随便翻翻也是一种比较，防止上当，比如不要只读正史，还要读野史，才能更好地了解历史的原貌。陶渊明《五柳先生传》中说“好读书而不求甚解”，几本经典要细读，不求甚解。中国人学文学，要读《论语》《孟子》、老庄的书，这是中国文化的源头。还有唐诗，那是中国青春期时代的诗歌，还有《红楼梦》、鲁迅，还有《楚辞》《史记》、苏东坡……这些都是基本的经典，对于这些要逐字逐句，其余的书泛泛而读，毕竟人的精力有限，要把精读和泛读结合起来。读多了你就会发现，有那么几个作家，你会非常喜欢，经过这样的筛选，你会找到你想读的最多的书。读书必须要读大家，这是你的依靠。我的学术研究功底就靠鲁迅和周作人。

最后鲁迅提议，倘若只看书，变成书橱，没有自己。要把读书和思考结合起来，读完书还要自己观察，用自己的眼睛去观察世界这一本活书。我建议中学语文教师也应该做到“读书、思考、写作、实践”，这也是青年的成长道路。

所以建议青年学生们：第一步，联合起来，多举办读书会；第二，共同思考，达成共识，把读书和实践结合起来，做一些改变自己和改变周围的好事。我有个口号叫“好人要联合起来做好事”，因为这个世界，坏人已经联合起来了。

据我观察，读书之余做志愿者活动也是一件很好的事。现在的志愿者有一种新的倾向，就是去过一种新的生活方式。比如回到农村一边读书，一边种地，一边做手工，过一种充实的自然的农耕生活。现在的电脑让我们的手越来越不会动了，但有些青年仍在努力着，比如城市的民间文化很有特色。广州的一些青年，去农村调查当地的方言，寻找城市文化的源头，这让我想起了五四时期的“新春”运动，追求一种脑力劳动和体力劳动的结合，追求城乡的结合，这是一种理想的生活方式。

读书是为了生命的完整

梁 衡

人为什么要读书？一句话，为了生命的完整。或者说是为了追回另一半的生命。现在很流行一半又一半的说法。“一半是海水，一半是火焰”“男人的一半是女人”，其实最根本的，人生命的一半是物质，一半是精神。读书是对精神的那一半生命的能量补充。在地球上所有物种中，除物质之外还需要精神滋养的就是人类。只有人，有精神生活，有主观思维，会改造客观，追求幸福。

这是电视上播过的一个真实的故事。有人问西部地区的一个放羊娃，你为啥要放羊？放羊娃说，挣钱；挣钱干什么？娶老婆；娶老婆干什么？生娃；生娃干什么？放羊。大家看，这样一个简单的循环是什么？这是人口的简单再生产，物质层次的再生产。只有在这种情况下人基本不用读书。

作为人，还有另一半更重要的，就是他有精神世界。喜、怒、哀、乐，七情六欲，理想追求等。马克思给人下定义：人是各种生产关系的总和。人与人的关系，主要不是物质交往，而是精神交往。谈话、书信、亲情、爱情、政治、学术、艺术等，都是精神活动。小孩子只知道好吃的东西最重要，而人一进入成年就会发现，精神满足更重要，精神世界更广阔。所以才有为爱情而歌唱，为自由而斗争，为理想而献身。爱情、自由、理想、知识、艺术等等，靠什么来交流、传承？主要载体就是书籍。

梁 衡

1946 年出生，1968 年毕业于中国人民大学。历任《内蒙古日报》记者、《光明日报》记者、著名的新闻理论家、散文家、科普作家和政论家。曾荣获全国青年文学奖、赵树理文学奖、全国优秀科普作品奖和中宣部“五个一”工程奖等多种荣誉称号。现任《人民日报》副总编辑、中国人民大学新闻学院博士生导师、中国作家协会全委会委员、中国记者协会全委会常务理事、人教版中小学教材总顾问。

季羡林曾评价梁衡说：“无论谈历史、谈现实，最后都离不开对国家、民族的忧心。”“在并世散文家中，能追求、肯追求这样一种境界的人，除梁衡以外，尚无第二人。”

阅读有六个层次

真正要有感、有悟、有创造，改变人生，成就事业，有个性，自立于人海，流芳于青史，要靠对后三个层次的攻读。

那么，人怎样实现自己这生命的另一半价值，构建精神世界呢？有六个层次、三大支柱。也就是人们阅读的六种基本追求，追求刺激、休闲、信息、知识、思想和美感，其中知识、思想和审美，是三大支柱。这六个层次由低到高，反映着人们不同的文化程度、修养状态和价值取向。

一是刺激需求。正常人的精神生活中总有企图改变平静，追求奇特，寻找刺激的一面。这种需求，与其说是精神追求，不如说是心理生理追求，因为理性的成分还不多。在刺激需求下，会有非法的出版物市场和低档出版物。这也说明人有自然的一面。

二是休闲娱乐需求。按这种需求，就产生了一类轻松的作品，如花卉、鱼虫、时装、幽默、故事等。休闲娱乐需求在读者中的覆盖面最大，不但有闲阶层靠消遣读物打发时日，就是专业人员，也常常会翻翻书报以作休息。

三是信息需求。随着社会的现代化进程，人们对信息的需求量越来越大。每个人在生活中也离不开信息，一条信息使一个决策成功，救活一个企业，或者使一个人致富的事，已屡见不鲜。以至于信息已经发展成为一个独立的行业。人们对信息的这种需求是书、报、刊等传媒的基础，特别是报纸存在的基础。

以上这三个需求，虽属精神的，但仍可看出不脱物质的羁绊，多为实用的需求。其载体也以报纸、杂志、电视为主。真正精神层面是后面的三大支柱，其载体以书籍为主。

四是知识需求。知识是人们在改造世界的实践中所获得的认识和经验的总和。粮食、蔬菜、肉类使人从孩子长成体魄健壮的人，而知识使人聪明有本事，如果无知识只能算半个人。所以人的一生专门安排一个学生时期，较集中地专门接受知识，以后直到老死以前，还要不断补充更新知识，这主要靠出版的书、报、刊，特别是书籍。

五是审美需求。爱美之心人皆有之。从原始人开始，人类就懂得对美的追求。这种本能的不断发展提高了审美需求呼唤出版物一方面作为载体来提供审美对象，如文学作品、美术作品等，另一方面又作为工具来帮助指导人们提高审美能力。

六是思想需求。人的精神需求的最高层次是理性的思考。刺激是心理本能的满足，娱乐是心理休息，信息是人捕捉到的事物的信号，知识已进入到认识的总结，只有思想才能进入到理性，进入到规律和方法的把握，是人们对客观世界的更深刻的认识。这种需求，促使人们去读理论学术书刊，去通过具体出版物的形象、素材思考问题。

我劝爱读书的朋友们，爱读书当然很好，但还要讲究读书的目的和层次。我们可以把读书大致分为两类：一类是消费型，为了眼前实用；另一类是积累型，为了长远和根本性的提高。前三个层次属消费型，后三个层次属积累型。就像一个国家除生产型的企业外，还得有能源、交通等基础项目建设。只有在积累型阅读上下工夫，才能改变人生，创造辉煌。

大凡伟人皆爱读书

毛泽东听艾思奇讲哲学，恭恭敬敬地做笔记。在延安的窑洞里，毛泽东在油灯下写出了《论持久战》《矛盾论》《实践论》等名篇。

下面我们随手举几个例子。

马克思爱读书。他本来是在参加社会生产和具体的工人运动，但觉得许多事情弄不明白，自己不通，也无法指导运动，就宣布要退出具体事务，回到书房。他在大英博物馆读书、写作，时间长了脚下的石板给蹭出了一条浅沟，就像少林寺石板上留下武僧的脚窝一样。马克思写《资本论》，耗费了40年的心血，为了写作，前后研究书籍达1500种。读书造就了马克思，他成了一代伟人。

毛泽东爱读书。毛泽东一生中可谓博览群书，延安时期是中国共产党最艰苦的时期，战火烧到眉毛，缺衣少食，但毛泽东还读哲学、读军事，补上了这重要一课。他听艾思奇讲哲学，恭恭敬敬地做笔记。在延安的窑洞里，毛泽东在油灯下写出了《论持久战》《矛盾论》《实践论》等名篇。

文章不是写给人看的而应是写给人背的

陈望道先生的《修辞学发凡》对于我来说就是一座巴颜喀拉山，是分水岭，它一边成就了我的新闻写作，一边成就了我的文学创作。

有记者问我自己读书有什么体会，读书怎么改变人生，其实我们每个人都有这样的经历。我原来在中国人民大学读的是档案专业，毕业之时，正赶上“文革”后期，响应号召到祖国的北部去，我到内蒙古先当了一年的农民。

〔宋〕林椿　海棠图　绢本设色　23.4×2cm　台北故宫博物院藏

在这个时候，我读到了一本对我一生影响很大的书，这就是陈望道先生的《修辞学发凡》。那是我在拉风箱做饭的时候在灶上看到的，书的前后已经被扯下好几页。陈望道是中国最早翻译《共产党宣言》的人，早期曾经和陈独秀一起筹备中国共产党，帮陈独秀管经费，但陈独秀的脾气很不好，陈望道受不了，离开了陈独秀。这一走两人各闯出一片天地。陈独秀成了中国共产党的创始人之一，陈望道则是中国系统研究修辞的第一人。在这本书中他认为修辞有积极修辞、消极修辞。积极修辞语言生动比喻、形容很多，消极修辞语言比较平实，比如法律术语、各种教科书等。

这本书当然还有其他很多的内容，但两大修辞分类的思想对我治学影响很大。因为我长期以来既是记者又是作家，在接受杂志社的采访时，我说，陈望道先生的《修辞学发凡》对于我来说就是一座巴颜喀拉山，是分水岭，一边是长江，一边是黄河；《修辞学发凡》它一边成就了我的新闻写作，一边成就了我的文学创作。

此外，还有一本中国青年出版社出版的《历代文选》对我的影响也很大，后来我发现毛泽东也读这本书。毛泽东晚年因为白内障，眼睛看东西很吃力，文件就让秘书给他念，而文学方面的书呢，他就找到当年这本书的编者之一、中国人民大学的卢荻给他念。毛泽东的记忆力很好，晚年的时候还记得当年看过的这本书的编者，当时中国人民大学已经被撤销合并到北京大学去了，就从北京大学把她找来。

在我后来当记者的时候，《历代文选》这本书在我的采访包里背了多年，出差在招待所里有空我就背书中的名篇，这对我后来新闻语言的形成产生了很大的影响。我认为，新闻语言应该向古文、电报学习，新闻语言应该求短求干净，古文因为最早要刻在竹简上很费劲，电报按字数收钱。后来我写的《晋祠》，1600 多字，能被收入中学语文课本，和这个理念很有关系，因为我写的时候就认定我的文章不是让人看的，而是让人背的。

这些工作和我当初学的档案专业已经相距十万八千里，之所以有这样的改变，就是因为后来我的读书生活。人不知在什么地方什么时候就会遇到改变自己人生的书籍，只要你去读。

图书积累会影响一国国运

尤其是《史记》，它的思想、它褒贬的人物及它的文风，到今天还影响着中华民族。

从世界史的角度来说，曾有过四次大的文化积累，实际上是四次大出书活动，对世界进程发生过大的影响。这就是古希腊、罗马时期的文化积累；文艺复兴时期的文化积累；18 世纪中叶欧洲资产阶级启蒙运动中以百科全书派为代表的文化积累；19 世纪中叶在总结了英国古典经济学、德国古典哲学和法国空想社会主义之后而产生的马克思主义的文化积累。

中国历史上也有几次大的文化积累。第一次是汉初对先秦文化的整理。这次积累，确定了中国封建社会的基础，基本上确定了中国历史的走向。产生了以《史记》《汉书》为代表的积累型巨著，尤其是《史记》，它的思想、它褒贬的人物及它的文风，到今天还影响着中华民族。第二次是隋唐对散佚书籍的收集和新书的编纂。它使儒家思想更趋成熟，封建制度进一步确立。第三次是宋代的积累，儒家发展到理学新高度，产生了程朱这样的儒学理论大师，和《资治通鉴》这样总结治国实践的巨著，儒家思想的完善保证了以后700年封建制度的延续。第四次是明清修书，以《永乐大典》《四库全书》的成就为代表。这笔文化遗产为我们民族以后的发展，直到今天还发挥着积极作用。以后还有康梁等对西方文化的引进积累，中国共产党人对马克思主义的引进积累，这些在反帝制和民主革命中都曾发挥了巨大的作用。

不论是世界的文化大积累还是中国的文化大积累，实际是图书大积累。据统计，自西汉至辛亥革命共出版图书8万种。从公元前206年算起到1988年底，我国2300年间共出版图书90余万种。这种悠久的历史积累，决定了我们是一个文明发达的民族。但是立国仅200余年的美国，其文化积累的速度却快得惊人，报载，美国国会图书馆馆藏文献8830多万种，书架长达877公里。自然，这一点也已构成美国文明发达的一部分。环视全球，我们会发现一些国家的强盛与衰落、发达与落后固然与它所拥有的经济实力、军事实力、政治策略有关，但是也不可不注意到与它所拥有的典籍、文献，它掌握的资料、信息，它积累的精神财富以及对这些典籍的态度、策略，还有它的积累方式、速度与取向有关。这同样会影响到一个国家的国力、国运。

一本书改变世界

一本书可以改变一个人的命运，也可以改变一个国家的命运，一个世界的命运，甚至改写人类的历史。

我们还可以拿一本具体的书来验证这个命题。美国人曾写过一本书《影响世界历史的16本书》，其中包括：马克思的《资本论》、牛顿的《自然哲学和数学原理》等，同时还有希特勒的《我的奋斗》。

马克思写的《共产党宣言》和《资本论》，改变了世界，这是谁都承认的。据统计，《共产党宣言》共出版过70多种文字的1000多个版本，它传到中国是1920年，由陈望道先生译出第一个中文本。从此开始改变中国的命运。

毛泽东在延安的窑洞里完成了《论持久战》，当白崇禧把这本麻纸本小册子送给蒋介石时，蒋介石都喜得如获至宝，发给全军团以上军官每人一本，这本书很快又在美国出版，震惊了世界。事实证明抗日战争就是沿着这一思路进行的。

林风眠　乡村小学　油画　85×77cm

哥白尼的《天体运行论》。这本书改变了世界，应该说改变了宇宙。它成了一块里程碑，它1543年出版，文艺复兴的开始，近代科学的开始就从这一年算起。世界进入一个新时期。

爱因斯坦的相对论。现代物理学开端被史家定为1905年，就是因为这年《物理学纪事》发表了爱因斯坦的几篇重要论文。爱因斯坦提出了质能互变公式 $E=mc^2$，1945年第一颗原子弹爆炸，才证实了爱氏的学术成果超前了40年。

1952年，李四光完成了《中国地质学》一书，论证了地壳运动与矿产分布的规律，提出“构造体系”这一地质力学新概念。当时只发行了两千册，但地质队员在这本书的理论指导下，于十年后相继发现了大庆、胜利、大港等油田，使中国甩掉了贫油国的帽子。

1852年，斯佗夫人写了一本《汤姆叔叔的小屋》，导致了美国南北战争爆发，林肯说是一个小妇人引发了一场解放黑奴的大革命。

第二章

经典诗词阅读

生活不仅有眼前，还有诗和远方。

今天，人们对诗歌颇有偏见，认为只有闲人才写诗，几被边缘化。于丹曾说，诗词是中国人血液里的一种特别基因，现代社会越发展，越需要一种悠扬的心灵力量。其实我们每一个中国人，可以说都是在诗歌中不知不觉地完成了自己的成长。

小时候，我们大多数接触到的第一首诗，应该是骆宾王的《咏鹅》:“鹅鹅鹅，曲项向天歌。白毛浮绿水，红掌拨清波。”牙牙稚嫩的声音虽然不理解诗中表达的意蕴，可是却能熟记于心。

再大一些，我们会跟着读李绅的“锄禾日当午，汗滴禾下土”，跟着读李白的“床前明月光，疑是地上霜”，跟着读孟浩然的“春眠不觉晓，处处闻啼鸟”，这时的我们虽然只是能浅显地理解这些诗句，可是却不妨碍心中对诗的意境的向往。

长大以后，我们开始接触感情，恋爱中的我们会想起《诗经·邶风·击鼓》中“死生契阔，与子成说。执子之手，与子偕老”，柳永的“衣带渐宽终不悔，为伊消得人憔悴”，秦观的“两情若是久长时，又岂在朝朝暮暮”，元好问的“问世间，情是何物，直教生死相许”。这时诗词和我们有了感情的共鸣，我们从中体会到了爱情的甜蜜和辛酸。

再长大一些，我们开始越来越忙碌，烦恼也随之纷至沓来，我们想放松、想安静，这时我们都会想起陶渊明的“采菊东篱下，悠然见南山”，会想起王维的“竹喧归浣女，莲动下渔舟”，会想起范成大的“梅子金黄杏子肥，麦花雪白菜花稀。日长篱落无人过，惟有蜻蜓蛱蝶飞”。这些诗词让我们感受到了“一切景语皆情语”。

这时，我们才悄然发现，诗意其实一直都在，并未离我们远去，只不过忙碌的人生把它遮蔽了。现在让我们一起用心去接触、去感受中国的这些最美的古诗词，唤醒蛰伏在我们生命深处的诗意。

第一节　诗词概述

一、诗的起源

诗，最早的来源是什么呢？它并非在阳春白雪中悠然生长，而是从先民的劳动和生活中孕育出来的。诗歌起源于上古的社会生活，因劳动生产、两性相恋、原始宗教等而产生的一种有韵律、富有感情色彩的语言形式。《尚书·舜典》曰："诗言志，歌咏言，声依永，律和声。"《礼记·乐记》曰："诗，言其志也；歌，咏其声也；舞，动其容也；三者本于心，然后乐器从之。"早期，诗、歌与乐、舞是合为一体的。诗即歌词，在实际表演中总是配合音乐、舞蹈而歌唱，后来诗、歌、乐、舞各自发展，独立成体，诗与歌统称诗歌。中国诗歌有悠久的历史和丰富的遗产，如《诗经》《楚辞》和《汉乐府》以及无数诗人的作品。

二、诗词的定义

"诗"是一种以有节奏的、形象生动的语言，高度凝练和集中地反映生活或抒发强烈的感情的文学作品。我们常说的诗又指《诗经》或曰《诗三百》。《诗》上通于道德，下止于礼义。"诗歌"是我国最早的文学形式。中国古代把不合乐的叫"诗"，合乐的叫"歌"，现在统称为诗歌。它按照一定的音节、韵律的要求，表现社会生活和人的精神世界。按有无故事情节又可分为抒情诗和叙事诗；按语言是否有韵律，又分为格律诗和自由诗；按是否押韵，又分为有韵诗和无韵诗。

"词"属于诗歌的一种韵文形式，由五言诗、七言诗或是民间歌谣发展而成，起于唐代，盛于宋代。句子长短不一，所以也称"长短句"。"词"与"辞"在"言词"这个意义上是同义词。但在较早的时代，一般只说"辞"，不说"词"。汉代以后逐渐以"词"代"辞"。"词"后来又逐渐按一定的曲调来填写，即词牌，如"满江红""蝶恋花""江城子""西江月""浪淘沙"等，它由曲名发展而成，例如"西江月"原本是唐朝教坊展柜唱的曲名，后来以这种形式填词，便逐渐形成了词牌。词，又称曲子词、长短句、诗余，是配合宴乐乐曲而填写的诗歌，词牌是词的调子的名称，不同的词牌在总句数、句数、每句的字数、平仄上都有规定。

三、诗词的表现手法

古人在创作中非常注重表现艺术，写景、状物、言情、述志，往往采用既对立又统一，既相反而又相成的手法，从而形成了古诗词耐人寻味的艺术魅力，让我们在品味赏读中获得无穷的艺术享受。这些表现手法包括点染、虚实、疏密、浓淡、离合、雅俗、曲直、隐显、巧拙等。

1. 点染

点染，本是国画的术语。绘画时，有的地方点，有的地方染，从而绘出一幅和谐统一的画作。借用到古典诗歌中，指的是作者在有些地方正面点明旨意，有些地方侧面渲染。这在写景抒情诗中比较常见，一般用景物来染；用一句话、一个词来点出要抒发的感情。渲染是为了突出旨意，旨意引导渲染，相互依存，和谐统一。

如马致远的《天净沙·秋思》：“枯藤老树昏鸦，小桥流水人家，古道西风瘦马，夕阳西下，断肠人在天涯。”其中的“断肠人在天涯”是“点”；其余各句均是“染”，渲染相思之情的伤悲。

又如柳永的《雨霖铃》：“多情自古伤离别，更那堪冷落清秋节。今宵酒醒何处？杨柳岸，晓风残月。”其中第一句是“点”，点出“伤离别”；其余各句是“染”，渲染伤别之情。李清照的《声声慢》就用了“乍暖还寒”“三杯两盏淡酒”“晚来风急”“雁过也”“满地黄花”“梧桐更兼细雨”来渲染伤心的心绪，最后用“这次第，怎一个愁字了得”点出自己“愁”的主旨。

2. 虚实

虚实结合是古典诗歌重要的艺术手法之一。所谓“实”，是诗词中可以通过视觉、听觉等感觉捉摸到的部分；所谓“虚”则是指诗词中表现的存在于人的思想意识之中的部分。换言之，就方法而言，详细为实，简略为虚；具体为实，抽象为虚；有据为实，假托为虚；有行为实，徒言为虚。就对象而言，景为实，情为虚；眼见为实，想象为虚；有者为实，无者为虚；显者为实，隐者为虚；当前为实，过去和将来为虚；已知为实，未知为虚等等。虚实结合，可以给人以无穷的想象和回味，也可以使诗人的感情表达得更深沉而充分。

如李白的《蜀道难》，以虚写实，从蚕丛开国说到五丁开山，由六龙回日写到子规夜啼，天马行空般地驰骋想象，创造出了让人惊叹不已的蜀道形象。

李商隐的《锦瑟》运用“庄生晓梦迷蝴蝶，望帝春心托杜鹃。沧海月明珠有泪，蓝田日暖玉生烟”四个典故，以虚写虚（过去的经历、梦想、挫折等），让后学者畅想不已，被喻为古代“朦胧诗”。

李煜的《虞美人》中“问君能有几多愁，恰似一江春水向东流”，却又以实写虚，将抽象的“愁”化为具体可感的江水滚滚，新鲜美妙，让人回味。

3. 疏密

诗歌的疏密手法，主要是指描写人、事、景、物的密度。密度小者为疏，密度大者为密。疏者大笔勾勒，重在传神；密者多为工笔细描，重在铺写渲染。在诗歌中，疏利于写大景，密利于写小景；在词、曲中，婉约者较密；豪放者较疏。

但在一首诗歌中，诗人们时而采用疏密结合的手法，构成一定的意境，如杜甫的《登高》中“风急天高猿啸哀，渚清沙白鸟飞回。无边落木萧萧下，不尽长江滚滚来”四句，前两句“风急”“天高”“猿啸”“渚清”“沙白”“鸟飞”一句三个意象，显得绵密急促；后两句“落木”“长江”一句一个意象，显得物象稀少而疏阔。从美学角度看，因为密就产生了一种紧促感，因为疏就产生了一种弛缓和开朗感，一紧一缓之间，给欣赏者带来了心理的愉悦；而作者营造这一密一疏的艺术形象，又将秋天特有的景物放在了宏大的背景中，相互映衬，给人以丰富的想象空间。

又如王维的《山居秋暝》“空山新雨后，天气晚来秋。明月松间照，清泉石上流”四句，也是深得疏密之妙。前两句交代“雨后空山”“秋天傍晚”，一写环境，一写时间，可谓疏朗简洁；后两句却写到“明月”“青松”“月光”“清泉”“石头”“水花”，意象十分丰富；一疏显得宏观开阔，一密显出局部的清幽，的确让人心旷神怡。

4. 动静

客观事物的动静之态，给了诗人们许多创作的灵感，他们常常将事物的动、静结合起来描写，做到静中见动、动中见静、动静相生、动静互衬、妙趣无穷。

如查慎行的《舟夜书所见》：“月黑见渔灯，孤光一点萤。微微风簇浪，散作满河星。”前两句写静，后两句写动，给人美妙的遐想。

王维的《鸟鸣涧》：“人闲桂花落，夜静春山空。月出惊山鸟，时鸣春涧中。”以动写静，诗中的花落、月出、鸟鸣的动，突出了春涧的幽静。

杜甫的《绝句》："两个黄鹂鸣翠柳，一行白鹭上青天。窗含西岭千秋雪，门泊东吴万里船。"前两句写动，绘出一幅绚丽的图景；后两句写静，一言空间之广，一言时间之久，但也静中见动，是诗人在思接千载、视通万里的动。

李白《望天门山》更是高妙，以"天门中断楚天开"写出了水神奇的动，力量巨大；又用"碧水东流至此回"写出了山雄奇险峻的静，强大力量的静；然后又用"两岸青山相对出"写静，静中有动；"孤帆一片日边来"写动，动中有静；动静相衬，即有力量的对抗，又有宁静与和谐，真是运笔如神！

5. 浓淡

在绘画中，浓淡主要指色彩的深浅、明暗。在文学创作中，主要指语言的色彩。浓者，重笔浓彩，绚丽；淡者，素笔淡写，不尚雕饰。就作家个人而言，有的追求素淡，有的追求浓艳；有的浓淡兼施，两相映衬，收到鲜明生动的艺术效果。

如王安石的《桂枝香·金陵怀古》上片写金陵的壮丽景色，用了"似练""翠峰""残阳""彩舟云淡"来写秋景，语言华美；下片叹六朝竞逐豪华，吊古伤今，语言素淡；以浓衬淡，有力地强化了政治家睹今鉴古的深远思虑。

又如李清照的《一剪梅》，上片写"红藕""玉簟""罗裳""兰舟""锦书""月满"，色彩较浓；下片写"花""水""闲愁"，色彩较淡；浓淡相映，充分地渲染和抒发了词人的相思之苦；"浓"尚不可解其愁，"淡"更让她何以堪？

6. 雅俗

雅俗是运用语言的一种艺术。"雅"是典雅，"俗"是通俗。在诗歌中适当运用雅语和俗语，就会雅俗共赏，增强诗歌的艺术魅力。

如张养浩的《山坡羊·潼关怀古》，前七句"峰峦如聚，波涛如怒，山河表里潼关路。望西都，意踌躇，伤心秦汉经行处，宫阙万间都做了土"，比较雅；结尾两句"兴，百姓苦。亡，百姓苦"，较通俗，这样以俗入雅，充分表达了词人关注百姓疾苦的情怀。

又如白居易《忆江南》词，"江南好，风景旧曾谙""能不忆江南"，用语通俗；而"日出江花红胜火，春来江水绿如蓝"，用语典雅。不用雅，写不出江南之优美；不用俗，便失去了亲切感和独特的向往之情，可谓相得益彰。

7. 巧拙

巧拙也是语言运用的艺术。“巧”是工巧，“拙”是朴拙，二者结合，常可收到别具一格、耐人寻味的艺术效果。

如姜夔的《扬州慢》：“二十四桥仍在，波心荡，冷月无声。”前一句朴拙，后两句工巧。无前者，后两句失去依托；无后者，前一句失去了应有的表达效果。前后相合，一幅凄清之景顿生，一股兴叹之情流动。

又如周邦彦的《苏幕遮》：“叶上初阳干宿雨，水面清圆，一一风荷举。”前一句写太阳初升，露水渐干，比较朴实；后二句写青青池水，风吹水动，晃动的叶子仿佛在不断高举一样，用笔很巧。

8. 曲直

曲与直是诗人表达感情的两种方式。“曲”是婉曲含蓄，“直”是直率明了。一般来说，诗人心情平静时，喜欢含蓄委婉，感情激动时，便直吐为快。在现实生活中，作者的思想感情常常是复杂变化的，因而在作品中总是兼用曲与直两种手法来表情达意，力求做到曲直互补，妙合其心。

如李白的《梦游天姥吟留别》，描写令人神往的仙境世界，明写了对仙境的向往，暗写了对现实的强烈不满，属于“曲”；到诗的结尾处却大呼：“安能摧眉折腰事权贵，使我不得开心颜！”这就是“直”，一曲一直间将诗人率真可爱的个性表现得淋漓尽致。

白居易的《琵琶行》虽然也曲直兼用，但没有了李白的率真，而是以曲为主；他写琵琶女的身世遭遇，直接表明的是对下层歌妓和劳苦百姓的同情，曲折表达的却是政治受挫后，对现实的深刻认识和对世态炎凉的强烈不满。说自己的遭际属于“直”，可他还是表达得那么“曲”，不讲原委，只诉同感。曲折与直率的运用，与诗人的心境有关，确实耐人寻味。

9. 隐显

“隐”与“显”，也是诗人表达感情的两种方式。“隐显”与“曲直”非常相似，常常将两者联系在一起说，因为曲就是隐，直就是显。诗人在表达深藏内心而不便明言的思想感情时，往往隐约其词，采用隐讳曲折的方式；其他的一般都表达得较直接明白。

如朱庆馀的《近试上张水部》，明明是想说自己考前心里没底，又充满成功的期待，盼望张籍的帮助，却又隐讳曲折地虚拟新妇的口气问新郎：“画眉深浅入时无?”可谓隐讳而妙极。

又如苏轼《江城子·乙卯正月二十夜记梦》中的“十年生死两茫茫”，在明显地抒发哀悼亡妻之情的同时，也隐约地抒发了“尘满面，鬓如霜”的政治失意之情，可说是隐得深沉。

10. 离合

离合是一种离题旁涉与紧扣题目的辩证表现手法。直写题目，内容就会局促；荡开笔墨，内容又会偏离题目。而离合就是要讲究直写与旁写、正写与侧写的和谐，侧写、旁写都要做到服务于正写，服务于题目，从而使诗歌意脉相连，似断实续，摇曳多姿。这种手法在咏物词中表现得非常突出，因为古人主张咏物词要力求“不即不离”“不沾不滞”。

如苏轼的《水龙吟·次韵章质夫杨花词》：“似花还似非花，也无人惜从教坠。抛家傍路，思量却是，无情有思。萦损柔肠，困酣娇眼，欲开还闭。梦随风万里，寻郎去处，又还被莺呼起。”开篇摇曳入题，以似花非花、无情有思吟咏杨花，接着由杨花衍生出思妇意象，人与花、物与情，在不即不离之间，咏物而不滞于物，达到了出神入化的境界。

第二节　中国古典诗词欣赏

自然界四季有相对稳定的景致，文学艺术中也相对应有四季情境。在人和自然的相处中，我们可以感应到七情六欲，诗人在创作过程中也会通过自己所创造的意象和意境去表达这种由心而生的感应。所以，在中国古典诗词中，有许多诗词作品都是直接或间接地写春、夏、秋、冬之景。

一、春

春天是一个万物复苏的季节。在经历了冬天的沉思，迎来新的年轮，这让每个人心中的一种憧憬，充满了对生命的寄托和希望。那满园的深浅色，映照在绿波中；那不知细叶谁裁出的绿丝绦；那东风吹来的万紫千红，让我们感受到这一切都是如此的自然清新。所以我们对春天的憧憬总是那么的细腻。中国人的诗情，也在春天这个时节活泼地醒来。

（一）春之励志

《长歌行》：千古绝唱，催人奋进

长歌行

青青园中葵，朝露待日晞。
阳春布德泽，万物生光辉。
常恐秋节至，焜黄华叶衰。
百川东到海，何时复西归。
少壮不努力，老大徒伤悲。

｜阅读指导｜

这首《长歌行》我们最熟悉是应该是它的篇末两句："少壮不努力，老大徒伤悲。"这两句也成为很多青少年的座右铭。

《长歌行》是汉代的一首乐府诗，是经东汉乐府机关采集并保存下来的一首民间诗歌。它不同于汉代其他的文人诗哀叹人生的短促、鼓吹及时行乐，它是一首唱反调的诗，是一首难能可贵的佳作。

《长歌行》为了说明人少年时应该要好好珍惜时光，要及早努力，用了一连串的比喻。诗的前四句，向我们描绘了一幅明媚的春景，园子里绿油油的葵菜上还带着露水，朝阳升起之后，晒干了露水，葵菜又沐浴在一片阳光中，世上的万物都在春天受到大自然雨露的恩惠，焕发出无比的光彩。第五、六句，从相反面去写大自然，即由盛而衰、由生长而消亡、由少壮而老大。秋天一到，它们都要失去鲜艳的光泽，变得枯黄衰落了。万物都有盛衰的变化，人也有由少年到老年的过程。但植物可以周而复始，而人的时光却不能倒流。诗人在这里插入第七、八句，用百川东流入海再不西归为喻，把要从正面讲的道理委婉曲折地从侧面表达出来。这样，既把要讲的道理加深，又把服人的力量加强。最后水到渠成地归结成第九、十句，我们在年轻力壮的时候如果不珍惜时光、好好努力的话，到老的时候就只能白白地悲伤了！

全诗从"青葵"起兴，不过联想到了四季的变化。又以江河作比，得出应当抓紧时间奋发努力的结论，其比兴手法是很明显的。这首诗由眼前青春美景联想到了人生易逝，鼓励青年人要珍惜时光，出言警策，催人奋进。

（二）春之意境

《春江花月夜》：孤篇压全唐

张若虚

（生卒年不详），字、号均不详，主要活动在公元七世纪中期至公元八世纪前期，初唐（660～720）诗人，扬州（今属江苏扬州）人。曾任兖州兵曹。中宗神龙（705～707）中，与贺知章、贺朝、万齐融、邢巨、包融俱以文词俊秀驰名于京都，与贺知章、张旭、包融并称“吴中四士”，文词俊秀。

春江花月夜

张若虚

春江潮水连海平，海上明月共潮生。
滟滟随波千万里，何处春江无月明？
江流宛转绕芳甸，月照花林皆似霰。
空里流霜不觉飞，汀上白沙看不见。
江天一色无纤尘，皎皎空中孤月轮。
江畔何人初见月，江月何年初照人？
人生代代无穷已，江月年年只相似。
不知江月待何人，但见长江送流水。
白云一片去悠悠，青枫浦上不胜愁。
谁家今夜扁舟子？何处相思明月楼？
可怜楼上月徘徊，应照离人妆镜台。
玉户帘中卷不上，捣衣砧上拂还来。
此时相望不相闻，愿逐月华流照君。
鸿雁长飞光不度，鱼龙潜跃水成文。
昨夜闲潭梦落花，可怜春半不还家。
江水流春去欲尽，江潭落月复西斜。
斜月沉沉藏海雾，碣石潇湘无限路。
不知乘月几人归？落花摇情满江树。

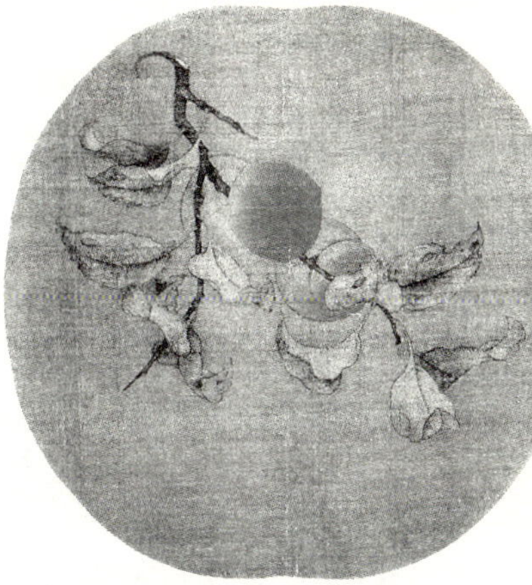

〔宋〕赵昌　桃图　绢本设色　27.5×29cm　私人收藏

| **阅读指导** |

《春江花月夜》有着“以孤篇压全唐”的美誉。闻一多先生更是称它为“诗中的诗，顶峰上的顶峰”。

这首诗写春江月夜的美景，写普通人、写游子、写思妇离别相思之情，真挚优美，完全消除了宫体诗的“猎艳”趣味。它写宇宙、写人生哲理，它对人类的精神之美的领悟和对宇宙的思索已超然于诗之上。

这首诗共有36句，通篇读之像白话文一样浅显，似乎不需要任何注解。诗的开篇，一幅美景就跃入人的眼前。浩瀚的江水仿佛和大海连在一起，一轮明月随着江潮缓缓升起。

春，是这首诗的基本基调。此诗以春江花月夜为背景，以明月为线索徐徐展开。张若虚抓住了春江月下的五种事物：春、江、花、月、夜，来体现人生中最动人的良辰美景。

诗歌起篇便切入主题，给我们展现出一幅春江月夜的画面：江潮连海、月共潮生。接下来张若虚为我们描绘出月亮升起时江边花林的景象，轻彩淡痕、神韵飞扬，仿佛是一幅水墨画。月光之下，一切都是那么的梦幻，因而“流霜不觉飞”“白沙看不见”，在张若虚眼中只有皎洁的月光。而他细腻的笔触，为我们创造出一个美丽的神话世界。

当张若虚感受这美景的同时，面对浩瀚的宇宙，他神思飞扬，开始探索人生，于是发出了这样的感叹：“江畔何人初见月，江月何年初照人？人生代代无穷已，江月年年只相似。不知江月待何人，但见长江送流水。”张若虚先是无奈人与天的绝对力量悬殊，明月一岁一千年，看尽人情的薄凉锦暖，世人却伴月初生，望月临终，至死了也看不透自然的玄妙。而后又感慨年华如水去而不返却繁衍生息绵延久长，看着江月，总该有看尽的一天。但却“哀而不伤”，与李白的《把酒问月》大有异曲同工之妙：今人不见古时月，今月曾经照古人。古人今人若流水，共看明月皆如此。

诗人举目而眺，有乘扁舟为客者，有登楼而伤别者，更有自己不可尽言的思念。他似乎还看见了家中“妆镜台”前的同样思念他的女子，辗转反侧，苦于月色的柔情更添了她的愁思。那多情的女子，多想随明月光华一起，“逐月华流照君”，瞬间就能流转到意中人的身侧。可惜“鸿雁长飞光不度，鱼龙潜跃水成文”，望长空鸿雁远飞，飞不出月的光影，飞也徒劳；看江面，鱼跃深水，只激起阵阵波纹，跃也无功。一向以传信为长的鱼雁，如今也无法传递思念。

月复西斜，海雾徒生，潇湘碣石，江树摇情。就以这个“摇”字作为最后的看点，“月华摇晃，树影婆娑，人心起伏，月摇、树摇、人心亦在摇”。张若虚在江边站至夜深，江风骤起，他看岸上的树舞起，好像是在代替谁回应着他的思念，也好像是因为树枝沉甸甸地挂满了他的思念。

《减字木兰花·莺初解语》：出神入化的化用

减字木兰花

莺初解语

苏 轼

莺初解语，最是一年春好处。微雨如酥，草色遥看近却无。

休辞醉倒，花不看开人易老。莫待春回，颠倒红英间绿苔。

| 阅读指导 |

韩愈在他的《早春呈水部张十八员外》诗中是这样来描绘春天的：“天街小雨润如酥，草色遥看近却无。最是一年春好处，绝胜烟柳满皇都。”此诗以清新自然的风格及对春色体察入微的描绘，而成为韩愈的经典名篇，也为历代文人所喜爱。

宋仁宗嘉祐八年（1063），苏轼时年28岁，此时，苏轼以覃恩迁大理寺寺丞。赴任途中，过宝鸡，重游终南山。他的弟子由闻之，寄《闻子瞻重游终南山》诗，苏轼为之次韵，并化用了韩愈的《早春呈水部张十八员外》中的诗句，以作《减字木兰花·莺初解语》寄给其弟子。

整首词可以这样理解：黄莺才刚刚懂得开口唱几句春天的歌，这是一年当中春色最好的时候吧。天空下着如酥的小雨，嫩嫩的草尖刚刚冒出地面，在微雨里，眼前觉察不到它的存在，只有遥远望去，才发现有一层的绿铺在地面。不要托辞会醉倒在这个季节，花是不经意开的，人是容易老的。不要等到浓烈的春天回到大地时再触目伤怀，你我颠倒唏嘘、百般感慨在红英凋零、绿苔如茵之间。

苏 轼

（1037～1101），字子瞻，又字和仲，号东坡居士，眉州眉山（今四川眉山市）人，中国北宋文豪，“三苏”（苏洵、苏轼、苏辙）家族成员之一，“唐宋八大家”之一。其散文与欧阳修并称“欧苏”，为北宋名家；诗与黄庭坚并称“苏、黄”，开有宋一代诗歌新风气；词与辛弃疾并称“苏、辛”，一扫当时绮艳柔靡的风尚，为豪放词派创始人，对后世文学影响极深。有《苏东坡集》《东坡乐府》。

上片，苏轼描绘出初春美好时光。第一、二句点明初春的时令——“莺初解语”；点明初春地位——“最是一年春好处”。接着三、四句就写初春美景——“微雨如酥，草色遥看近却无”。通过初春细雨滋润草根而转青色、转明丽这一细微变化，把如画的春光美景生动地描绘出来。尤其是“草色遥看近却无”，观察极为细致，描写极为逼真。因为远看刚刚返青的草芽，呈现青色；而近看草芽，则仍是黄色的。这自然不是东坡的发现，早在唐代，韩愈就注意到了，并写进他的《早春呈水部张十八员外》诗中去。苏轼化用韩诗的传神之诗句，用进上片，正好道出了初春的可贵，而又不露痕迹。

下片，苏轼则劝人尽赏春光。“休辞醉倒，花不看开人易老”，是说不要借“醉倒”沉醉之故，而拒绝去看春花。不看春花，就意味着失去了花会给人的青春活力，意味着时光易逝，人走向衰老。这是最大的人生误区，“人生易老天难老”。苏轼的言词中同样也充满了人生哲理。“莫待春回，颠倒红英间绿苔”，带有醒世之意的恒言。不要等到春离开人间吧，否则，将是“红英”纷乱地夹杂着“绿苔”而失去春的魅力。子由《闻子瞻重游终南山》诗一开头就说得好：“终南重到已春回，山木缘崖绿似苔。”

苏轼在这首诗中以鲜艳的笔触描绘出一幅初春有形世界的美妙画图，以景托情，向人们展现了尽享人生青春的无限风光，并以此劝诫人们要珍惜生命中美好的时光。

（三）春之情怀

《春夜喜雨》：春雨润物泽心田

唐肃宗上元二年（761 年）秋，一场暴风雨袭击了成都浣花溪畔的草堂，一座茅草小屋被大风刮坏，茅草被小孩抢走。悲愤之际，茅屋的主人写下一首诗——《茅屋为秋风所破歌》，为天下寒士发出了“安得广厦千万间，大庇天下寒士俱欢颜，风雨不动安如山！”的呐喊。这位诗人就是杜甫。

对雨，杜甫似乎有太多的无奈和厌恶。但是就在同一年，在另一首诗中，杜甫对雨，又是截然相反的另一种心境。这首诗就是《春夜喜雨》。

春夜喜雨

杜 甫

好雨知时节，当春乃发生。

随风潜入夜，润物细无声。

野径云俱黑，江船火独明。

晓看红湿处，花重锦官城。

杜 甫

（712～770），字子美，汉族，祖籍襄阳，生于河南巩县。自号少陵野老，唐代伟大的现实主义诗人，与李白合称“李杜”。杜甫诗抒写个人情怀，往往紧密结合实事，思想深厚，境界广阔，有强烈的现实社会意义，深刻地反映了那个时代的政治、生活，后世称为“诗史”。它是我国古代伟大的现实主义诗人，诗风沉郁顿挫。有《杜少陵集》二十五卷，收诗一千四百余首。

| 阅读指导 |

《春夜喜雨》写于公元761年春天。杜甫因为陕西旱灾来到成都定居已经有两年了，他亲自耕作种菜养花，因而对春雨的感情很深。于是杜甫写下这首诗，描写春夜降雨润泽万物的美景，抒发杜甫的喜悦之情。诗句中虽然没有一个喜字，但是四处洋溢着诗人的欣喜之情。

“好雨知时节，当春乃发生”，这首诗一个突出的特点，就是把雨拟人化了。杜甫一开始，就用了一个“好”字来赞美春雨，说它“知时节”，万物萌芽生长的季节正需要雨水的滋润。而这个时候雨就下起来了，春雨如此体贴人意，知晓时节，这是多好的春雨啊！

“随风潜入夜，润物细无声”，春雨来了，在夜晚随风而至，悄无声息地滋润万物，无意讨好，唯求奉献。

春天的雨，一般都是伴着和风，细细地滋润着万物。然而也有例外，有时候雨会伴着狂风张扬而凶猛，但这不是典型的春雨，它只是损物而不会“润物”。所以光有首联的“知时节”，那还不足以完全表现雨的“好”。这伴着和风飘然而落的细雨，才将好雨的“好”字落到了实处。

春雨这样好，就希望它下多下够，下个通宵。倘若只下一会儿就雨过天晴了，那“润物”就不太彻底。所以杜甫就怀着亦喜亦忧的心情，推门而出，伫立远眺，只见“野径云俱黑，江船火独明”。“野径云俱黑”表达出就是连旷野里的那条小路都黑了，和云一样黑。在这黑夜里只有江船上的渔火是明亮的。

“晓看红湿处，花重锦官城”，尾联写的是杜甫想象中的情景。这样的好雨，在杜甫眼中如果能下上一夜的话，万物就能得到了滋润，欣欣向荣地长起来。而最能代表春色的就是花，春天的花也就会随着雨绽放开来，等到天明看的话，一朵朵红艳艳的沉甸甸的花儿悄然绽放，真是姹紫嫣红，成都城也就成了花的海洋。那么田里的禾苗呢，山上的树林呢，有了春雨的滋润，一切定会焕然一新，被浓浓的春色覆盖。

统观全诗，不难看出杜甫是按盼雨—听雨—看雨—想雨这样的思路来安排行文的。俗话说“春雨贵如油”，对于这珍贵如油的春雨，众人皆盼，杜甫亦然。当春雨飘落降临时，杜甫盛赞春雨默默无闻、无私奉献的崇高品质，这份对春雨的喜爱之情描绘细腻、逼真、曲折有致，让人感受到当时的情景，这不能不令人惊叹杜甫的洞幽显微、体物察情的艺术功力。

《浣溪沙·一曲新词酒一杯》：闲静中的寂寥

“无可奈何花落去，似曾相识燕归来”，被称为千古名句。杨慎在《词品》中赞誉它为“天然奇偶”，卓人月在《古今词统》中论及此联时，说“实处易工，虚处难工，对法之妙无两”。钱钟书在《谈艺录》中也说，所谓“律之对仗，乃撮合语言，配成眷属。愈能使不类为类，愈见诗人心手之精妙”。

而这一名句的作者晏殊对这句也是情有独钟。他在其七律《示张寺丞王校勘》中用到此句。但我们更为熟悉的还应是晏殊的这首词《浣溪沙·一曲新词酒一杯》。

浣溪沙

一曲新词酒一杯

晏殊

一曲新词酒一杯，去年天气旧亭台。夕阳西下几时回？

无可奈何花落去，似曾相识燕归来。小园香径独徘徊。

阅读指导

这首词之所以能广为流传，脍炙人口，最为重要的是其情中有思。

起句“一曲新词酒一杯，去年天气旧亭台”，读者感受到的是晏殊在面对当时的情景时，怀着轻松喜悦的感情，带着潇洒安闲的意态，醉心于宴饮涵咏之乐。而这情景却又触发了晏殊对去年所经历的类似于现境的追忆：也是和今年一样的暮春天气，面对的也是和眼前一样的楼台亭阁，一样的清歌美酒，然而却又有一种景物依旧但却物是人非的感慨。于是，晏殊不由地发出一声喟叹：夕阳西下几时回？

夕阳西下，是晏殊眼前所观景色。但晏殊由此而引发却是对美好情事的流连，对时光流逝的怅惘，以及对美好事物重现的微茫的希望。这是即景兴感，但所感者实际上已不限于眼前的情事，而是扩展到整个人生。夕阳西下，是无法阻止的，只能寄希望于它的东升再现，而时光的流逝、人事的变更，却再也无法重复。细品“几时回”三字，折射出的似乎是一种企盼其返、却又情知难返的复杂心态。

在这种无以言叙的心态之下，晏殊无可奈何地发出了“无可奈何花落去，似曾相识燕归来”的感叹。花的凋落、春的消逝、时光的流逝，都是不可抗拒的自然规律，虽然惋惜流连，也无济于事，所以说“无可奈何”，这一句承上阙中的“夕阳西下”；然而这暮春天气中，所感受到的并不只是无可奈何的凋衰消逝，而是还有令人欣慰的重现，那翩翩归来的燕子不就像是去年曾此处安巢的旧时相识吗？这一句应上片中“几时回”。花落、燕归虽也是眼前景，但一经与“无可奈何”“似曾相识”相联系，它们的内涵便变得非常广泛，意境非常深刻，带有美好事物的象征意味。惋惜与欣慰的交织中，蕴含着某种生活哲理：一切必然要消逝的美好事物都无法阻止其消逝，但消逝的同时仍然有美好事物的再现，生活不会因消逝而变得一片虚无。只不过这种重现毕竟不等于美好事物原封不动的重现，它只是“似曾相识”罢了。渗透在句中的是一种混杂着眷恋、惆怅和寂寥的情调。

最后晏殊以“小园香径独徘徊”作结，他在惋惜、欣慰、怅惘之余独自沉思：落英缤纷，残红满径，孤身只影，像是在去年携手同游的小径上再寻故迹。淡淡的哀愁在沉思中缓缓萦绕在晏

晏 殊

（991～1055），字同叔，抚州临川人。北宋著名文学家、政治家。晏殊以词著于文坛，尤擅小令，风格含蓄婉丽，与其子晏几道，被称为“大晏”和“小晏”，又与欧阳修并称“晏欧”；亦工诗善文，原有集，已散佚。存世有《珠玉词》《晏元献遗文》《类要》残本。

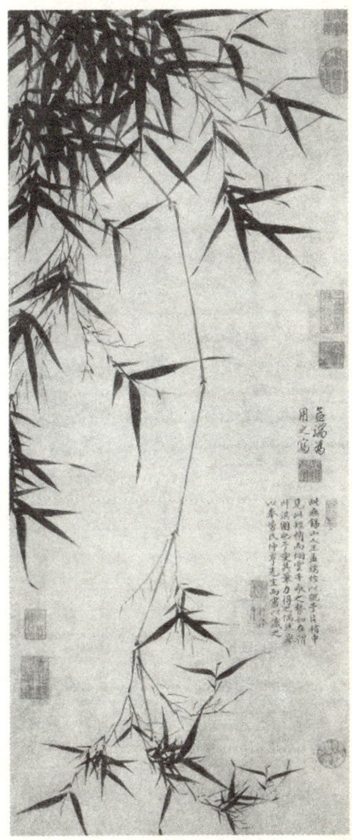

〔明〕王绂　淇渭图　纸本墨笔　78.2×34.5cm　台北故宫博物院藏

殊眉头心间，无法消除。

作为晏殊词中最为脍炙人口的篇章，这首词虽含伤春惜时之意，却实为感慨抒怀之情。

| 扩展阅读 |

钱塘江春行

白居易

孤山寺北贾亭西，水面初平云脚低。

几处早莺争暖树，谁家新燕啄春泥。

乱花渐欲迷人眼，浅草才能没马蹄。

最爱湖东行不足，绿杨阴里白沙堤。

江畔独步寻花

其 六

杜 甫

黄四娘家花满蹊，千朵万朵压枝低。

留连戏蝶时时舞，自在娇莺恰恰啼。

代悲白头翁

韦应物

洛阳城东桃李花，飞来飞去落谁家？

洛阳女儿惜颜色，坐见落花长叹息。

今年花落颜色改，明年花开复谁在？

已见松柏摧为薪，更闻桑田变成海。

古人无复洛城东，今人还对落花风。

年年岁岁花相似，岁岁年年人不同。

寄言全盛红颜子，应怜半死白头翁。

此翁白头真可怜，伊昔红颜美少年。

公子王孙芳树下，清歌妙舞落花前。

光禄池台文锦绣，将军楼阁画神仙。

一朝卧病无相识，三春行乐在谁边？
宛转蛾眉能几时？须臾鹤发乱如丝。
但看古来歌舞地，唯有黄昏鸟雀悲。

惠崇春江晚景二首

苏 轼

其一

竹外桃花三两枝，春江水暖鸭先知。
蒌蒿满地芦芽短，正是河豚欲上时。

其二

两两归鸿欲破群，依依还似北归人。
遥知朔漠多风雪，更待江南半月春。

武 陵 春

风住尘香花已尽

李清照

风住尘香花已尽，日晚倦梳头。
物是人非事事休，欲语泪先流。
闻说双溪春尚好，也拟泛轻舟。
只恐双溪舴艋舟，载不动许多愁。

玉 楼 春

城上风光莺语乱

钱惟演

城上风光莺语乱，城下烟波春拍岸。
绿杨芳草几时休，泪眼愁肠先已断。
情怀渐觉成衰晚，鸾镜朱颜惊暗换，
昔年多病厌芳尊，今日芳尊惟恐浅。

李清照

（1084 ～ 1155），号易安居士，汉族，齐州章丘（今山东章丘）人。宋代（两宋之交）女词人，婉约词派代表，有“千古第一才女”之称。

钱惟演

（962 ～ 1034），字希圣，钱塘（今浙江杭州）人。北宋大臣、文学家，吴越忠懿王钱俶第十四子，刘娥之兄刘美的妻舅。从钱弘俶归宋，历任右神武将军、太仆少卿、命直秘阁，预修《册府元龟》，累迁工部尚书，拜枢密使，官终崇信军节度使，卒赠侍中，谥号思。后加增太师、中书令、英国公，改谥文僖。

〔宋〕佚名　梅竹雀图　绢本水墨设色尺寸不详　［美］私人收藏

玉 楼 春

寂寂画堂梁上燕

魏承班

寂寂画堂梁上燕，高卷翠帘横数扇。

一庭春色恼人来，满地落花红几片。

愁倚锦屏低雪面，泪滴绣罗金缕线。

好天凉月尽伤心，为是玉郎长不见。

滁州西涧

韦应物

独怜幽草涧边生，上有黄鹂深树鸣。

春潮带雨晚来急，野渡无人舟自横。

韦应物

（737～792），中国唐代诗人。汉族，长安（今陕西西安）人。今传有10卷本《韦江州集》、两卷本《韦苏州诗集》、10卷本《韦苏州集》。散文仅存一篇。因出任过苏州刺史，世称“韦苏州”。诗风恬淡高远，以善于写景和描写隐逸生活著称。

绝 句

僧志南

古木阴中系短篷，杖藜扶我过桥东。

沾衣欲湿杏花雨，吹面不寒杨柳风。

蝶 恋 花

庭院深深深几许

欧阳修

庭院深深深几许，杨柳堆烟，帘幕无重数。

玉勒雕鞍游冶处，楼高不见章台路。

雨横风狂三月暮，门掩黄昏，无计留春住。

泪眼问花花不语，乱红飞过秋千去。

欧阳修

（1007～1072），字永叔，号醉翁、六一居士，汉族，吉州永丰（今江西省吉安市永丰县）人，北宋政治家、文学家，且在政治上负有盛名。因吉州原属庐陵郡，以“庐陵欧阳修”自居。官至翰林学士、枢密副使、参知政事，谥号文忠，世称欧阳文忠公。后人又将其与韩愈、柳宗元和苏轼合称“千古文章四大家”。

二、夏

春天随着落花走了，夏天披着一身的绿叶在暖风里跳动着来了。炎炎夏日，并非一味的燥热，夏天也有它的诗情画意。看文人墨客笔下的夏天，描写夏天的古诗是那样的精妙，看一看描写夏天的古诗，心里也会觉得清爽。

（一）夏之意境

《小池》：一首千古流传的清新小品

小　池

杨万里

泉眼无声惜细流，树阴照水爱晴柔。

小荷才露尖尖角，早有蜻蜓立上头。

杨万里

（1127～1206），字廷秀，号诚斋，吉州吉水（今属江西）人，二十四年（1154）进士，授赣州司户参军，调零陵丞。乾道，知奉新县，擢国子博士，迁太常博士，权吏部右侍郎官，将作少监。淳熙间，历知常州，提举广东常平茶盐，迁广东提点刑狱。十一年（1184），召为吏部员外郎。历任枢密院检详官，尚书右、左司郎中，秘书少监。与尤袤、范成大、陆游合称南宋“中兴四大诗人”。杨万里诗歌大多描写自然景物，且以此见长，也有不少篇章反映民间疾苦抒发爱国感情；语言浅近明白，清新自然，富有幽默情趣；称为“诚斋体”。

| 阅读指导 |

杨万里的诗意境鲜明，语言通俗清新、流畅自然，富有生活气息。他的诗歌创作按照广学博取、面向现实、师法自然的道路而自成一家，形成了新、奇、活、快、风趣、幽默的“诚斋体”特色。这首《小池》就呈现出了“诚斋体”的特点。

《小池》是一首描写初夏池塘美丽景色的、清新的小品。一切都是那样细，那样柔，那样富有情意。它句句是诗，句句如画，展示了明媚的初夏风光，自然朴实，又真切感人。这首诗描写一个泉眼、一道细流、一池树阴、几枝小小的荷叶、一只小小的蜻蜓，构成一幅生动的小池风物图。

一个“惜”字，化无情为有情，仿佛泉眼是因为爱惜涓滴，才让它无声地缓缓流淌；一个“爱”字，给绿树以生命，似乎它是喜欢这晴柔的风光，才以水为镜，展现自己的绰约风姿。三、四两句，杨万里好像一位高明的摄影师，拍摄了一个妙趣横生的镜头：“小荷才露尖尖角，早有蜻蜓立上头。”时序还未到盛夏，荷叶刚刚从水面露出一个尖尖角，一只小小的蜻蜓立在它的上头。一个“才露”，一个“早立”，前后照应，逼真地描绘出蜻蜓与荷叶相依相偎的情景。杨万里写诗主张师法自然，他对自然景物有浓厚的兴趣，常用清新活泼的笔调和平易通俗的语言，描绘日常所见的平凡景物，尤其善于捕捉景物的特征及稍纵即逝的变化，形成情趣盎然的画面，因而诗中充满浓郁的生活气息。

现代著名美术家朱宣咸根据杨万里《小池》表达的诗意创作了中国画作品《小荷才露尖尖角》，非常形象与生动地反映了这一诗情画意。

《饮湖上初晴后雨》：诗中有画，诗中有情

烟波笼月，水映桃花，杨柳抚堤，画舫轻舟。这描写的是杭州西湖的美景。西湖之美，不仅仅在于它是一幅天然的图画，更因为那里有美丽动人的故事和流传千古的诗歌。

西湖的美，是如此的撩人心弦，大文豪苏轼也抵挡不住它的魅力，于是写下了这首《饮湖上初晴后雨》。

饮湖上初晴后雨

其　二

苏　轼

水光潋滟晴方好，山色空蒙雨亦奇。

欲把西湖比西子，淡妆浓抹总相宜。

| 阅读指导 |

元祐五年（1090），正在杭州任职的苏轼上书宋哲宗为民请命，呈上《乞开杭州西湖状》说：“杭州之有西湖，如人之有眉目，盖不可废也。”这之后，一场前所未有的西湖整治行动开始了。苏轼动员了20万民工，疏浚西湖，并用挖出来的葑草和淤泥堆筑起自南向北横贯湖面2.8公里的长堤，在堤上建六座石拱桥，自此西湖水面分东西两部分，而南北两山才得以沟通。后人为纪念他，将这条长堤称为“苏堤”。

苏堤建好以后，有一天苏轼和朋友在西湖边上饮酒。开始的时候天气晴朗，但一会儿工夫下起了雨。苏轼看到西湖上的晴和雨这两种截然不同风光，就写下了这首《饮湖上初晴后雨》。

张大千　荷花图

诗的首句“水光潋滟晴方好”，描写西湖晴天的水光：在灿烂的阳光照耀下，西湖水波荡漾，波光闪闪，十分美丽。“山色空蒙雨亦奇”描写雨天的山色：在雨幕笼罩下，西湖周围的群山，迷迷茫茫，若有若无，非常奇妙。在善于领略自然并对西湖有深厚感情的苏轼眼中，无论是水是山，或晴或雨，都是美好奇妙的。

“欲把西湖比西子，淡妆浓抹总相宜”，苏轼用一个奇妙而又贴切的比喻，写出了西湖的神韵。苏轼之所以拿美人西施来比西湖，不仅是因为二者同在越地，同有一个“西”字，同样具有婀娜多姿的阴柔之美，随时都能展现美的风致。更主要的是她们都具有天然美的姿质，不用借助外物，不必依靠人为的修饰，随时都能展现美的风致。西施无论浓施粉黛还是淡描娥眉，总是风姿绰约的；西湖不管晴姿雨态还是花朝月夕，都美妙无比，令人神往。这个比喻得到后世的公认，从此，“西子湖”就成了西湖的别称。

《西江月·夜行黄沙道中》：清新淡远的水墨画

宋代豪放派词人辛弃疾有一首吟咏田园风光的词。这首词描写的是人们熟悉的月、鸟、蝉、蛙、星、雨、店、桥。辛弃疾把这些形象巧妙地组织起来，让我们感受到一种恬静的美。

〔元〕吴镇　洞庭渔隐图　纸本墨笔　146.4×58.6cm　台北故宫博物院藏

辛弃疾

（1140～1207），字幼安，号稼轩，山东东路济南府历城县（今济南市历城区遥墙镇四凤闸村）人，中国南宋豪放派词人，人称词中之龙，与苏轼合称“苏辛”，与李清照并称“济南二安”。

西江月

夜行黄沙道中

辛弃疾

明月别枝惊鹊，清风半夜鸣蝉。

稻花香里说丰年，听取蛙声一片。

七八个星天外，两三点雨山前。

旧时茅店社林边，路转溪桥忽见。

｜阅读指导｜

辛弃疾这首词的前两句“明月别枝惊鹊，清风半夜鸣蝉”，表面看来，写的是风、月、蝉、鹊这些极其平常的景物，然而经过作者巧妙的组合，结果平常中就显得不平常了。鹊儿的惊飞不定，不是盘旋在一般树头，而是飞绕在横斜突兀的枝干之上。因为月光明亮，所以鹊儿被惊醒了；而鹊儿惊飞，自然也就会引起“别枝”摇曳。同时，知了的鸣叫声也是有其一定时间的，夜间的鸣叫声不同于烈日炎炎下的嘶鸣，而当凉风徐徐吹拂时，往往特别感到清幽。总之，“惊鹊”和“鸣蝉”两句动中寓静，把半夜“清风”“明月”下的景色描绘得令人悠然神往。

接下来是“稻花香里说丰年，听取蛙声一片”，把人们的关注点从长空转移到田野，表现了辛弃疾说丰年的主体不是人们常用的鹊声，而是那一片蛙声，这正是词人匠心独到之处，令人称奇。在词人的感觉里，俨然听到群蛙在稻田中齐声喧嚷，争说丰年。先出“说”的内容，再补“声”的创造。

以上四句纯然是抒写当时当地的夏夜山道的景物和词人的感受，但其核心却是洋溢着丰收年景的夏夜。因此，与其说这是夏景，还不如说是眼前的夏景将给人们带来的幸福。

因此下片开头，词人就树立了一座峭拔挺峻的奇峰，加强稳定的音势。“七八个星天外，两三的路径尽管忘却了越过“天外”，迈过“山前”，连早已临近的那个社庙旁树林边的茅店，也都没有察觉。前文“路转”，后文“忽见”，既衬出了词人突然间看出了分明临近旧屋的欢欣，又表达于沉浸在稻花香中以至忘了道途远近的怡然自得的入迷程度，相得益彰，体现了辛弃疾深厚的艺术功底，玩味无穷。

（二）夏之情怀

《江村》：失意诗人的诗意生活

唐肃宗上元元年（760），杜甫结束了四年辗转漂泊、居无定所的生活，从同州经由锦州来到了战火尚未烧到的成都郊外浣花溪畔。在朋友的资助之下，杜甫在四川成都郊外的浣花溪畔盖了一间草堂。饱尝颠沛流离之痛、离乡背井之苦的杜甫，终于获得了一个暂时的栖身之地。

初夏时节，江流曲折、水清木翠的浣花溪畔，一派恬静幽雅的田园风光，让杜甫倾心不已。和杜甫一起感受这一美景还有他的妻儿，这也让杜甫享受到了天伦之乐。这时心情闲适舒畅的杜甫，便以“江村”为题抒情咏怀。

江　村

杜　甫

清江一曲抱村流，长夏江村事事幽。
自去自来梁上燕，相亲相近水中鸥。
老妻画纸为棋局，稚子敲针作钓钩。
但有故人供禄米，微躯此外更何求？

| 阅读指导 |

这首平淡自然的七言律诗，诗人以清纯质朴的笔调和质朴无华的语言，点染出浣花溪畔优美宁静的自然风光和村居生活清幽闲适的情趣，将夏日江村最寻常而又最富于特色的景象，描绘得真切生动、自然可爱，颇具田园诗潇洒恬淡、幽雅浑朴的风韵。宋代蔡梦弼在《草堂诗话》中评价说：“其所以大过人者，无他，只是平易，虽曰似俗，其实眼前事尔。”清代黄生在《杜诗说》谓之“杜律不难于老健，而难于轻松，此诗见潇洒流逸之致”。

初夏时节的村庄，一条曲曲折折的江水环绕着村子静静流淌，水色清澈，有鱼儿在水中戏耍、来去无声，整个村庄的一切都是那么幽静。一曲清江，给村落带来了安宁和清幽，这“清江”即成都的浣花溪，诗人以“清”称之，大概是喜爱它悠悠然绕村而流，因此给它一个美称。“抱村流”用拟人的手法写出了它的可爱，同时也照应了“江村”的诗题。开头两句“清江一曲抱村流，长夏江村事事幽”，就定下了全诗的氛围，挈领了全诗的旨意。万事悠悠，历经磨难的诗人不再有担忧和愁烦，且怡然自得欣赏这村中的景色。

“自去自来梁上燕，相亲相近水中鸥”，化用的是南朝诗人何逊的“可怜双自鸥，朝夕水上游”的句子。杜甫曾学习何逊的诗，当他在浣花溪畔看到这种场景，想必也是体会到何逊笔下所传达出的意境。

随后，杜甫怀着愉快的心情缓步向家中走去，看见老伴正坐在门前的树荫下，在纸上画着什么，走近看时，原来是一个棋局。“叮叮”的声音传来，小儿子在埋头认真地敲着一根针，这个贪玩的孩子，他是要为自己做个鱼钩儿，好去江边钓鱼玩。这样的场面大概是村中常可见到的，可是对于经历了安史之乱，屡受挫折、颠沛半生的杜甫来说，是他少有的珍贵的福气，令他心头为之一暖。“老妻画纸为棋局，稚子敲针作钓钩”一句捕捉到生活中最普通的画面，传达出一种普遍的亲情的温暖和生活的闲适美好。

眼前美景、和乐安宁的生活固然让人沉醉，但作为现实主义诗人的杜甫并没完全沉浸于其中而是随之发出感叹：有老朋友赠送我粮食和他的俸禄，我这个平凡卑贱的人还有什么可求的呢？“但有故人供禄米，微躯此外更何求？”一句看似庆幸、表示满足的话，仔细读来，其实不知潜含着多少悲苦和酸辛。杜甫能够居住在成都草堂，全赖友人的帮助，眼前虽有这样的和乐与安宁，却是建立在对别人的依赖之上。被后人尊为“诗圣”的伟大诗人，却要靠着别人的赠予才能活下去，而且还要说自己“更何求”，即没有别的要求。这语言越是平静从容，越是让读者心感酸楚、为之落泪。

诗的前半写人与自然的和谐，自然环境令人赏心悦目，人在自然中感到自由、亲切、融洽。颈联写洋溢着欢乐、生气勃勃的家庭生活情景，蕴涵着诗人对天伦之乐的欣慰和珍惜。末两句写不求仕宦的平淡心境。这是杜甫诗中难得多见的轻松愉快之作，也让我们体味到了一个失意诗人的诗意生活。

《六月二十七日望湖楼醉书》：那一抹雄壮的夏日惆怅

与唐诗相比，宋诗在今天的流传程度要低得多；与唐诗一样，宋诗的佳作也多是蕴含着忧伤与惆怅，哪怕是在草木盛茂充满着生命激情的仲夏，我们也是能够从那些雄壮的语句下寻味到那一抹惆怅！

六月二十七日望湖楼醉书

其一

苏 轼

黑云翻墨未遮山，白雨跳珠乱入船。

卷地风来忽吹散，望湖楼下水如天。

｜阅读指导｜

《六月二十七日望湖楼醉书（其一）》起句首字，“黑”一个入声字，短促而有力，一上来就将大量的力气喷涌出来！这种力气只属于盛夏。紧接着“黑”字的是两个平声字，声情略微舒缓了一下，但又以“墨”这另一个入声字收起诗篇。“黑云翻墨”，字面上是描写雷暴雨来临前的云层翻滚的状态。当然，起首四字已经将声情拗怒到了极致，所以首句的后三字就不能继续拗怒下去，不然是要断弦的。“未遮山”，就是一个舒缓的调子，将前面的雄壮流向无尽的远方！

黑云与雷声之后，暴雨也如期而至，苏轼的思绪也由远处的群山转向了雨落船间的眼前。“白”，又是一个入声起字，在声情上承继了起句的拗怒与雄壮，使其不至于被远山消泯，而始终贯穿于诗间！这句展现夏日的生命活力并不在于音色，而是其所描绘的动态画面！“白雨跳珠”，雨点如珍珠洒落一般地跳跃，可见雨点之盛大，其实在这跳跃场景的背后，我们更能听见雨点哗哗啦啦、噼噼啪啪落地的声音！苏轼在这里以珠喻雨，可谓声形兼备，更加自然切合！四字之后，苏轼又著一“乱”字，雨点之繁密就在这一字中道出。

但是夏日终究是一个属于生命的绚烂的季节，它的活力与繁盛不会就这样让这叶扁舟沉没，诗人也不舍得让这叶扁舟就此沉没。因而平地里又卷起了一阵大风，这风也带着夏日特定的活力。“忽吹散”的“忽”字，又是一个短促的入声，在字义上表示时间的短促，说明这大风一下子就把乌云吹散开去，也吹散了繁密的雨点。就声情而言，在“忽”字的引领下，第三句已经达到了全诗情感的顶峰，夏日的雄壮活力在这句也发扬到了极致，所以末句的声情也就舒缓下来。

“水如天”，不仅仅是说水面因为刚才的暴雨而上涨，也是说明现在的水面已如天般平静而没有波澜！这是对上文大雨场景的一种舒缓，同时又是把目光投向了远方，投向了水天相接处的远方，而远方的迷离与惆怅又悄悄地升起在夏日雄壮的心头。

纪昀在这首诗下这样评点：“阴阳变化，开阖于俄顷之间。气语雄壮，人不能及也。”云起、雷鸣、雨落、风生、静收，这些变化确实都发生在被那“忽”字所引领在俄顷之间，而这些变化也体现出了“人不能及”，以及随之起落相生的那一抹惆怅！

| 扩展阅读 |

池上早夏

白居易

水积春塘晚，阴交夏木繁。

舟船如野渡，篱落似江村。

静拂琴床席，香开酒库门。

慵闲无一事，时弄小娇孙。

夏日山中

李　白

懒摇白羽扇，

裸体青林中。

脱巾挂石壁，

露顶洒松风。

夏 夜 叹

杜　甫

永日不可暮，炎蒸毒我肠。

安得万里风，飘飖吹我裳。

昊天出华月，茂林延疏光。
仲夏苦夜短，开轩纳微凉。
虚明见纤毫，羽虫亦飞扬。
物情无巨细，自适固其常。
念彼荷戈士，穷年守边疆。
何由一洗濯，执热互相望。
竟夕击刁斗，喧声连万方。
青紫虽被体，不如早还乡。
北城悲笳发，鹳鹤号且翔。
况复烦促倦，激烈思时康。

〔清〕恽寿平　春风图　台北故宫博物院藏

仲夏风雨不已

陆　游

南陌东阡自在身，一年节物几番新。
鲥鱼出后莺花闹，梅子熟时风雨频。
冠盖敢同修禊客，桑麻不减避秦人。
夕阳更有萧然处，照影清溪整葛巾。

四时田园杂兴

其　七

范成大

昼出耘田夜绩麻，
村庄儿女各当家。
童孙未解供耕织，
也傍桑阴学种瓜。

范成大

（1126 ~ 1193），字致能，号石湖居士，谥文穆，吴郡（今江苏苏州）人。他与杨万里、陆游、尤袤合称南宋“中兴四大诗人”。其诗风格轻巧，但好用僻典、佛典。晚年所作《四时田园杂兴》六十首是其代表作，钱钟书在《宋诗选注》中谓之“也算得中国古代田园诗的集大成”。他同时还是著名的词作家，或许还可说是一位地理学家。出使金国有日记《揽辔录》。

〔清〕恽寿平　花卉扇面

卢照邻

字升之，自号幽忧子，汉族，幽州范阳（治今河北省定兴县）人，初唐诗人。在文学上，他与王勃、杨炯、骆宾王以文词齐名，世称“王杨卢骆”，号为“初唐四杰”。有7卷本的《卢升之集》、明张燮辑注的《幽忧子集》存世。

李商隐

（约813～约858），字义山，号玉溪（溪）生，又号樊南生，原籍怀州河内（今河南沁阳），祖辈迁荥阳（今河南郑州荥阳市），唐文宗开成二年（837）进士，当过秘书省校书郎、弘农尉。李商隐擅长诗歌写作，骈文文学价值也很高，和杜牧合称“小李杜”，与温庭筠合称为“温李”。其诗构思新奇，风格秾丽，尤其是一些爱情诗和无题诗写得缠绵悱恻，优美动人，广为传诵。

初　夏

朱淑真

竹摇清影罩幽窗，两两时禽噪夕阳。
谢却海棠飞尽絮，困人天气日初长。

初夏且幽庄

卢照邻

伺有高踪客，耿介坐幽庄。
卞哩人事少，风烟鸟路长。
瀑水含秋气，垂藤引夏凉。
苗深全覆陇，荷上半径塘。
钓诸青鬼没，才田白鸳翔。
知君振奇藻，还嗣海隅芳。

晚　晴

李商隐

深居俯夹城，春去夏犹清。
天意怜幽草，人间重晚晴。
并添高阁迥，微注小窗明。
越鸟巢乾后，归飞体更轻。

山亭夏日

高　骈

绿树阴浓夏日长，
楼台倒影入池塘，
水精帘动微风起，
满架蔷薇一院香。

晓出净慈寺送林子方

杨万里

毕竟西湖六月中，

风光不与四时同。

接天莲叶无穷碧，

映日荷花别样红。

菩 萨 蛮

回文夏闺怨

苏　轼

柳庭风静人眠昼，昼眠人静风庭柳。香汗薄衫凉，凉衫薄汗香。手红冰碗藕，藕碗冰红手。郎笑藕丝长，长丝藕笑郎。

浣 溪 沙

玉碗冰寒滴露华

晏　殊

玉碗冰寒滴露华，粉融香雪透轻纱。晚来妆面胜荷花。　鬓亸欲迎眉际月，酒红初上脸边霞。一场春梦日西斜。

临 江 仙

柳外轻雷池上雨

欧阳修

柳外轻雷池上雨，雨声滴碎荷声。小楼西角断虹明。阑干倚处，待得月华生。　燕子飞来窥画栋，玉钩垂下帘旌。凉波不动簟纹平。水精双枕，畔有堕钗横。

三、秋

秋天是既喜又忧的矛盾综合体。那粒粒饱满的果实，是丰收，是喜悦……片片飘零的树叶，是离别，是思念……秋天是收获的季节，萧瑟的季节，秋天是矛盾的。那红于二月花的枫叶、千里共婵娟的明月、晴空万里排云而上的仙鹤和在冷落清秋节里离别人的眼泪，向我们展现了一幅色彩斑斓的画、一曲柔肠百转的歌、一个多姿多彩的梦。

（一）秋之愁思

《登高》：愁到深处不言愁

登高

杜甫

风急天高猿啸哀，渚清沙白鸟飞回。

无边落木萧萧下，不尽长江滚滚来。

万里悲秋常作客，百年多病独登台。

艰难苦恨繁霜鬓，潦倒新停浊酒杯。

| 阅读指导 |

此诗作于唐代宗大历二年（767）秋天，杜甫时在夔州。这是56岁的老诗人在极端困窘的情况下写成的。当时安史之乱已经结束四年了，但地方军阀又乘时而起，相互争夺地盘。杜甫本入严武幕府，依托严武。不久严武病逝，杜甫失去依靠，只好离开经营了五六年的成都草堂，买舟南下。本想直达夔门，却因病魔缠身，在云安待了几个月后才到夔州。如不是当地都督的照顾，他也不可能在此一住就是三个年头。而就在这三年里，他的生活依然很困苦，身体也非常不好。一天他独自登上夔州白帝城外的高台，登高临眺，百感交集。望中所见，激起意中所触；萧瑟的秋江景色，引发了他身世飘零的感慨，渗入了他老病孤愁的悲哀。于是，就有了这首被誉为"七律之冠"的《登高》。全诗通过登高所见秋江景色，倾诉了诗人长年漂泊、老病孤愁的复杂感情，慷慨激越、动人心弦。

此诗前四句写登高见闻。首联对起。诗人围绕夔州的特定环境，用"风急"二字带动全联，一开头就写成了千古流传的佳句。夔州向以猿多著称，峡口更以风大闻名。秋日天高气爽，这里却猎猎多风。诗人登上高处，峡中不断传来“高猿长啸”之声，大有“空谷传响，哀转久绝”（《水经注·江水》）的意味。诗人移动视线，由高处转向江水洲渚，在水清沙白的背景上，点缀着迎风飞翔、不住回旋的鸟群，真是一幅精美的画图。其中天、风，沙、渚，猿啸、鸟飞，天造地设，自然成对。不仅上下两句对，而且还有句中自对，如上句“天”对“风”，“高”对“急”；下句“沙”对“渚”，“白”对“清”，读来富有节奏感。经过诗人的艺术提炼，十四个字，字字精当，无一虚设，用字遣词“尽谢斧凿”，达到了奇妙难名的境界。更值得注意的是：对起的首句，末字常用仄声，此诗却用平声入韵。沈德潜因有“起二句对举之中仍复用韵，格奇而变”（《唐诗别裁》）的赞语。

颔联集中表现了夔州秋天的典型特征。诗人仰望茫无边际、萧萧而下的木叶，俯视奔流不息、滚滚而来的江水，在写景的同时，便深沉地抒发了自己的情怀。“无边”“不尽”，使“萧萧”“滚滚”更加形象化，不仅使人联想到落木窸窣之声，长江汹涌之状，也无形中传达出韶光易逝，壮志难酬的感怆。透过沉郁悲凉的对句，显示出神入化之笔力，确有“建瓴走坂”“百川东注”的磅礴气势。前人把它誉为“古今独步”的“句中化境”，是有道理的。

前两联极力描写秋景，直到颈联，才点出一个“秋”字。“独登台”，则表明诗人是在高处远眺，这就把眼前景和心中情紧密地联系在一起了。“常作客”，指出了诗人漂泊无定的生涯。“百年”，本喻有限的人生，此处专指暮年。“悲秋”两字写得沉痛。秋天不一定可悲，只是诗人目睹苍凉恢廓的秋景，不由想到自己沦落他乡、年老多病的处境，故生出无限悲愁之绪。诗人把久客最易悲愁，多病独爱登台的感情，概括进一联“雄阔高浑，实大声弘”的对句之中，使人深深地感到了他那沉重地跳动着的感情脉搏。此联的“万里”“百年”和上一联的“无边”“不尽”，还有相互呼应的作用：诗人的羁旅愁与孤独感，就像落叶和江水一样，推排不尽，驱赶不绝，情与景交融相洽。诗到此已给作客思乡的一般含意，添上久客孤独的内容，增入悲秋苦病的情思，加进离乡万里、人在暮年的感叹，诗意就更见深沉了。

尾联对结，并分承五六两句。诗人备尝艰难潦倒之苦，国难家愁，使自己白发日多，再加上因病断酒，悲愁就更难排遣。本来兴趣盎然地登高望远，此时却平白无故地惹恨添悲，诗人的矛盾心情是容易理解的。前六句“飞扬震动”，到此处“软冷收之，而无限悲凉之意，溢于言外”（《诗薮》）。

诗前半写景，后半抒情，在写法上各有错综之妙。首联着重刻画眼前具体景物，好比画家的工笔，形、声、色、态，一一得到表现。次联着重渲染整个秋天气氛，好比画家的写意，只宜传神会意，让读者用想象补充。三联表现感情，从纵（时间）、横（空间）两方面着笔，由异乡漂泊写到多病残生。四联又从白发日多，护病断饮，归结到时世艰难是潦倒不堪的根源。这样，杜甫忧国伤时的情操便跃然张上。

此诗八句皆对。粗略一看，首尾好像“未尝有对”，胸腹好像“无意于对”。仔细玩味，“一篇之中，句句皆律，一句之中，字字皆律”。不只“全篇可法”，而且“用句用字”，“皆古今人必不敢道，决不能道者”。它能博得“旷代之作”（均见明代胡应麟《诗薮》）的盛誉，就是理所当然的了。

（二）秋之美好

《秋词》二首：秋颂

秋词二首

刘禹锡

其一

自古逢秋悲寂寥，我言秋日胜春朝。

晴空一鹤排云上，便引诗情到碧霄。

其二

山明水净夜来霜，数树深红出浅黄。

试上高楼清入骨，岂如春色嗾人狂。

刘禹锡

（772～842），唐代文学家、哲学家，字梦得，洛阳人，自称“家本荥上，籍占洛阳”，又自言系出中山。其先为中山靖王刘胜。有“诗豪”之称。

| **阅读指导** |

秋，在大自然中，扮演的永远是一个悲怀的角色，它的“瘦”早已成为一种独特的意象，让一代代的人不停的咀嚼、回味。于是，秋，便在一页页枯色的纸张里，在一个个方正的汉字中低吟，把那缕缕的哀怨、愁绪、思念、牵挂，熏染得迷迷离离。

然而刘禹锡的《秋词》，却另辟蹊径，一反常调，以其最大的热情讴歌了秋天的美好。更为难能可贵的是，《秋词》还是诗人被贬朗州司马后的作品，不想让人佩服刘禹锡的待人处世之风。永贞元年（805），顺宗即位，任用王叔文改革朝政，刘禹锡也参加了这场革新运动。但革新遭到宦官、藩镇、官僚势力的强烈反对，以失败而告终。顺宗被迫退位，王叔文赐死，刘禹锡被贬。可贵的是，诗人在遭受严重打击后，并没有消沉下去。刘禹锡贬到朗州（湖南常德）时34岁。正感到春风得意，却被赶出了朝廷，其苦闷是可想而知的。但他这个人求异心理很强，做事都想与众不同，不肯人云亦云。《秋词二首》就是被贬朗州时怀揣这种心情写下的。

“自古逢秋悲寂寥，我言秋日胜春朝。”自宋玉于《九辩》中留下“悲哉，秋之为气也”的名句后，悲，就成了秋的一种色调，一种情绪；愁，也就成了心上的秋了。然而，诗人开篇，即以议论起笔，断然否定了前人悲秋的观念，表现出一种激越向上的诗情。“我言”说出的是诗人的自信，这种自信，尽管染上的是一种不幸的色彩，但诗人阔大的胸襟却非凡地溶解了这种不幸。“胜春朝”就是诗人对于秋景最为充分的认可。这种认可，绝非仅仅是一时的感性冲动，而是融入了诗人对秋天的更高层次的理性思考。

“晴空一鹤排云上，便引诗情到碧霄。”诗人对秋天“一鹤凌云”这一别致的景观的描绘，展现的是秋高气爽，万里晴空，白云漂浮的开阔景象。那凌云的鹤，也载着诗人的诗情，一同遨游到了云霄。虽然，这鹤是孤独的，然而它所呈现出来的气势，却是非凡的。一个“排”字，所蕴涵的深意尽在不言中了。也许，诗人是以“鹤”自喻，也许是诗人视“鹤”为不屈的化身。这里，有哲理的意蕴，也有艺术的魅力，发人深省、耐人吟咏。它给予读者的，不仅仅是秋天的生机和素色，更多的是一种高扬的气概和高尚的情操。

读这样的诗，洋溢在我们心头的，绝非什么悲凉的气息，我们随着诗人的“诗情”，借助诗人想象的翅膀，天马行空般驰骋于碧空之上。于是，鹤飞之冲霄，诗情之旷远，“实”和“虚”便融合在了一起，所获得的全然是一种励志冶情的美的感受。

全诗气势雄浑，意境壮丽，融情、景、理于一炉，表现出的是高扬的精神和开阔的胸襟，唱出的是非凡的秋歌，为我们后人留下的是一份难能可贵的精神财富。

（三）秋之别离

《九月九日忆山东兄弟》：浓浓思乡情

九月九日忆山东兄弟

王　维

独在异乡为异客，每逢佳节倍思亲。

遥知兄弟登高处，遍插茱萸少一人。

｜阅读指导｜

王维是一位早熟的作家，少年时期就创作了不少优秀的诗篇。《九月九日忆山东兄弟》是他的名篇之一。此诗原注："时年十七。"说明这是王维17岁时的作品。王维当时独自一人漂泊在洛阳与长安之间，他是蒲州（今山西永济）人，蒲州在华山东面，所以称故乡的兄弟为山东兄弟。九月九日是重阳节，中国有些地方有登高的习俗。《太平御览》卷三十二引《风土记》云："俗于此日，以茱萸气烈成熟，尚此日，折萸房以插头，言辟热气而御初寒。"

此诗写出了游子的思乡怀亲之情。诗人一开头便紧急切题，写异乡异土生活的孤独凄然，因而时时怀乡思人，遇到佳节良辰，思念倍加。接着诗一跃而写远在家乡的兄弟，按照重阳的风俗而登高时，也在怀念自己。诗意反复跳跃、含蓄深沉，既朴素自然，又曲折有致。"每逢佳节倍思亲"千百年来，成为游子思念的名言，打动多少游子离人之心。

这首诗和他后来那些富于画意、构图设色非常讲究的山水诗不同，写得非常朴素。但千百年来，人们在作客他乡的情况下读这首诗，都能强烈地感受到它的力量。这种力量，首先来自它的朴质、深厚和高度的概括。

诗因重阳节思念家乡的亲人而作。写这首诗时他大概正在长安谋取功名。繁华的帝都对当时热衷仕进的年轻士子虽有很大吸引力，但对一个少年游子来说，毕竟是举目无亲的"异乡"；而且越是繁华热闹，在茫茫人海中的游子就越显得孤孑无亲。第一句用了一个"独"字，两个"异"字，分量下得很足。对亲人的思念，对自己孤孑处境的感受，都凝聚在这个"独"字里面。"异乡为异客"，不过说他乡作客，但两个"异"字所造成的艺术效果，却比一般地叙说他乡作客要强烈得多。在自然经济占主要地位的封建时代，不同地域之间的风土、人情、语言、生活习惯差别很大，离开多年生活的故乡到异地去，会感到一切都陌生、不习惯，感到自己是漂浮在异地生活中的一叶浮萍。“异乡”“异客”，正是朴质而真切地道出了这种感受。作客他乡者的思乡怀亲之情，在平日自然也是存在的，不过有时不一定是显露的，但一旦遇到某种触媒——最常见的是“佳节”，就很容易爆发出来，甚至一发而不可抑止。这就是所谓“每逢佳节倍思亲”。佳节，往往是家人团聚的日子，而且往往和对家乡风物的许多美好记忆联结在一起，所以“每逢佳节倍思亲”就是十分自然的了。这种体验，可以说人人都有，但在王维之前，却没有任何诗人用这样朴素无华而又高度概括的诗句成功地表现过。而一经诗人道出，它就成了最能表现客中思乡感情的格言式的警句。

前两句，可以说是艺术创作的“直接法”。几乎不经任何迂回，而是直插核心，迅即形成高潮，出现警句。但这种写法往往使后两句难以为继，造成后劲不足。这首诗的后两句，如果顺着“佳节倍思亲”作直线式的延伸，就不免蛇足；转出新意而再形成新的高潮，也很难办到。作者采取另一种方式：紧接着感情的激流，出现一泓微波荡漾的湖面，看似平静，实则更加深沉。

林风眠　小池秋色

在我国，重阳节有登高的风俗，登高时佩戴茱萸囊，据说可以避灾。茱萸，又名越椒，是一种有香气的植物。三四两句，如果只是一般化地遥想兄弟如何在重阳日登高，佩戴茱萸，而自己独在异乡，不能参与，虽然写出了佳节思亲之情，但会显得平直，缺乏新意与深情。诗人遥想的却是：“遍插茱萸少一人。”意思是说，远在故乡的兄弟们今天登高时身上都佩上了茱萸，却发现少了一位兄弟——自己不在内。好像遗憾的不是自己未能和故乡的兄弟共度佳节，反倒是兄弟们佳节未能完全团聚；似乎自己独在异乡为异客的处境并不值得诉说，反倒是兄弟们的缺憾更须体贴。这就曲折有致，出乎常情。而这种出乎常情之处，正是它的深厚处、新警处。杜甫《月夜》中的“遥怜小儿女，未解忆长安”，和这两句异曲同工，而王诗似乎更不着力。

《雨霖铃》：冷落清秋离别情

雨霖铃

柳 永

林风眠　对镜仕女图

寒蝉凄切，对长亭晚，骤雨初歇。都门帐饮无绪，留恋处，兰舟催发。执手相看泪眼，竟无语凝噎。念去去、千里烟波，暮霭沉沉楚天阔。

多情自古伤离别，更那堪冷落清秋节！今宵酒醒何处？杨柳岸、晓风残月。此去经年，应是良辰好景虚设。便纵有千种风情，更与何人说！

｜阅读指导｜

《雨霖铃》词牌名，也写作《雨淋铃》，选自柳永《乐章集》。相传唐玄宗入蜀时在雨中听到铃声而想起杨贵妃，故作此曲。曲调自身就具有哀伤的成分。马嵬兵变后，杨贵妃缢死，在平定叛乱之后，玄宗北还，一路戚雨沥沥，风雨吹打皇銮的金铃上，玄宗因悼念杨贵妃而作此曲。《碧鸡漫志》卷五引《明皇杂录》及《杨妃外传》云：“明皇既幸蜀，西南行，初入斜谷，霖雨弥旬，于栈道雨中闻铃，音与山相应。上既悼念贵妃，采其声为《雨霖铃》曲，以寄恨焉。时梨园弟子惟张野狐一人，善筚篥，因吹之，遂传于世。”这也就是词牌《雨霖铃》的来历。而其中柳永这篇最为有名。

这首《雨霖铃》是柳永从汴京南下时与一位恋人的惜别之作。柳永因作词忤仁宗，遂“失意无俚，流连坊曲”，为歌伶乐伎撰写曲子词。由于得到艺人们的密切合作，他能变旧声为新声，在唐五代小令的基础上，创制了大量的慢词，使宋词开始了一个新的发展阶段。这首词调名《雨霖铃》，盖取唐时旧曲翻制。据《明皇杂录》云，安史之乱时，唐玄宗避地蜀中，于栈道雨中闻铃

柳　永

（约 987 ~ 约 1053），原名三变，字景庄。后改名永，字耆卿。排行第七，又称柳七。崇安（今福建武夷山）人。北宋词人，婉约派最具代表性的人物，代表作有柳永《雨霖铃 · 寒蝉凄切》《望海潮 · 东南形胜》等。作者精通音律，善于铺叙和使用俚俗语言，大量制作慢词，对词的发展起了推动作用。他用词来反映中下层市民生活和自己的身世穷愁之感，具有一定的社会意义。有《乐章集》。

音，起悼念杨贵妃之思，“采其声为《雨霖铃》曲，以寄恨焉”。王灼《碧鸡漫志》卷五云：“今双调《雨霖铃慢》，颇极哀怨，真本曲遗声。”在词史上，双调慢词《雨霖铃》最早的作品，当推此首。柳永充分利用这一词调声情哀怨、篇幅较长的特点，写委婉凄恻的离情，可谓尽情尽致，读之令人於悒。

词的上片写一对恋人饯行时难分难舍的别情。起首三句写别时之景，点明了地点和节序。《礼记·月令》云：“孟秋之月，寒蝉鸣。”可见时间大约在农历七月。然而词人并没有纯客观地铺叙自然景物，而是通过景物的描写，氛围的渲染，融情入景，暗寓别意。时当秋季，景已萧瑟；且值天晚，暮色阴沉；而骤雨滂沱之后，继之以寒蝉凄切：词人所见所闻，无处不凄凉。加之当中“对长亭晚”一句，句法结构是一、二、一，极顿挫吞咽之致，更准确地传达了这种凄凉况味。

前三句通过景色的铺写，也为后两句的“无绪”和“催发”设下伏笔。“都门帐饮”，语本江淹《别赋》：“帐饮东都，送客金谷。”他的恋人在都门外长亭摆下酒筵给他送别，然而面对美酒佳肴，词人毫无兴致。可见他的思绪正专注于恋人，所以词中接下去说：“留恋处、兰舟催发。”这七个字完全是写实，然却以精炼之笔刻画了典型环境与典型心理：一边是留恋情浓，一边是兰舟催发，这样的矛盾冲突何其尖锐！林逋《相思令》云：“君泪盈，妾泪盈，罗带同心结未成，江头潮欲平。”仅是暗示船将启碇，情人难舍。刘克庄《长相思》云：“烟迢迢，水迢迢，准拟江边驻画挠，舟人频报潮。”虽较明显，但仍未脱出林词窠臼。可是这里的“兰舟催发”，却以直笔写离别之紧迫，虽没有他们含蕴缠绵，但却直而能纡，更能促使感情的深化。于是后面便迸出“执手相看泪眼，竟无语凝噎”二句。语言通俗而感情深挚，形象逼真，如在眼前。寥寥十一字，真是力敌千钧！后来传奇戏曲中常有“流泪眼看流泪眼，断肠人对断肠人”的唱词，然却不如柳词凝练有力。那么词人凝噎在喉的是什么话呢？“念去去”二句便是他的内心独白。词是一种依附于音乐的抒情诗体，必须讲究每一个字的平仄阴阳，而去声字尤居关键地位。这里的去声“念”字用得特别好。清人万树《词律发凡》云：“名词转折跌荡处，多用去声，何也？三声之中，上、入二者可以作平，去则独异……当用去者，非去则激不起。”此词以去声“念”字作为领格，上承“凝噎”而自然一转，下启“千里”以下而一气流贯。“念”字后“去去”二字连用，则愈益显示出激越的声情，读时一字一顿，遂觉去路茫茫，道里修远。“千里”以下，声调和谐，景色如绘。既日“烟波”，又日“暮霭”，更曰“沉沉”，着色可谓浓矣；既曰“千里”，又曰“阔”，空间可谓广矣。在如此广阔辽远的空间里，充满了如此浓密深沉的烟霭，其离愁之深，令人可以想见。

上片正面话别，到此结束；下片则宕开一笔，先作泛论，从个别说到一般，得出一条人生哲理："多情自古伤离别"。意谓伤离惜别，并不自我始，自古皆然。接以"更那堪冷落清秋节"一句，则为层层加码，极言时当冷落凄凉的秋季，离情更甚于常时。"清秋节"一词，映射起首三句，前后照应，针线极为绵密；而冠以"更那堪"三个虚字，则加强了感情色彩，比起首三句的以景寓情更为明显、深刻。"今宵"三句蝉联上句而来，是全篇之警策，后来竟成为苏轼相与争胜的对象。据俞文豹《吹剑录》云：东坡在玉堂日，有幕士善歌，因问："我词何如柳七？"对曰："柳郎中词，只合十七八女郎，执红牙板，歌'杨柳岸晓风残月'。学士词，须关西大汉，（执）铜琵琶，铁绰板，唱'大江东去'。"这三句本是想象今宵旅途中的况味：一舟临岸，词人酒醒梦回，只见习习晓风吹拂萧萧疏柳，一弯残月高挂杨柳梢头。整个画面充满了凄清的气氛，客情之冷落，风景之清幽，离愁之绵邈，完全凝聚在这画面之中。比之上片结尾二句，虽同样是写景，写离愁，但前者仿佛是泼墨山水，一片苍茫；这里却似工笔小帧，无比清丽。词人描绘这清丽小帧，主要采用了画家所常用的点染笔法。清人刘熙载在《艺概》中说："'多情自古伤离别，更那堪冷落清秋节。今宵酒醒何处？杨柳岸、晓风残月。'上二句点出离别冷落，'今宵'二句乃就上二句意染之。点染之间，不得有他语相隔，隔则警句亦成死灰矣。"也就是说，这四句密不可分，相互烘托，相互陪衬，中间若插上另外一句，就破坏了意境的完整性，形象的统一性，而后面这两个警句，就将失去光彩。

"此去经年"四句，构成另一种情境。因为上面是用景语，此处则改用情语。他们相聚之日，每逢良辰好景，总感到欢娱；可是别后非止一日，年复一年，纵有良辰好景，也引不起欣赏的兴致，只能徒增怅触而已。"此去"二字，遥应上片"念去去"；"经年"二字，近应"今宵"，在时间与思绪上均是环环相扣，步步推进，可见结构之严密。"便纵有千种风情，更与何人说"，益见钟情之殷，离愁之深。而归纳全词，犹如奔马收缰，有住而不住之势；又如众流归海，有尽而未尽之致。其以问句作结，更留有无穷意味，耐人寻味。

耆卿词长于铺叙，有些作品失之于平直浅俗，然而此词却能做到"曲处能直，密处能疏，奡处能平，状难状之景，达难达之情，而出之以自然"（清代冯煦《宋六十一家词选例言》论柳永词）。像"兰舟催发"一语，可谓兀傲排奡，但其前后两句，却于沉郁之中自饶和婉。

“今宵”三句，寄情于景，可称曲笔，然其前后诸句，却似直抒胸臆。前片自第四句起，写情至为缜密，换头却用提空之笔，从远处写来，便显得疏朗清远。词人在章法上不拘一格，变化多端，因而全词起伏跌宕，声情双绘，付之歌喉，亦能奕奕动人。

《水调歌头·丙辰中秋》：穿越时空的情怀

水调歌头

丙辰中秋

苏　轼

丙辰中秋，欢饮达旦，大醉，作此篇，兼怀子由。明月几时有？把酒问青天。不知天上宫阙，今夕是何年。我欲乘风归去，又恐琼楼玉宇，高处不胜寒。起舞弄清影，何似在人间？

转朱阁，低绮户，照无眠。不应有恨，何事长向别时圆？人有悲欢离合，月有阴晴圆缺，此事古难全。但愿人长久，千里共婵娟。

｜阅读指导｜

这首词是宋神宗熙宁九年（1076）中秋作者在密州时所作。词前的小序交代了写词的过程：“丙辰中秋，欢饮达旦，大醉。作此篇，兼怀子由。”苏轼因为与当权的变法者王安石等人政见不同，自求外放，辗转在各地为官。他曾经要求调任到离苏辙较近的地方为官，以求兄弟多多聚会。熙宁七年（1074）苏轼差知密州。到密州后，这一愿望仍无法实现。1076 的中秋，皓月当空，银辉遍地，词人与弟弟苏辙分别之后，已七年未得团聚。此刻，词人面对一轮明月，心潮起伏，于是乘酒兴正酣，挥笔写下了这首名篇。

此词是中秋望月怀人之作，表达了对胞弟苏辙的无限怀念。词人运用形象描绘手法，勾勒出一种皓月当空、亲人千里、孤高旷远的境界氛围，反衬自己遗世独立的意绪和往昔的大醉，“作此篇，兼怀子由”。丙辰，是北宋神宗熙宁九年（1076）。当时苏轼在密州（今山东诸城）做太守，中秋之夜他一边赏月一边饮酒，直到天亮，于是作了这首《水调歌头》。苏轼一生，以崇高儒学、讲究实务为主。但他也“龆龀好道”，中年以后，又曾表示过“归依佛僧”，是经常处在儒释道的纠葛当中的。每当挫折失意之际，则老庄思想上升，借以帮助自己解释穷通进退的困惑。熙宁四年（1071），他以开封府推官通判杭州，是为了权且避开汴京政争的漩涡。熙宁七年（1074）调知密州，虽说出于自愿，实质上仍是处于外放冷遇的地位。尽管当时“面貌加丰”，颇有一些旷达表现，也难以遮掩深藏内心的郁愤。这首中秋词，正是此种宦途险恶体验的升华与总结。“大醉”遣怀是主，“兼怀子由”是辅。对于一贯秉持“尊主泽民”节操的作者来说，手足分离和私情，比起廷忧边患的国势来说，毕竟属于次要的伦理负荷。此点在题序中并有深微的提示。

在大自然中，月亮是最具浪漫色彩的，很容易带给人们艺术联想。一钩新月，可联想到初生的萌芽事物；一轮满月，可联想到美好的团圆生活；月亮的皎洁，让人联想到光明磊落的人格。在月亮这一意象上集中了人类无限美好的憧憬与理想。苏轼是一位性格豪放、气质浪漫的文学家，当他抬头遥望中秋明月时，其思想情感犹如长了翅膀，在天上人间自由翱翔。反映到词里，遂形成了一种豪放洒脱的风格。

此词上片望月，既怀逸兴壮思，高接混茫，而又脚踏实地，自具雅量高致。一开始就提出一个问题：明月是从什么时候开始有的——“明月几时有？把酒问青天。”把酒问天这一细节与屈原的《天问》和李白的《把酒问月》有相似之处。其问之痴迷、想之逸尘，确实是有一种类似的精、气、神贯注在里面。从创作动因上来说，屈原《天问》洋洋170余问的磅礴情，是在他被放逐后彷徨山泽、经历陵陆，在楚先王庙及公卿祠堂仰见“图画天地山川神灵”及“古贤圣怪物行事”后“呵而问之”的（王逸《楚辞章句·天问序》）；是情景触碰激荡的产物。李白的《把酒问月》诗自注是：“故人贾淳令予问之。”当也是即兴遣怀之作。苏轼此词正如小序中所言是中秋望月，欢饮达旦后的狂想之曲，亦属“伫兴之作”（王国维《人间词话》）。它们都有起得突兀、问得离奇的特点。从创作心理上来说，屈原在步入先王庙堂之前就已经是“嗟号昊旻，仰天叹息”（王逸《楚辞章句·天问序》），处于情感迷狂的精神状态，故呵问青天，“似痴非痴，愤极悲极”（胡浚源《楚辞新注求确》）。李白是“唯愿当歌对酒时，月光长照金樽里”（《把酒问月》），那种因失意怅惘的郁勃意绪，也是鼻息可闻的。苏轼此词作于丙辰年，时因反对王安石新法而自请外任密州。既有对朝廷政局的强烈关注，又有期望重返汴京的复杂心情，故时逢中秋，一饮而醉，意兴在阑珊中饶有律动。三人的创作心理实是脉络暗通的。

苏轼把青天当做自己的朋友，把酒相问，显示了他豪放的性格和不凡的气魄。李白的《把酒问月》说：“青天有月来几时？我今停杯一问之。”不过李白这里的语气比较舒缓，苏轼因为是想飞往月宫，所以语气更关注、更迫切。“明月几时有？”这个问题问得很有意思，好像是在追溯明月的起源、宇宙的起源；又好像是在惊叹造化的巧妙。读者从中可以感到诗人对明月的赞美与向往。

接下来的两句，“不知天上宫阙，今夕是何年”把对于明月的赞美与向往之情更推进了一层。从明月诞生的时候起到现在已经过去许多年了，不知道在月宫里今晚是一个什么日子。诗人想象那一定是一个好日子，所以月才这样圆、这样亮。他很想去看一看，所以接着说：“我欲乘风归去，又恐琼楼玉宇，高处不胜寒。”唐人称李白为“谪仙”，黄庭坚则称苏轼与李白为“两谪仙”，苏轼自己也设想前生是月中人，因而起“乘风归去”之想。他想乘风飞向月宫，又怕那里的琼楼玉宇太高了，受不住那儿的寒冷。“琼楼玉宇”，语出《大业拾遗记》：“瞿乾祐于江岸玩月，或谓此中何有？瞿笑曰：‘可随我观之。’俄见月规半天，琼楼玉宇烂然。”“不胜寒”，暗用《明皇杂录》中的典故：八月十五日夜，叶静能邀明皇游月宫。临行，叶叫他穿皮衣。到月宫，果然冷得难以支持。这几句明写月宫的高寒，暗示月光的皎洁，把那种既向往天上又留恋人间的矛盾心理十分含蓄地写了出来。这里还有两个字值得注意，就是“我欲乘风归去”的“归去”。飞天入月，为什么说是归去呢？也许是因为苏轼对明月十分向往，早已把那里当成自己的归宿了。从苏轼的思想看来，他受道家思想的影响较深，抱着超然物外的生活态度，又喜欢道教的养生之术，所以常有出世登仙的想法。他的《前赤壁赋》描写月下泛舟时那种飘飘欲仙的感觉：“浩浩乎如冯虚御风，而不知其所止；飘飘乎如遗世独立，羽化而登仙。”也是由望月而想到登仙，可以和这首词互相印证。词人之所以有这种脱离人世、超越自然的奇想，一方面来自他对宇宙奥秘的好奇，另一方面更主要的是来自对现实人间的不满。人世间有如此多的不称心、不满意之事，迫使词人幻想摆脱这烦恼人世，到琼楼玉宇中去过逍遥自在的神仙生活。苏轼后来贬官到黄州，时时有类似的奇想，所谓“小舟从此逝，江海寄余生”。然而，在词中这仅仅是一种打算，未及展开，便被另一种相反的思想打断：“又恐琼楼玉宇，高处不胜寒”。这两句急转直下，天上的“琼楼玉宇”虽然富丽堂皇，美好非凡，但那里高寒难耐，不可久居。词人故意找出天上的美中不足，来坚定自己留在人间的决心。一正一反，更表露出词人对人间生活的热爱。同时，这里依然在写中秋月景，读者可以体会到月亮的美好，以及月光的寒气逼人。这一转折，写出词人既留恋人间又向往天上的矛盾心理。这种矛盾能够更深刻地说明词人留恋人世、热爱生活的思想感情，显示了词人开阔的心胸与超远的志向，因此为歌词带来一种旷达的作风。

但苏轼毕竟更热爱人间的生活，“起舞弄清影，何似在人间”！与其飞往高寒的月宫，还不如留在人间趁着月光起舞呢！“清影”，是指月光之下自己清朗的身影。“起舞弄清影”，是与自己的清影为伴，一起舞蹈嬉戏的意思。李白《月下独酌》说：“我歌月徘徊，我舞影零乱。”苏轼的“起舞弄清影”就是从这里脱胎出来的。“高处不胜寒”并非作者不愿归去的根本原因，“起舞弄清影，何似在人间”才是根本之所在。与其飞往高寒的月宫，还不如留在人间，在月光下起舞，最起码还可以与自己清影为伴。这首词从幻想上天写起，写到这里又回到热爱人间的感情上来。从“我欲”到“又恐”至“何似”的心理转折开阖中，展示了苏轼情感的波澜起伏。他终于从幻觉回到现实，在出世与入世的矛盾纠葛中，入世思想最终占了上风。“何似在人间”是毫无疑问的肯定，雄健的笔力显示了情感的强烈。

下片怀人，即兼怀子由，由中秋的圆月联想到人间的离别，同时感念人生的离合无常。“转朱阁，低绮户，照无眠。”转和低都是指月亮的移动，暗示夜已深沉。月光转过朱红的楼阁，低低地穿过雕花的门窗，照到了房中迟迟未能入睡之人。这里既指自己怀念弟弟的深情，又可以泛指那些中秋佳节因不能与亲人团圆以至难以入眠的一切离人。“无眠”是泛指那些因为不能和亲人团圆而感到忧伤，以致不能入睡的人。月圆而人不能圆，这是多么遗憾的事啊！于是词人便无理地埋怨明月说：“不应有恨，何事长向别时圆?”明月您总不该有什么怨恨吧，为什么老是在人们离别的时候才圆呢？相形之下，更加重了离人的愁苦了。这是埋怨明月故意与人为难，给人增添忧愁，无理的语气进一步衬托出词人思念胞弟的手足深情，却又含蓄地表示了对于不幸的离人们的同情。

接着，诗人把笔锋一转，说出了一番宽慰的话来为明月开脱：“人有悲欢离合，月有阴晴圆缺，此事古难全。”人固然有悲欢离合，月也有阴晴圆缺。她有被乌云遮住的时候，有亏损残缺的时候，她也有她的遗憾，自古以来世上就难有十全十美的事。既然如此，又何必为暂时的离别而感到忧伤呢？词人毕竟是旷达的，他随即想到月亮也是无辜的。既然如此，又何必为暂时的离别而忧伤呢？这三句从人到月、从古到今做了高度的概括。从语气上，好像是代明月回答前面的提问；从结构上，又是推开一层，从人、月对立过渡到人、月融合。为月亮开脱，实质上还是为了强调对人事的达观，同时寄托对未来的希望。因为，月有圆时，人也有相聚之时。很有哲理意味。

词的最后说：“但愿人长久，千里共婵娟。”“婵娟”是美好的样子，这里指嫦娥，也就是代指明月。“共婵娟”就是共明月的意思，典故出自南朝谢庄的《月赋》：“隔千里兮共明月。”既然人间的离别是难免的，那么只要亲人长久健在，即使远隔千里也还可以通过普照世界的明月把两地联系起来，把彼此的心沟通在一起。“但愿人长久”，是要突破时间的局限；“千里共婵娟”，是要打通空间的阻隔。让对于明月的共同的爱把彼此分离的人结合在一起。古人有“神交”的说法，要好的朋友天各一方，不能见面，却能以精神相通。“千里共婵娟”也可以说是一种神交了！这两句并非一般的自慰和共勉，而是表现了作者处理时间、空间以及人生这样一些重大问题所持的态度，充分显示出词人精神境界的丰富博大。王勃有两句诗：“海内存知己，天涯若比邻。”意味深长，传为佳句，与“千里共婵娟”有异曲同工之妙。另外，张九龄的《望月怀远》说：“海上生明月，天涯共此时。”许浑的《秋霁寄远》说：“唯应待明月，千里与君同。”都可以互相参看。但愿人人年年平安，相隔千里也能共享着美好的月光，表达了作者的祝福和对亲人的思念，表现了作者旷达的态度和乐观的精神。苏轼就是把前人的诗意化解到自己的作品中，熔铸成一种普遍性的情感。正如词前小序所说，这首词表达了对弟弟苏辙（字子由）的怀念之情，但并不限于此。可以说这首词是苏轼在中秋之夜，对一切经受着离别之苦的人表示的美好祝愿。

此篇是苏词代表作之一。从艺术成就上看，它构思奇拔，畦径独辟，极富浪漫主义色彩，是历来公认的中秋词中的绝唱。从表现方面来说，词的前半纵写，后半横叙。上片高屋建瓴，下片峰回路转。前半是对历代神话的推陈出新，也是对魏晋六朝仙诗的递嬗发展。后半纯用白描，人月双及。它名为演绎物理，实则阐释人事。笔致错综回环，摇曳多姿。从布局方面来说，上片凌空而起，入处似虚；下片波澜层叠，返虚转实。最后虚实交错，纡徐作结。全词设景清丽雄阔，以咏月为中心表达了游仙“归去”与直舞“人间”、离欲与入世的矛盾和困惑，以及旷达自适，人生长久的乐观和美好愿望，极富哲理与人情。立意高远，构思新颖，意境清新如画。最后以旷达情怀收束，是词人情怀的自然流露。情韵兼胜，境界壮美，具有很高的审美价值。此词全篇皆是佳句，典型地体现出苏词清雄旷达的风格。

作者既标举了“绝尘寰的宇宙意识”，又摒弃那种“在神奇的永恒面前的错愕”情态（闻一多评《春江花月夜》语）。他并不完全超然地对待自然界的变化发展，而是努力从自然规律中寻求“随缘自娱”的生活意义。所以，尽管这首词基本上是一种情怀寥落的秋的吟咏，读来却并不缺乏“触处生春”、引人向上的韵致。

对于这首《水调歌头》历来都是推崇备至。胡仔《苕溪渔隐丛话》认为此词是写中秋的词里最好的一首。这首词仿佛是与明月的对话，在对话中探讨着人生的意义。既有理趣，又有情趣，很耐人寻味。因此九百年来传诵不衰。吴潜《霜天晓角》：“且唱东坡《水调》，清露下，满襟雪。”《水浒传》第三十回写八月十五“可唱个中秋对月对景的曲儿”，唱的就是这“一支东坡学士中秋《水调歌》”。可见宋元时传唱之盛。全词意境豪放而阔大，情怀乐观而旷达，对明月的向往之情，对人间的眷恋之意以及那浪漫的色彩，潇洒的风格和行云流水一般的语言，至今还能给人们以健康的美学享受。

《苏幕遮》：以秋景写秋心

苏幕遮

范仲淹

碧云天，黄叶地，秋色连波，波上寒烟翠。山映斜阳天接水，芳草无情，更在斜阳外。　　黯乡魂，追旅思，夜夜除非，好梦留人睡。明月楼高休独倚，酒入愁肠，化作相思泪。

范仲淹

（989～1052），字希文，谥文正，亦称范履霜，北宋著名政治家、文学家、军事家、教育家。祖籍邠州（今陕西省彬县），后迁居苏州吴县（今江苏省吴县）。他为政清廉，体恤民情，刚直不阿，力主改革，屡遭奸佞诬谤，数度被贬。他的文学素养很高，著名的《岳阳楼记》中“先天下之忧而忧，后天下之乐而乐”为千古名句。

｜阅读指导｜

此词以低回婉转、沉雄青刚的笔触，抒写了羁旅相思的情怀。以铁石心肠人作黯然销魂语，尤见深挚。词的上片写秾丽阔远的秋景，暗透乡思；下片直抒思乡情怀。全词大笔开阖，意境深阔。“碧云天，黄叶地”二句，一高一低，一俯一仰，展现了际天极地的苍莽秋景，为元代王实甫《西厢记》“长亭送别”一折所书。

“秋色连波”二句，落笔于高天厚地之间的浓郁的秋色和绵邈秋波：秋色与秋波相连于天边，而依偎着秋波的则是空翠而略带寒意的秋烟。这里，碧云、黄叶、绿波、翠烟，构成一幅色彩斑斓的画面。

“山映斜阳”句复将青山摄入画面，并使天、地、山、水融为一体，交相辉映。同时，“斜阳”又点出所状者乃是薄暮时分的秋景。

“芳草无情”二句，由眼中实景转为意中虚景，而离情别绪则隐喻其中。“芳草”历来也是别离主题赖以生发的意象之一，如传为蔡邕所作的《饮马长城窟行》：“青青河畔草，绵绵思远道”；李煜的《清平乐》：“离恨恰如草，更行更远还生”。埋怨“芳草”无情，正见出作者多情、重情。

下片“黯乡魂”二句，径直托出作者心头萦绕不去、纠缠不已的怀乡之情和羁旅之思。

“夜夜除非”二句是说只有在美好梦境中才能暂时泯却乡愁。“除非”说明舍此别无可能。但天涯孤旅，“好梦”难得，乡愁也就暂时无计可消了。“明月楼高”句顺承上文：夜间为乡愁所扰而好梦难成，便想登楼远眺，以遣愁怀；但明月团团，反使他倍感孤独与怅惘，于是发出“休独倚”之叹。

歇拍二句，写词人试图借饮酒来消释胸中块垒，但这一遣愁的努力也归于失败：“酒入愁肠，化作相思泪”。全词低回婉转，而又不失沉雄清刚之气，是真情流溢、大笔开阖之作。

| 扩展阅读 |

风

李峤

解落三秋叶，能开二月花。

过江千尺浪，入竹万竿斜。

山 行

杜 牧

远上寒山石径斜，白云生处有人家。

停车坐爱枫林晚，霜叶红于二月花。

秋 思

张 籍

洛阳城里见秋风，

欲作家书意万重。

复恐匆匆说不尽，

行人临发又开封。

山居秋暝

王　维

空山新雨后，天气晚来秋。

明月松间照，清泉石上流。

竹喧归浣女，莲动下渔舟。

随意春芳歇，王孙自可留。

秋夜曲

王　维

桂魄初生秋露微，轻罗已薄未更衣。

银筝夜久殷勤弄，心怯空房不忍归。

子夜秋歌

李　白

长安一片月，万户捣衣声。

秋风吹不尽，总是玉关情。

何日平胡虏，良人罢远征。

秋登宣城谢朓北楼

李　白

江城如画里，山晓望晴空。

雨水夹明镜，双桥落彩虹。

人烟寒橘柚，秋色老梧桐。

谁念北楼上，临风怀谢公。

宿建德江

孟浩然

移舟泊烟渚，日暮客愁新。

野旷天低树，江清月近人。

秋登兰山寄张五

孟浩然

北山白云里，隐者自怡悦。

相望始登高，心随雁飞灭。

愁因薄暮起，兴是清秋发。

时见归村人，沙行渡头歇。

天边树若荠，江畔洲如月。

何当载酒来，共醉重阳节。

秋　夕

杜　牧

银烛秋光冷画屏，轻罗小扇扑流萤。

天阶夜色凉如水，坐看牵牛织女星。

中 秋 月

白居易

万里清光不可思，添愁益恨绕天涯。

谁人陇外久征戍？何处庭前新别离？

失宠故姬归院夜，没蕃老将上楼时。

照他几许人肠断，玉兔银蟾远不知。

中秋月

苏　轼

暮云收尽溢清寒，银汉无声转玉盘。

此生此夜不长好，明月明年何处看。

渔家傲

范仲淹

塞下秋来风景异，衡阳雁去无留意。四面边声连角起。千嶂里，长烟落日孤城闭。　浊酒一杯家万里，燕然未勒归无计。羌管悠悠霜满地。人不寐，将军白发征夫泪。

四、冬

冬天，虽然没有春天迷人的鸟语花香，没有夏天壮观的闪电雷鸣，没有秋天诱人的丰硕果实，但它也有献给大自然银装素裹和冰封千里。雪花，让大地素裹银装；寒冷，让河川冰封千里；狂风，让人们刻骨铭心。冬，是一江雪、寒幽肃飒，是一顷湖、银装素裹，是永远垂钓的智者。

（一）冬之寂寞

《江雪》：不一样的冬雪，不一样的孤独

江　雪

柳宗元

千山鸟飞绝，万径人踪灭。

孤舟蓑笠翁，独钓寒江雪。

｜阅读指导｜

唐顺宗永贞元年，柳宗元参加了王叔文为首的政治革新运动。由于保守势力与宦官的联合反攻，致使革新失败。因此，柳宗元被贬官到有“南荒”之称的永州。他在任所名为司马，实际上是毫无实权而受地方官员监视的“罪犯”。官署里没有他的住处，不得不在和尚庙——龙兴寺的西厢里安身。

柳宗元被贬到永州之后，精神上受到很大刺激和压抑，他就借描写山水景物，借歌咏隐居在山水之间的渔翁，来寄托自己清高而孤傲的情感，抒发自己在政治上失意的郁闷苦恼。于是，他怀着幽愤的心情，写下了这首令人传颂的名诗。

柳宗元笔下的山水诗有个显著的特点，那就是把客观环境写得比较幽僻，而诗人的主观的心情则显得比较寂寞，甚至有时不免过于孤独，过于冷清，不带一点人间烟火气。这首《江雪》正是这样，诗人只用了二十个字，就描绘了一幅幽静寒冷的画面：在下着大雪的江面上，一叶小舟，一个老渔翁，独自在寒冷的江心垂钓。诗人向读者展示的，是这样一些内容：天地之间是如此纯洁而寂静，一尘不染，万籁无声；渔翁的生活是如此清高，渔翁的性格是如此孤傲。其实，这正是柳宗元由于憎恨当时那个一天天在走下坡路的唐代社会而创造出来的一个幻想境界，比起陶渊明《桃花源记》里的人物，恐怕还要显得虚无缥缈，远离尘世。诗人所要具体描写的本极简单，不过是一条小船，一个穿蓑衣戴笠帽的老渔翁，在大雪的江面上钓鱼，如此而已。可是，为了突出主要的描写对象，诗人不惜用一半篇幅去描写它的背景，而且使这个背景尽量广大寥廓，几乎到了浩瀚无边的程度。背景越广大，主要的描写对象就越显得突出。首先，诗人用“千山”“万径”这两个词，目的是为了给下面两句的“孤舟”和“独钓”的画面作陪衬。没有“千”“万”两字，下面的“孤”“独”两字也就平淡无奇，没有什么感染力了。其次，山上的“鸟飞”，路上的“人踪”，这本来是极平常的事，也是最一般化的形象。可是，诗人却把它们放在“千山”“万径”的下面，再加上一个

柳宗元

（773 ~ 819），字子厚，汉族，河东（现在山西芮城、运城一带）人，唐宋八大家之一，唐代文学家、哲学家、散文家和思想家世称“柳河东”“河东先生”，因官终柳州刺史，又称“柳柳州”。柳宗元与韩愈并称为“韩柳”，与刘禹锡并称“刘柳”，与王维、孟浩然、韦应物并称“王孟韦柳”。

〔宋〕范宽　雪山萧寺图　绢本淡设色　182.4 × 108.2cm　台北故宫博物院藏

“绝”和一个“灭”字，这就把最常见的、最一般化的动态，一下子给变成极端的寂静、绝对的沉默，形成一种不平常的景象。因此，下面两句原来是属于静态的描写，由于摆在这种绝对幽静、绝对沉寂的背景之下，倒反而显得玲珑剔透，有了生气，在画面上浮动起来、活跃起来了。也可以这样说，前两句本来是陪衬的远景，照一般理解，只要勾勒个轮廓也就可以了，不必费很大气力去精雕细刻。可是，诗人却恰好不这样处理。这好像拍电影，用放大了多少倍的特写镜头，把属于背景范围的每一个角落都交代得、反映得一清二楚。写得越具体细致，就越显得概括夸张。而后面的两句，本来是诗人有心要突出描写的对象，结果却使用了远距离的镜头，反而把它缩小了多少倍，给读者一种空灵剔透、可见而不可即的感觉。只有这样写，才能表达作者所迫切希望展示给读者的那种摆脱世俗、超然物外的清高孤傲的思想感情。至于这种远距离感觉的形成，主要是作者把一个“雪”字放在全诗的最末尾，并且同“江”字连起来所产生的效果。

在这首诗里，笼罩一切、包罗一切的东西是雪，山上是雪，路上也是雪，而且“千山”“万径”都是雪，才使得“鸟飞绝”“人踪灭”。就连船篷上，渔翁的蓑笠上，当然也都是雪。可是作者并没有把这些景物同“雪”明显地联系在一起。相反，在这个画面里，只有江，只有江心。江，当然不会存雪，不会被雪盖住，而且即使雪下到江里，也立刻会变成水。然而作者却偏偏用了“寒江雪”三个字，把“江”和“雪”这两个关系最远的形象联系到一起，这就给人以一种比较空蒙、比较遥远、比较缩小了的感觉，这就形成了远距离的镜头。这就使得诗中主要描写的对象更集中、更灵巧、更突出。因为连江里都仿佛下满了雪，连不存雪的地方都充满了雪，这就把雪下得又大又密、又浓又厚的情形完全写出来了，把水天不分、上下苍茫一片的气氛也完全烘托出来了。至于上面再用一个“寒”字，固然是为了点明气候；但诗人的主观意图却是在想不动声色地写出渔翁的精神世界。试想，在这样一个寒冷寂静的环境里，那个老渔翁竟然不怕天冷，不怕雪大，忘掉了一切，专心地钓鱼，形体虽然孤独，性格却显得清高孤傲，甚至有点凛然不可侵犯似的。这个被幻化了的、美化了的渔翁形象，实际正是柳宗元本人的思想感情的寄托和写照。由此可见，这“寒江雪”三字正是“画龙点睛”之笔，它把全诗前后两部分有机地联系起来，不但形成了一幅凝练概括的图景，也塑造了渔翁完整突出的形象。

用具体而细致的手法来描写背景，用远距离画面来描写主要形象；精雕细琢和极度的夸张概括，错综地统一在一首诗里，是这首山水小诗独有的艺术特色。

这首诗的结构安排甚为精巧。诗题是“江雪”。但是作者入笔并不点题，他先写千山万径之静谧凄寂。栖鸟不飞，行人绝迹。然后笔锋一转，推出正在孤舟之中垂纶而钓的蓑翁形象。一直到结尾才著“寒江雪”三字，正面破题。读至结处，倒头再读全篇。一种豁然开朗的感觉油然生出。

《问刘十九》：真情比酒浓

问刘十九

白居易

绿蚁新醅酒，红泥小火炉。

晚来天欲雪，能饮一杯无。

｜阅读指导｜

《问刘十九》乃白居易晚年隐居洛阳“天晚欲雪，思念旧人”时所作。刘十九是作者在江州时的朋友，此诗描写诗人在一个风雪飘飞的傍晚邀请朋友前来喝酒，共叙衷肠的情景。诗以如叙家常的语气，朴素亲切的语言，通过写对把酒共饮的渴望，体现了朋友间诚恳亲密的关系。全诗简练含蓄、轻松洒脱，而诗句之间意脉相通，一气贯之。

全诗寥寥二十字，没有深远寄托，没有华丽辞藻，字里行间却洋溢着热烈欢快的色调和温馨炽热的情谊，表现了温暖如春的诗情。

诗句的巧妙，首先表现在意象的精心选择和巧妙安排。全诗表情达意主要靠三个意象（新酒、火炉、暮雪）的组合来完成。“绿蚁新醅酒”，开门见山点出新酒，由于酒是新近酿好的，未经过滤，酒面泛起酒渣泡沫，颜色微绿，细小如蚁，故称“绿蚁”。诗歌首句描绘家酒的新熟淡绿和浑浊粗糙，极易引发读者的联想，让读者犹如已经看到了那芳香扑鼻，甘甜可口的米酒。次句“红泥小火炉”，粗拙小巧的火炉朴素温馨，炉火正烧得通红，诗人围炉而坐，熊熊火光照亮了暮色降临的屋子，照亮了浮动着绿色泡沫的酒。“红泥小火炉”对饮酒环境起到了渲染色彩、烘托气氛的作用。酒已经很诱人了，而炉火又增添了温暖的情调。诗歌一、二两句选用“家酒”和“小火炉”两个极具生发性和暗示性的意象，容易唤起读者对质朴地道的农村生活的情境联想。后面两句：“晚来天欲雪，能饮一杯无?”在这样一个风寒雪飞的冬天里，在这样一个暮色苍茫的空闲时刻，邀请老朋友来饮酒叙旧，更体现出诗人那种浓浓的情谊。“雪”这一意象的安排勾勒出朋友相聚畅饮的阔大背景，寒风瑟瑟，大雪飘飘，让人感到冷彻肌肤的凄寒，越是如此，就越能反衬出火炉的炽热和友情的珍贵。“家酒”“小火炉”和“暮雪”三个意象分割开来，孤立地看，索然寡味，神韵了无，但是当这三个意象被白居易纳入这首充满诗意情境的整体组织结构时，读者就会感受到一种不属于单个意象而决定于整体组织的气韵、境界和情味。寒冬腊月，暮色苍茫，风雪大作，家酒新熟、炉火已生，只待朋友早点到来，三个意象连缀起来构成一幅有声有色、有形有态、有情有义的图画，其间流溢出友情的融融暖意和人性的阵阵芳香。

〔清〕恽寿平　水仙图

其次是色彩的合理搭配。诗画相通贵在情意相契，诗人虽然不能像雕塑家、画家那样直观地再现色彩，但是可以通过富有创意的语言运用，唤起读者相应的联想和情绪体验。这首小诗在色彩的配置上是很有特色的，清新朴实，温热明丽，给读者一种身临其境、悦目怡神之感。诗歌首句“绿蚁”二字绘酒色摹酒状，酒色流香，令人啧啧称美，酒态活现让读者心向“目”往。次句中的“红”字犹如冬天里的一把火，温暖了人的身子，也温热了人的心窝。“火”字表现出炭火熊熊、光影跃动的情境，更是能够给寒冬里的人增加无限的热量。“红”“绿”相映，色味兼香，气氛热烈，情调欢快。第三句中不用摹色词语，但“晚”“雪”两字告诉读者黑色的夜幕已经降落，而纷纷扬扬的白雪即将到来。在风雪黑夜的无边背景下，小屋内的“绿”酒“红”炉和谐配置，异常醒目，也格外温暖。

最后是结尾问句的运用。“能饮一杯无”，轻言细语，问寒问暖，贴近心窝，溢满真情。用这样的口语入诗收尾，既增加了全诗的韵味，使其具有空灵摇曳之美，余音袅袅之妙；又创设情境，给读者留下无尽的想象空间。诗人既可能是特意准备新熟家酿来招待朋友的，也可能是偶尔借此驱赶孤居的冷寂凄凉；既可能是在风雪之夜想起了朋友的温暖，也可能是平日里朋友之间的常来常往。而这些，都留给读者去尽情想象了。

通览全诗，语浅情深，言短味长。白居易善于在生活中发现诗情，用心去提炼生活中的诗意，用诗歌去反映人性中的春晖，这正是此诗令读者动情之处。

《问刘十九》诗从开门见山地点出酒的同时，就一层层地进行渲染，但并不因为渲染，不再留有余味，相反地仍然极富有包蕴。读了末句“能饮一杯无”，可以想象，刘十九在接到白居易的诗之后，一定会立刻前往。于是，两位朋友围着火炉，“忘形到尔汝”地斟起新酿的酒来。也许室外真的下起雪来，但室内却是那样温暖、明亮。生活在这一刹那间泛起了玫瑰色，发出了甜美和谐的旋律……这些，是诗自然留给人们的联想。由于既有所渲染，又简练含蓄，所以不仅富有诱惑力，而且耐人寻味。它不是使人微醺的薄酒，而是醇醪，可以使人真正身心俱醉的。诗中蕴含生活气息，不加任何雕琢，信手拈来，遂成妙章。

作品充满了生活的情调，浅近的语言写出了日常生活中的美和真挚的友谊。

北风行

李白

烛龙栖寒门，光耀犹旦开。

日月照之何不及此，唯有北风号怒天上来。

燕山雪花大如席，片片吹落轩辕台。

幽州思妇十二月，停歌罢笑双蛾摧。

倚门望行人，念君长城苦寒良可哀。

别时提剑救边去，遗此虎文金鞞靫。

中有一双白羽箭，蜘蛛结网生尘埃。

箭空在，人今战死不复回。

不忍见此物，焚之已成灰。

黄河捧土尚可塞，北风雨雪恨难裁。

阅读指导

《北风行》是唐代伟大诗人李白借乐府古题创作的一首古诗。此作于唐玄宗天宝十一载（752）秋天（一说冬天），当时李白游幽州（今北京、天津与朝阳市一带）。

此诗通过描写一个北方妇女对丈夫战死的悲愤心情，揭露和抨击了安禄山在北方制造民族纠纷，挑起战祸的罪行。诗人从一个“伤北风雨雪，行人不归”的一般题材中，出神入化，点铁成金，开掘出控诉战争罪恶，同情人民痛苦的新主题，从而赋予比原作深刻得多的思想意义。全诗信笔挥洒，时有妙语惊人；自然流畅，不露斧凿痕迹。它抓住焚毁白羽箭的行动来刻画思妇睹物思人的矛盾心理状态，捧土塞黄河的比喻突出了思妇“恨难裁”的愤怒心情，有较强的艺术感染力。其他如“燕山雪花大如席，片片吹落轩辕台”等，也历来被人们称为诗歌中夸张的典范、比喻的佳句。

此诗一起先照应题目，从北方苦寒着笔。这正是古乐府通常使用的手法，这样的开头有时甚至与主题无关，只是作为起兴。但这首《北风行》还略有不同，它对北风雨雪的着力渲染，倒不只为了起兴，也有着借景抒情，烘托主题的作用。

李白是浪漫主义诗人，常常借助于神话传说。“烛龙栖寒门，光耀犹旦开”，就是引用《淮南子·墬形训》中的故事：“烛龙在雁门北，蔽于委羽之山，不见日，其神人面龙身而无足。”高诱注：“龙衔烛以照太阴，盖长千里，视为昼，瞑为夜，吹为冬，呼为夏。”这两句诗的意思是：烛龙栖息在极北的地方，那里终年不见阳光，只以烛龙的视瞑呼吸区分昼夜和四季，代替太阳的不过是烛龙衔烛发出的微光。怪诞离奇的神话虽不足凭信，但它所展现的幽冷严寒的境界却借助于读者的联想成为真实可感的艺术形象。在此基础上，作者又进一步描写足以显示北方冬季特征的景象：“日月照之何不及此，唯有北风号怒天上来。燕山雪花大如席，片片吹落轩辕台。”这几句意境十分壮阔，气象极其雄浑。日月不临既承接了开头两句，又同“唯有北风”互相衬托，强调了气候的寒冷。“号怒”写风声，“天上来”写风势，此句极尽北风凛冽之气势。对雪的描写更是大气包举，想象飞腾，精彩绝妙，不愧是千古传诵的名句。诗歌的艺术形象是诗人主观感情和客观事物的统一，李白有着丰富的想象，热烈的情感，自由豪放的个性，所以寻常的事物到了他的笔下往往会出人意表，超越常情。这正是他诗歌浪漫主义的一个特征。这两句诗还好在它不单写景，而且寓情于景。李白另有两句诗：“瑶台雪花数千点，片片吹落春风香”，二者同样写雪，同样使用了夸张，连句式也相同，在读者心中引起的感受却全然不同。一个唤起了浓郁的春意，一个渲染了严冬的淫威。不同的艺术效果皆因作者的情思不同。以席来拟雪花此句想象飞腾，精彩绝妙，生动形象地写出了雪花大，密的特点，极写边疆的寒冷。这两句诗点出“燕山”和“轩辕台”，就由开头泛指广大北方具体到幽燕地区，引出下面的“幽州思妇”。

作者用“停歌”“罢笑”“双蛾摧”“倚门望行人”等一连串的动作来刻画人物的内心世界，塑造了一个忧心忡忡、愁肠百结的思妇的形象。这位思妇正是由眼前过往的行人，想到远行未归的丈夫；由此时此地的苦寒景象，引起对远在长城的丈夫的担心。这里没有对长城作具体描写，但“念君长城苦寒良可哀”一句可以使人想到，定是长城比幽州更苦寒，才使得思妇格外忧虑不安。而幽州苦寒已被作者写到极致，则长城的寒冷、征人的困境便不言自明。前面的写景为这里的叙事抒情作了伏笔，作者的剪裁功夫也于此可见。

“别时提剑救边去，遗此虎文金鞞靫”，“鞞靫”是装箭的袋子。这两句是写思妇忧念丈夫，但路途迢远，无由得见，只得用丈夫留下的饰有虎纹的箭袋寄托情思，排遣愁怀。这里仅用“提剑”一词，就刻画了丈夫为国慷慨从戎的英武形象，使人对他后来不幸战死更生同情。因丈夫离家日久，白羽箭上已蛛网尘结。睹物思人，已是黯然神伤，更那堪“箭空在，人今战死不复回”，物在人亡，倍觉伤情。“不忍见此物，焚之已成灰”一笔，入木三分地刻画了思妇将种种离愁别恨、忧思悬想统统化为极端痛苦的绝望心情。诗到此似乎可以结束了，但诗人并不止笔，他用惊心动魄的诗句倾泻出满腔的悲愤：“黄河捧土尚可塞，北风雨雪恨难裁”。“黄河捧土”是用典，见于《后汉书·朱浮传》，是说黄河边孟津渡口不可塞，那么，“奔流到海不复回”的滔滔黄河当更不可塞。这里却说即使黄河捧土可塞，思妇之恨也难裁，这就极其鲜明地反衬出思妇愁恨的深广和她悲愤得不能自已的强烈感情。北风怒号，飞雪漫天，满目凄凉的景象更加浓重地烘托出悲剧的气氛，它不仅又一次照应了题目，使首尾呼应，结构更趋完整；更重要的是使景与情极为和谐地交融在一起，使人几乎分辨不清哪是写景，哪是抒情。思妇的愁怨多么像那无尽无休的北风雨雪，真是“此恨绵绵无绝期！”结尾这两句诗恰似火山喷射着岩浆，又像江河冲破堤防，

〔宋〕朱锐　溪山行旅图　绢本设色　26.2×27.3cm　上海博物馆藏

产生了强烈的震撼人心的力量。

这首诗成功地运用了夸张的手法。叶燮的《原诗》说，夸张是“决不能有其事，实为情至之语”。诗中“燕山雪花大如席”和“黄河捧土尚可塞”，说的都是生活中绝不可能发生的事，但读者从中感到的是作者强烈真实的感情，其事虽“决不能有”，却变得真实而可以理解，并且收到比写实强烈得多的艺术效果。

（二）冬天之美丽和深情

《沁园春·雪》：千古风流数今朝

沁园春

雪

毛泽东

北国风光，千里冰封，万里雪飘。望长城内外，惟余莽莽；大河上下，顿失滔滔。山舞银蛇，原驰蜡象，欲与天公试比高。　须晴日，看红装素裹，分外妖娆。江山如此多娇，引无数英雄竞折腰。惜秦皇汉武，略输文采；唐宗宋祖，稍逊风骚。一代天骄，成吉思汗，只识弯弓射大雕。俱往矣，数风流人物，还看今朝。

| 阅读指导 |

1936年1月，毛泽东和彭德怀同志到黄河左岸，为指挥渡江做准备工作。毛泽东面对雪后初晴的高原风光，赞赏祖国山河的壮丽，缅怀几千年来统治中国的历代最高统治者，感叹今天革命无产阶级的杰出成就。千古绝唱《沁园春·雪》就这样诞生了。

词牌解释据《辞海》记载：“沁园春，词牌名。东汉窦宪仗势夺取沁水公主园林，后人作诗以咏其事，此调因此得名，又名《寿星明》《洞庭春色》等。双调一百十四字，平韵。”

一千多年前的唐朝诗人柳宗元也曾描写过浑莽雪飞的大世界，“千山鸟飞绝，万径人踪灭，孤舟蓑笠翁，独钓寒江雪”。那是一个孤寂死灭、了无生气的世界。在毛泽东的笔下，被冰雪覆盖的世界不仅没有沉寂，相反，诗人之心激活了历史的灵魂，让世界呈现出生机勃勃的景象。如此多娇的江山，上演过多少惊心动魄的历史壮剧呵。诗人的视线，穿过偶尔挣出覆雪的高原黄土，融入深藏地下那鲜活生动的历史长河，感受着地火的熏烤。在白雪的衬托下，那点点黄土又好像是祖先的眼睛，深情地注视着这位20世纪中国的骄子。

诗人的视野变得模糊起来。他向历史走去，向这个充满生机的历史大舞台走去。于是，曾风云一世的英雄们，一个个出现了。扫六合、并诸侯，完成统一大业的秦始皇来了；北控朔漠、西征匈奴、命张骞出使西域、令名将飞渡关山的汉武帝来了；南征北战，使江山复归统一并创造了巍巍大唐盛世的唐太宗来了；在多国并存之中再度统一华夏、成功后以杯酒释兵权被记入历史的宋太祖来了；还有那个长于盘马弯弓、纵横驰骋的成吉思汗，也来了。一个个中华民族历史上的骄子，仿佛都从古老的黄土地里破土而出，穿透厚厚的冰雪，带着自己的业绩和个性，来了，近了。正是他们，面对分外妖娆的华夏江山，竞相折腰，进而把中华民族的历史演绎得烟波浩渺。在爱国主义的河床上，回荡着不甘沉沦的呐喊，奔涌着重铸辉煌的浪涛。

毛泽东请出历史人物，当然不是为了回到历史，而是在历史的比较中，更加坚信正在开拓的民族振兴之路。而走在这条路上的先锋人群，是那些只有武治功业却缺少文采风骚的历史人物不能相比的。于是，《沁园春·雪》的点睛之笔出现了："俱往矣，数风流人物，还看今朝"。今朝的红军，今朝的中国共产党，无疑将超越历史。

中国人携起手来，抗日救亡，决定自己的命运的时机来到了。

《江天暮雪》：诗歌里的潇湘记忆

江天暮雪

马致远

天将暮，雪乱舞，半梅花半飘柳絮。

江上晚来堪画处，钓鱼人一蓑归去。

| 阅读指导 |

这首小令是元人马致远所作的"潇湘八景"组曲之一。《江天暮雪》这首小令以"天将暮"起笔点明时间，为整个画面铺垫了一层幽深的色彩，奠定了全曲的基调。第二句"雪乱舞”笔锋承接上句，紧扣题目写雪景，“舞”字暗示出有风，“乱”字则突出了风的强劲，隐然有呼啸之声透出。作者借雪之“乱舞”传达风声和风势，凌虚造景，可谓“不着一字，尽得风流”。雪借风势，更显出雪之大，雪之猛。若说“雪乱舞”为极写雪之动态，“半梅花半飘柳絮”则进一步通过一个“飘”字串起“梅花”“柳絮”两个虚拟的意象，拓展想象的审美空间，从视觉形象上扩大艺术容量。作者以虚实相生的笔法绘声、摹形、传神，蕴藉含蓄，韵味隽永。第四句“江上晚来堪画处”，作者宕开笔锋，文势一转，点明地点，自然引出下文的“钓鱼人一蓑归去”。

马致远

（1250～1324），字千里，号东篱，大都（今北京）人。他是一位“姓名香贯满梨园”的著名作家，又是“元贞书会”的重要人物，与关汉卿、郑光祖、白朴并称为“元曲四大家”，被尊称为“曲状元”，在元代的文学史上具有极高的声誉。

｜扩展阅读｜

绝　句

杜　甫

两个黄鹂鸣翠柳，一行白露上青天。

窗含西岭千秋雪，门泊东吴万里船。

终南望余雪

祖　咏

终南阴岭秀，积雪浮云端。

林表明霁色，城中增暮寒。

冬夜即事

吕　温

百忧攒心起复卧，夜长耿耿不可过。

风吹雪片似花落，月照冰文如镜破。

吕　温

（771～811），字和叔，又字化光，唐河中（今永济市）人。德宗贞元十四年（798）进士，次年又中博学宏词科，授集贤殿校书郎。贞元十九年（803），得王叔文推荐任左拾遗。贞元二十年夏，以侍御史为入蕃副使，在吐蕃滞留经年。顺宗即位，王叔文用事，他因在蕃中，未能参与“永贞革新”。永贞元年（805）秋，使还，转户部员外郎。历司封员外郎、刑部郎中。元和三年（808）秋，因与宰相李吉甫有隙，贬道州刺史，后徙衡州，甚有政声，世称“吕衡州”。

梅　花

王安石

墙角数枝梅，凌寒独自开。

遥知不是雪，为有暗香来。

冬至夜怀湘灵

白居易

艳质无由见，寒衾不可亲。

何堪最长夜，俱作独眠人。

别董大

高　适

千里黄云白日曛，北风吹雁雪纷纷。

莫愁前路无知己，天下谁人不识君。

初冬夜饮

杜　牧

淮阳多病偶求欢，客袖侵霜与烛盘。

砌下梨花一堆雪，明年谁此凭阑干？

冬夜送人

贾　岛

平明走马上村桥，花落梅溪雪未消。

日短天寒愁送客，楚山无限路迢迢。

冬郊行望

王　勃

桂密岩花白，梨疏树叶红。

江皋寒望尽，归念断征篷。

初冬旅游

王　建

远投人宿趁房迟，僮仆伤寒马亦饥。

为客悠悠十月尽，庄头栽竹已过时。

冬　柳

陆龟蒙

柳汀斜对野人窗，零落衰条傍晓江。

正是霜风飘断处，寒鸥惊起一双双。

塞下曲

卢　纶

月黑雁飞高，单于夜遁逃。

欲将轻骑逐，大雪满弓刀。

逢雪宿芙蓉山主人

刘长卿

日暮苍山远，天寒白屋贫。

柴门闻犬吠，风雪夜归人。

穷冬曲江闲步

裴夷直

雪尽南坡雁北飞，草根春意胜春晖。

曲江永日无人到，独绕寒池又独归。

卢　纶

（739～799），字允言，唐代诗人，大历十才子之一，河中蒲（今山西省永济县）人。

刘长卿

（约726～约786），字文房，汉族，宣城（今属安徽）人，唐代诗人。刘长卿工于诗，长于五言，自称“五言长城”。《骚坛秘语》谓：“刘长卿最得骚人之兴，专主情景。”

裴夷直

唐代诗人（字礼卿），吴（今苏州）人，郡望河东（今山西永济）。宪宗元和十年（815）登进士第，任右拾遗。

第三节 国外经典诗歌赏析

中国诗词意境含蓄，以淡为美，而外国诗歌则比较奔放，以感情激越为胜。中国诗词善于写景抒情，以写景烘托气氛或造出意境，而外国诗歌则注重描写景物在人们心里唤起的反应，从此来表达自己的主观意识。沿着诗歌创作的长河漫溯，解读灿烂瑰丽的外国诗歌，聆听一位位诗人吟咏着一首首优秀的诗作，仿佛看到跳动的诗行装点着璀璨的世界文明。

《假如生活欺骗了你》：不要让悲伤笼罩你的心

普希金被称之为俄国诗坛的泰斗，他一生热爱自由，向往革命，与沙皇专制统治进行了不屈不挠的斗争。他的作品也因此引起了沙皇统治者的不满和愁恨，他曾经两度被流放但始终不肯屈服，38 岁死于一场阴谋策划的决斗。虽然他的一生充满苦难和艰险，但他却从来没有对生活报怨和绝望。

在普希金的诗里，他用亲切自然而又热情深沉的语调带给失望痛苦的人们以温馨的慰藉和美好的希望。

假如生活欺骗了你

普希金

假如生活欺骗了你，
不要悲伤，不要心急！
忧郁的日子里须要镇静：
相信吧，快乐的日子将会来临。

心儿永远向往着未来；
现在却常是忧郁。
一切都是瞬息，一切都将会过去；
而那过去了的，就会成为亲切的怀恋。

| 阅读指导 |

普希金决斗图

《假如生活欺骗了你》虽然只有短短的八句，但却赋予人们不屈的意志和前进的力量。这首诗写于1825年，普希金正处于被沙皇流放。那时俄国革命如火如荼，面对十二月党人起义前后剧烈动荡的社会风云，普希金不仅与火热的斗争隔绝，而且还被迫与众多亲密无间的挚友亲朋分离。

这是一段极其艰难的岁月，但是普希金并没有丧失希望与斗志。白天他到集市上去与纯朴的农人为友，和他们交谈，听他们唱歌。而邻近庄园奥西波娃一家也给他愁闷的幽禁生活带来了一丝温馨和慰藉。普希金始终热爱生活和执着追逐理想，相信光明必来、正义必胜。

《假如生活欺骗了你》这首诗普希金最初是以赠诗的形式写在他邻居15岁的女儿尼古拉耶夫娜的纪念册上的。当时26岁的普希金面对的是一个纯真的小女孩，他就像一位饱经风霜、温厚慈爱的长者，生怕碰伤了这个稚嫩的幼苗，于是他从未来着笔用一种带有预言的口吻叮咛勉励涉世未深的少女。

普希金

（1799～1837），俄国著名的文学家，被许多人认为是俄国最伟大的诗人，现代俄国文学的奠基人。19世纪俄国浪漫主义文学主要代表。被誉为"俄国小说之父"。代表作有诗歌《自由颂》《致大海》《致恰达耶夫》《假如生活欺骗了你》等，诗体小说《叶甫盖尼·奥涅金》，小说《上尉的女儿》《黑桃皇后》等。

在《假如生活欺骗了你》这首诗中，普希金所作的带有推测性的假说正是变幻莫测的人生中的一种必然现象，也就是生活中不可能没有悲伤烦恼，但是你要克制、要忍耐。普希金写道："相信吧，快乐之日就会到来。"这欢乐是针对悲伤而言的，但不是现在而是属于未来。

在诗的第二节当中，普希金提出了一种面向未来的生活观。我们的"心儿要憧憬着未来"，尽管现实的世界可能是令人悲哀的。我们可能感到痛苦和绝望，但这是暂时的。我们不会停留在这，不会就在这儿止步，我们有美丽的未来。

诗中富有深刻哲理的诗句令人深思和回味。普希金希望人们放眼未来，用希望去救治现实的痛苦，痛苦一旦过去，人们就会更加成熟。对于成熟的人来说，这过去的即使是痛苦，也会成为人生的一段标志，而令人感到无比亲切。保持对生活的信心，即使在逆境当中，也不要陷入绝望而不能自拔。

其实，普希金也是在用这种生活观自勉。普希金生活在一个大变革的时代，法国革命精神在欧洲大陆产生了广泛影响。这时的俄国一方面处于沙皇暴政的统治之下，另一方面人民的自由意识觉醒了，起义和反抗此起彼伏。普希金出身贵族，有着强烈的自由民主意识，这些注定了他的生活会充满暗礁、旋涡和险滩。但普希金在面对困苦时并没有退缩，相反越来越坚定了自己对生活的信心。

与普希金早期引吭高歌赞颂自由、嬉笑怒骂讽刺权贵、批判专制的抒情诗不同，这首《假如生活欺骗了你》明显表现普希金后期抒情诗创作趋向含蕴、富于哲理的特点。用普希金自己的话说，从 1825 年开始，他走向了“现实诗人”的道路，这首诗即是一个佐证。

普希金走了，俄国诗歌的太阳沉落了。但他作品所散发出来的崇高的思想性和完美的艺术性，却一直照耀着后人。他在作品中所表现出来的对自由和生活的热爱，对光明必能战胜黑暗，理智必能战胜偏见的坚定信念，“用语言把人们的心灵燃亮”的崇高使命感和伟大抱负，深深感动着一代又一代人。

这是一首让人在绝境中也能感受到希望的诗；这是一首让人在严寒中也能期待温暖的诗；这是一首被誉为俄国诗歌的太阳——普希金通过充满艰辛和苦难的一生获得瞑目的诗。

《人生颂》：一曲雄壮的人生礼赞

人 生 颂

——年轻人的心对歌者说的话

朗费罗

1

不要在哀伤的诗句里告诉我：
“人生不过是一场幻梦！”
灵魂睡着了，就等于死了，
事物的真相与外表不同。

2

人生是真切的！人生是实在的！
它的归宿绝不是荒坟：
“你本是尘土，必归于尘土”，
这是指躯壳，不是指灵魂。

3

我们命定的目标和道路，
不是享乐，也不是受苦；
而是行动，在每个明天；
都超越今天，跨出新步。

4

智艺无穷，时光飞逝；
这颗心，纵然勇敢坚强，
也只如鼙鼓，闷声擂动着，
一下又一下，向坟地送丧。

5

世界是一片辽阔的战场，
人生是到处扎寨安营；
莫学那听人驱策的哑畜，
做一个威武善战的英雄！

6

别指靠将来，不管它多可爱！
把已逝的过去永久掩埋！
行动吧——趁着活生生的现在！
胸中有赤心，头上有真宰！

7

伟人的生平启示我们：
我们能够生活得高尚，

［荷兰］梵·高　星夜

朗费罗

（Henry Wadsworth Longfellow，1807～1882），19 世纪美国最伟大的浪漫主义诗人之一。1807 年 2 月 27 日出生于缅因州波特兰城一个律师家庭。1822 年进入博多因学院，与霍桑是同班同学。毕业后去过法国、西班牙、意大利和德国等地，研究这些国家的语言和文学。1836 年开始在哈佛大学讲授语言，文学长达 18 年，致力于介绍欧洲文化和浪漫主义作家的作品，成为新英格兰文化中心剑桥文学界和社交界的重要人物。

而当告别人世的时候，

留下脚印在时间的沙上；

8

也许我们有一个弟兄，

航行在庄严的人生大海；

遇险沉了船，绝望的时刻，

会看到这脚印而振作起来。

9

那么，让我们起来干吧，

对任何命运要敢于担待；

不断地进取，不断地追求，

要善于劳动，善于等待。

| 阅读指导 |

面对人生，古往今来无数仁人志士发出了无穷的感慨。曹操有诗曰："对酒当歌，人生几何。譬如朝露，去日苦多。慨当以慷，幽思难忘。何以解忧？唯有杜康。"抒发出了一种慷慨悲凉的情怀。那么，朗费罗在这首《人生颂》当中表达了一种怎样的人生态度呢？

《人生颂》是以一种乐观主义的笔调、铿锵有力的声音去高歌人生的伟岸，赞美生命的意义，表达了一种热爱生活、勇于开拓的人生态度。这是一首慷慨激昂、催人奋进、乐观向上的人生颂歌，是关于人生最著名的抒情诗之一。把握现在，从不气馁是这首诗的主题。

全诗一开始，朗费罗先是用一个否定句"不要在哀伤的诗里对我说，人生不过是一场幻梦"来表达"昏睡的灵魂，就是等于死了"，来唤醒他的读者，你要让你昏睡的灵魂醒过来，去看看事物的真相其实是和外表不同的，而人生是真切的、是实在的，它的归宿绝不是荒坟。接下来，他用《圣经》中的名句"你本是尘土，必要归于尘土"，但又对它进行了否定，这并不是指的灵魂，言外之意，来自尘土，又归于尘土，只是指你的身体。可是你的灵魂，你的生命并没有因此终结。朗费罗在诗歌一开始，就提出一个非常深刻的思考和一个非常严峻的判断。这个判断需要苏醒了的灵魂来感悟、来理解、来关注。

接下来，朗费罗提出人生的目标和道路不是享乐也不是受苦，而是行动，通过行动让每一个人的明天都会比今天前进一步。行动是生命存在的一种方式，灵魂苏醒的一种方式，而前进就是这种生命的一种意义和价值。接下来的诗篇都是围绕行动和它的价值来展开，希望读到这首诗的人“莫学听人驱策的哑畜，做一个威武善战的英雄”。通过行动来证明你的生命曾经存在过，这个人世间你曾存活过和生活过。

［法］米勒　针织的牧羊女

“别指靠将来，不管它多可爱！把已逝的过去永久掩埋！”朗费罗提出的是“行动吧——趁着活生生的现在！”良知在心中，上帝在上头，通过宗教感的神圣情感的召唤，召唤出行动。其意义在于行动可以使人的现实生活变得高尚，当告别人世时，留下的脚印也会在时间的沙上去昭示后人。

最后，朗费罗在诗的最后把全诗归结于“那么，让我们起来干吧，对任何命运都要敢于担待”，通过这句像口号一样的召唤，召唤人们去“不断地进取，不断地追求”，要学会劳动，要学会等待。

这首诗就是在破解生命的意义、生命的方式和生命的价值的过程中，汇成了对生命的礼赞和生命的讴歌。

《西风颂》：唤醒春天的号角

雪　莱

（Percy · Bysshe · Shelley，1792～1822），简称雪莱，英国著名浪漫主义诗人，被认为是历史上最出色的英语诗人之一。英国浪漫主义民主诗人、第一位社会主义诗人、小说家、哲学家、散文随笔和政论作家、改革家、柏拉图主义者和理想主义者，受空想社会主义思想影响颇深。

西风颂

雪　莱

1

哦，狂暴的西风，秋之生命的呼吸！
你无形，但枯死的落叶被你横扫，
有如鬼魅碰到了巫师，纷纷逃避：

黄的，黑的，灰的，红得像患肺痨，
呵，重染疫疠的一群：西风呵，是你

以车驾把有翼的种子催送到

黑暗的冬床上，它们就躺在那里，
像是墓中的死穴，冰冷，深藏，低贱，
直等到春天，你碧空的姊妹吹起

她的喇叭，在沉睡的大地上响遍，
唤出嫩芽，像羊群一样，觅食空中，
将色和香充满了山峰和平原。

不羁的精灵呵，你无处不远行；
破坏者兼保护者：听吧，你且聆听！

2

没入你的急流，当高空一片混乱，
流云像大地的枯叶一样被撕扯
脱离天空和海洋的纠缠的枝干。

成为雨和电的使者：它们飘落
在你的磅礴之气的蔚蓝的波面，
有如狂女的飘扬的头发在闪烁，

从天穹的最遥远而模糊的边沿
直抵九霄的中天，到处都在摇曳
欲来雷雨的卷发。对濒死的一年

你唱出了葬歌，而这密集的黑夜
将成为它广大墓陵的一座圆顶，
里面正有你的万钧之力的凝结；

那是你的浑然之气，从它会迸涌

黑色的雨，冰雹和火焰：哦，你听！

3

是你，你将蓝色的地中海唤醒，

而它曾经昏睡了一整个夏天，

被澄澈水流的回旋催眠入梦，

就在巴亚海湾的一个浮石岛边，

它梦见了古老的宫殿和楼阁

在水天辉映的波影里抖颤，

而且都生满青苔、开满花朵，

那芬芳真迷人欲醉！呵，为了给你

让一条路，大西洋的汹涌的浪波

把自己向两边劈开，而深在渊底

那海洋中的花草和泥污的森林

虽然枝叶扶疏，却没有精力；

听到你的声音，它们已吓得发青：

一边战栗，一边自动萎缩：哦，你听！

4

哎，假如我是一片枯叶被你浮起，

假如我是能和你飞跑的云雾，

是一个波浪，和你的威力同喘息，

假如我分有你的脉搏，仅仅不如

你那么自由，哦，无法约束的生命！

假如我能像在少年时，凌风而舞

便成了你的伴侣，悠游天空
因为呵，那时候，要想追你上云霄，
似乎并非梦幻，我就不致像如今

这样焦躁地要和你争相祈祷。
哦，举起我吧，当我是水波、树叶、浮云！
我跌在生活的荆棘上，我流血了！

这被岁月的重轭所制服的生命
原是和你一样：骄傲、轻捷而不驯。

5

把我当作你的竖琴吧，有如树林：
尽管我的叶落了，那有什么关系！
你巨大的合奏所振起的音乐，

将染有树林和我的深邃的秋意：
虽忧伤而甜蜜。呵，但愿你给予我，
狂暴的精神！奋勇者呵，让我们合一！

请把我枯死的思想向世界吹落，
让它像枯叶一样促成新的生命！
哦，请听从这一篇符咒似的诗歌，

就把我的话语，像是灰烬和火星
从还未熄灭的炉火向人间播散！
让预言的喇叭通过我的嘴唇，

把昏睡的大地唤醒吧！西风啊，

如果冬天来了，春天还会远吗？

| 阅读指导 |

1819 年，一个秋天的午后，诗人雪莱在意大利佛罗伦萨附近的树林里漫步，突然狂风大作、乌云翻滚。到了傍晚，暴风雨夹带着冰雹雷电倾盆而下，就像是一首大自然威武雄壮的交响乐。这触发了雪莱的灵感，他奋笔疾书，写下了不朽的诗歌——《西风颂》。

雪莱在诗中说，西风既是破坏者，又是保护者，因为西风不仅扫除残枝败叶，而且把飞翔的种子送到它们的冬床，待到来年春天，西风的妹妹东风就会驾临大地，就会蓓蕾吐馨，漫山遍野铺上了姹紫嫣红，出现一个春光明媚的新世界。

［荷兰］梵·高　麦田群鸦

雪莱歌颂西风，实际上是在歌颂席卷整个欧洲的革命风暴。当时的欧洲革命运动正以排山倒海之势、雷霆万钧之力横扫旧世界的黑暗势力，一顶顶皇冠随风落地，一群群妖魔鬼怪望风而逃，这无疑是欧洲革命的生动写照。

雪莱是 19 世纪初英国浪漫主义诗人杰出代表。他 1792 年出生于乡村地主家庭，祖父是男爵，父亲依附辉格党当上了议员。雪莱从小就与父亲格格不入，对家庭的保守气氛和矫揉造作的绅士风度充满了厌恶，后来导致他与家庭的决裂。

雪莱青年时期接受了 18 世纪启蒙思想和英国激进民主派空想社会主义的影响，在大学期间就因为印制激进小册子——《无神论的必然性》而被开除。他怒斥封建旧俗，鄙视唾手可得的世袭爵位和丰厚家产，更不愿以上层社会与家庭的条条款款作为生活的典范。这种与生俱来的反叛精神贯穿雪莱的终生。

1817 年，英国的统治阶级通过御用法官之手剥夺了雪莱前妻海丽特所生孩子的抚养权，这对雪莱造成了极大的刺激。为了预防政府对第二任妻子玛丽的子女再下毒手，雪莱全家被迫离开祖国迁居意大利。而不幸的是，他们的孩子不久又染病去世。这一时期雪莱心中的悲愤是难以形容的。

正是这种国难家仇所激发的强烈愤慨，使雪莱在《西风颂》中怒吼。他热爱西风，向往西风，他以西风自喻，西风是他的灵魂、他的肉体，他梦想和西风合而为一。

雪莱歌唱西风，以摧枯拉朽之巨大力量扫除破败的残叶；他歌唱西风，在动乱的太空中，掀起激流，搅动着浓云密雾，为这将逝的残年唱起挽歌；他歌唱西风，唤起沉睡的浩瀚大海，劈开一条新的道路。

《西风颂》是秋天的歌，是时代的声音。19 世纪初叶，科学社会主义还没有诞生，封建贵族和资产阶级的势力还很强大，大地还没有苏醒，寒冬还很漫长，所以《西风颂》不免带有婉转而忧愁的调子。但是，雪莱对革命前途和人类命运始终保持着乐观主义的坚定信念。他坚信正义必定战胜邪恶，光明必将代替黑暗。雪莱以“天才的预言家”姿态向全世界大声宣告：“如果冬天来了，春天还会远吗？”

| 扩展阅读 |

当你老了

叶　芝

当你老了，头发白了，睡意昏沉，
炉火旁打盹，请取下这部诗歌，
慢慢读，回想你过去眼神的柔和，
回想它们昔日浓重的阴影；
多少人爱你青春欢畅的时辰，
爱慕你的美丽，假意或真心，
只有一个人爱你那朝圣者的灵魂，
爱你衰老了的脸上痛苦的皱纹；
垂下头来，在红光闪耀的炉子旁，
凄然地轻轻诉说那爱情的消逝，
在头顶的山上它缓缓踱着步子，
在一群星星中间隐藏着脸庞。

叶　芝

（1865 ~ 1939），亦译“叶慈”“耶茨”，爱尔兰诗人、剧作家和散文家。叶芝的诗受浪漫主义、唯美主义、神秘主义、象征主义和玄学诗的影响，演变出其独特的风格。叶芝早年的创作具有浪漫主义的华丽风格，善于营造梦幻般的氛围，在 1893 年出版的散文集《凯尔特的薄暮》便属于此风格。

此刻万籁俱寂

彼特拉克

此刻万籁俱寂，风儿平息，
野兽和鸟儿都沉沉入睡。
点点星光的夜幕低垂，
海洋静静躺着，没有一丝痕迹。
我观望，思索，燃烧，哭泣，
毁了我的人经常在我面前，给我甜蜜的伤悲；
战斗是我的本分，我又愤怒，又心碎，
只有想到她，心里才获得少许慰藉。
我只是从一个清冽而富有生气的源泉
汲取养分，而生活又苦涩，又甜蜜，
只有一只纤手才能医治我，深入我的心房。
我受苦受难，也无法到达彼岸；
每天我死亡一千次，也诞生一千次，
我离幸福的路程还很漫长。

彼特拉克

（1304～1374），彼得拉克是意大利学者、诗人、和早期的人文主义者，被认为是人文主义之父。他以其14行诗著称于世，为欧洲抒情诗的发展开辟了道路，后世人尊他为“诗仙”。他与但丁、薄伽丘齐名，文学史上称他们为“三颗巨星”。

白　桦

叶赛宁

在我的窗前，
有一棵白桦，
仿佛涂上银霜，
披了一身雪花。
毛茸茸的枝头，
雪绣的花边潇洒，
串串花穗齐绽，
洁白的流苏如画。

叶赛宁

（1895～1925），俄罗斯田园派诗人。生于梁赞省一个农民家庭，由富农外祖父养育。1912年毕业于师范学校，之后前往莫斯科，在印刷厂当一名校对员，同时参加苏里科夫文学音乐小组，兼修沙尼亚夫斯基平民大学课程。1914年发表抒情诗《白桦》，1915年结识勃洛克、高尔基和马雅可夫斯基等人，并出版第一部诗集《亡灵节》。

在朦胧的寂静中，

玉立着这棵白桦。

在灿灿的金晖里

闪着晶亮的雪花。

白桦四周徜徉着

姗姗来迟的朝霞，

它向白雪皑皑的树枝

又抹一层银色的光华。

哦，船长！我的船长！

沃尔特·惠特曼

哦，船长！我的船长！

可怕的航程已完成；

这船历尽风险，企求的目标已达成。

港口在望，钟声响，人们在欢欣。

千万双眼睛注视着船——平稳，勇敢，坚定。

但是痛心啊！痛心！痛心！

瞧一滴滴鲜红的血！

甲板上躺着我的船长，

他到下去，冰冷，永别。

哦，船长！我的船长！

起来吧，倾听钟声；

起来吧，号角为您长鸣，旌旗为您高悬；

迎着您，多少花束花圈——候着您，千万人蜂拥岸边；

他们向您高呼，拥来挤去，仰起殷切的脸；

哦，船长！亲爱的父亲！

我的手臂托着您的头！

沃尔特·惠特曼（1819 ~ 1892），美国诗人、散文家、新闻工作者及人文主义者。他身处于超验主义与现实主义间的变革时期，著作兼并了二者的文风。惠特曼是美国文坛中最伟大的诗人之一，有自由诗之父美誉。

莫非是一场梦：在甲板上

您倒下去，冰冷，永别。

我的船长不作声，嘴唇惨白，毫不动弹；

我的父亲没感到我的手臂，没有脉搏，没有遗言；

船舶抛锚停下，平安抵达；航程终了；

历经艰险返航，夺得胜利目标。

啊，岸上钟声齐鸣，

啊，人们一片欢腾！

但是，我在甲板上，在船长身旁，

心悲切，步履沉重：

因为他倒下去，冰冷，永别。

［法］米勒　工作途中

繁　星

弗罗斯特

在我们喧嚣的雪地之上

他们聚集成无限，

刺骨的寒风在吹

他们以树的形式在涌动——

仿佛给我们的命运带来敏锐，

我们蹒跚的脚步很少落在

白色的空隙，一个休息的位置

在拂晓时不被看见——

然而既没有爱也没有恨，

那些星如同白雪一样的

女神密涅瓦大理石般雪白的眼睛

只是没有视觉的天赋。

弗罗斯特

（1874 ~ 1963），美国诗人，曾四度获得普利策奖，被称为美国文学中的桂冠诗人。

好吧，我们不再一起漫游

拜 伦

好吧，我们不再一起漫游，
消磨这幽深的夜晚，
尽管这颗心仍旧迷恋，
尽管月光还那么灿烂。
因为利剑能够磨破剑鞘，
灵魂也把胸膛磨得够受，
这颗心呵，它得停下来呼吸，
爱情也得有歇息的时候。
虽然夜晚为爱情而降临，
很快的，很快又是白昼，
但是在这月光的世界，
我们已不再一起漫游。

拜 伦

（1788 ～ 1824），英国 19 世纪初期伟大的浪漫主义诗人。代表作品有《恰尔德·哈洛尔德游记》《唐璜》等。在他的诗歌里塑造了一批“拜伦式英雄”。他不仅是一位伟大的诗人，还是一个为理想战斗一生的勇士；他积极而勇敢地投身革命，参加了希腊民族解放运动，并成为领导人之一。

阶 段

赫尔曼·黑塞

正如花会凋谢
正如青春消逝
生命的每一个阶段
亦复如是
生命
会在每一个阶段召唤我们
心啊
预备告别过去
重新开始
心啊

赫尔曼·黑塞

（1877～1962），德国作家，诗人。1946 年获诺贝尔文学奖。爱好音乐与绘画，黑塞的诗有很多充满了浪漫气息，从他的最初诗集《浪漫之歌》的书名，也可以看出他深受德国浪漫主义诗人的影响，以致后来被人称为“德国浪漫派最后的一个骑士”。

勇敢地寻找

寻找新的境地

我们必须离乡背井

否则便要受到终身监禁

心啊

就是这般

要不断

告别

辞行

［法］莫奈　海滨公园打伞的女子（卡美伊）

像这样细细地听

茨维塔耶娃

像这样细细地听，如河口
凝神倾听自己的源头。
像这样深深地嗅嗅一朵
小花直到知觉化为乌有。
像这样，在蔚蓝的空气里
溶进了无底的渴望。
像这样，在床单的蔚蓝里
孩子遥望记忆的远方。

像这样莲花般的少年
默默体验血的温泉。
……就像这样，与爱情相恋
就像这样，落入深渊。

茨维塔耶娃

（1892～1941），俄罗斯著名的诗人、小说家、剧作家。茨维塔耶娃的诗以生命和死亡、爱情和艺术、时代和祖国等大事为主题，被誉为不朽的、纪念碑式的诗篇，在20世纪世界文学史上占有重要地位，被认为是20世纪俄罗斯最伟大的诗人。

要怀着希望

梅 洛

你懂得生活吗？你懂，
你要它重复吗？你正在原地徘徊。
坐下，不要总是回首往事，要向前冲！
站起来，再挺起胸，这才是生活。
生活的道路啊；难道只有额头的汗水，
身上的荆棘，仆仆的风尘，心中的痛苦，
而没有爱情和早晨，
继续，继续攀登吧，咫尺既是顶峰。
别再犹豫了，站起来，挺起胸，岂能放弃希望？
你没觉得吗？你耳边有一种无声的语言，
它没有语调，可你一定听得见。
它随着风儿，随着清新的空气，
掀动着你那褴褛的衣衫，
吹干了你汗淋淋的前额和双颊，
抹去了你脸上残存的泪斑。
在这黑夜即将来临的傍晚，
它梳理着你的灰发，那么耐心，缓缓。
挺起胸膛去迎接朝霞的蓝天，
希望之光在地平线上已经冉冉升起。
迈开坚定的步伐，认定方向，信赖我的支持
迅猛地朝前追去……

梅 洛

西班牙现代著名诗人，生于马拉加。毕业后从事商业工作，时常为金融报写稿。诗人 18 岁开始写诗，1926 年诗人发表处女作，1928 年发表第一部诗集《轮廓》，并逐渐获得人们的认可。1977 年获得诺贝尔文学奖。

［法］莫奈　撑着太阳伞面向左边的女子

爱在身边

歌 德

当晨曦染红了大海时，

我想起了你；

当月夜穿透了流泉时，

我又想起了你。

每当遥远的路上，扬起来沙尘，

我看到了你；

深沉的夜里，流浪者在歧路上忧虑时，

我也看到了你。

浪起来了，在深沉的涛声里，

我听到了你；

万籁俱静，在我常去倾听大自然的幽林中，

我也听到了你。

我就在你的身旁，尽管你似乎在那遥远之处。

你离我是这样的近！

太阳落山了，一会儿群星就会向我闪烁。

噢，你要是也在那儿，该多好啊！

歌 德

（1749 ~ 1832），出生于美因河畔法兰克福，德国著名思想家、作家、科学家，他是魏玛的古典主义最著名的代表。他是最伟大的德国作家之一，也是世界文学领域的一个出类拔萃的光辉人物。他在1773年写了一部戏剧《葛兹·冯·伯利欣根》，从此蜚声德国文坛。1774年发表了《少年维特之烦恼》，更使他名声大噪。

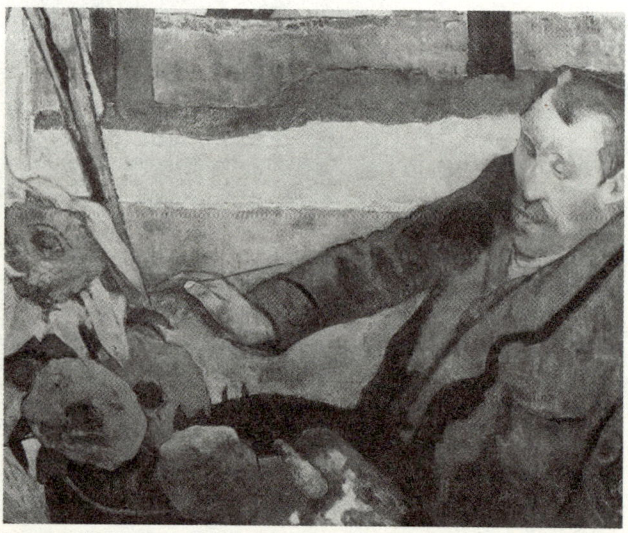

［荷兰］梵·高　绘向日葵中

第三章
经典散文阅读

散文这种文体源远流长，从语言上看，它如“素描”，如“谈心”；从意境上看，它如观一幅画、走一段路、感悟一份挚情；从文化上看，它是观察、是思考、是传承。在散文中有人类丰富情感的表露，有山川河流的描摹，有社会境遇的思索。古今中外的散文名家用他们体察社会的敏锐，独到的视角，精到的语言，给我们留下无数经典的篇章。阅读这些散文，令我们愉悦，令我们沉思，让我们扼腕长叹。

第一节 散文概述

一、散文的定义

最初的散文概念很广，统称为文或文章，指与韵文相对应的一个概念，诗词歌赋之外的一切不受韵律约束的作品。

什么是散文？散文是与诗歌、小说、戏剧并称的一种文学体裁，指不讲究韵律的散体文章，包括杂文、随笔、游记等。散文是最自由的文体，不讲究音韵，不讲究排比，没有任何的束缚及限制，也是中国最早出现的行文体例。通常一篇散文具有一个或多个中心思想，以抒情、记叙、论理等方式表达。

现代散文有广义和狭义两种理解。

广义的散文包括了除去诗歌、小说、戏剧、影视文学之外的一切叙事性、议论性、抒情性的文体，如秦牧在《海阔天空的散文领域》中说：“不属于其他文学体裁，而又具有文学味道的一切篇幅短小的文章，都属于散文的范围。”

狭义的散文则专指抒情散文。这是因为随着文体的发展，叙事散文中的通讯特写、传记文学、报告文学等，已经发展成为独立的文体，各成一类；议论散文则有了专门的名称——杂文，也从散文中分了出来，剩下的只有抒情散文，这就是狭义的散文。

二、散文的分类

根据散文的内容和性质可分为以下几类：

1. 叙事散文

以写人记事为主的散文。这类散文对人和事的叙述和描绘较为具体、突出，同时表现作者的认识和感受，也带有浓厚的抒情成分，字里行间充满饱满的感情。叙事散文侧重于从叙述人物和事件的发展变化过程中反映事物的本质，具有时间、地点、人物、事件等因素，从一个角度选取题材，表现作者的思想感情。例如：鲁迅的《藤野先生》、吴伯箫的《记一辆纺车》、朱德的《母亲的回忆》。根据该类散文内容侧重点的不同，又可将它区分为记事散文和写人散文。

偏重于记事的散文以事件发展为线索，偏重对事件的叙述。它可以是一个有头有尾的故事，如许地山的《落花生》，也可以是几个片断的剪辑，如鲁迅的《从百草园到三味书屋》。在叙事中倾注作者真挚的感情，这是与小说叙事最显著的区别。

偏重于记人的散文，全篇以人物为中心。它往往抓住人物的性格特征进行粗线条勾勒，偏重表现人物的基本气质、性格和精神面貌，如鲁迅的《藤野先生》。人物形象是否真实是它与小说的区别。

2. 抒情散文

注重表现作者的思想感受，抒发作者的思想感情的散文。这类散文有对具体事物的记叙和描绘，但通常没有贯穿全篇的情节，其突出的特点是强烈的抒情性。它或直抒胸臆，或触景生情，洋溢着浓烈的诗情画意，即使描写的是自然风物，也赋予了深刻的社会内容和思想感情。优秀的抒情散文感情真挚，语言生动，还常常运用象征和比拟的手法，把思想寓于形象之中，具有强烈的艺术感染力。例如：茅盾的《白杨礼赞》、魏巍的《依依惜别的深情》、朱自清的《荷塘月色》、冰心的《樱花赞》、当代作家田茂泉的《哦，棋山》。

3. 写景散文

以描绘景物为主的散文。这类文章多是在描绘景物的同时抒发感情，或借景抒情，或寓情于景，抓住景物的特征，按照空间的变换顺序，运用移步换景的方法，把观察的变化作为全文的脉络。生动的景物描绘，不但可以交代背景、渲染气氛，而且可以烘托人物的思想感情，更好地表现主题。如刘白羽的《长江三峡》。

4. 哲理散文

哲理，是感悟的参透、思想的火花、理念的凝聚、睿智的结晶。它纵贯古今，横亘中外，包容大千世界，穿透人生社会，寄寓于人生百态和家长里短，闪现在思维领域和万千景观。高明的作者，善于抓住哲理闪光的瞬间，形诸笔墨，写就内涵丰厚、耐人寻味的美文。时常吟咏这类美文，自然能在潜移默化中受到启迪和熏陶、洗礼和升华。如史铁生的《我与地坛》。

三、散文的特点

1. 形散而神不散

“形散”主要是说散文取材十分广泛自由，不受时间和空间的限制；表现手法不拘一格：可以叙述事件的发展，可以描写人物形象，可以托物抒情，可以发表议论，而且作者可以根据内容需要自由调整、随意变化。“神不散”主要是从散文的立意方面说的，即散文所要表达的主题必须明确而集中，无论散文的内容多么广泛，表现手法多么灵活，无不是要为更好地表达主题服务。

2. 短小精悍，自由灵活

散文是文学中的轻骑兵，短小精悍、灵活机变。作者可根据所掌握的素材和自己的写作习惯，选用最便于表现主题的具体样式，可以是融知识与文学于一炉的科学小品，如周建人的《蜘蛛》、童裳亮的《海洋与生命》等；也可以是寄情趣于景观的风物游记，如碧野的《天山景物记》、柳宗元的《小石潭记》等；还可以是记述言行观感的日记，如郝建秀的《进京日记》；又可以是倾吐心事的书信，如林觉民的《与妻书》；甚至那些信手拈来的随笔札记、录写见闻的参观访问记写，也都可归之于散文一类。在结构章法上也不拘一格，便于作者发挥自己在某方面的专长。在表现手法上，作者可根据实际需要，灵活地运用记叙、议论、抒情、说明等手法。游记散文自然应以记叙为主，间以抒情和议论；知识小品则往往以说明为主，间以叙述事理；书信、札记之类首先是陈述事理，免不了要对人对事进行评述（即议论），有时也要抒发自己的感受（即抒情）。

3. 内容丰富，题材广泛

散文选材广泛，可大可小。大至伟人要事，小至民间琐屑，前者如方纪的《挥手之间》，写的是毛泽东主席从延安起身登机赴重庆同国民党进行谈判时临别时刻的动人场面，后者如张洁的《挖荠菜》，写的是穷人家的孩子挖野菜的故事。散文可以是漫无边际的谈天说地，也可是娓娓细腻的情人秘语，报刊要闻、街谈巷议、花鸟鱼虫、米麦豆穗，未来的构想、成功的设计、罗列的趣闻、幻想的故事，古今中外、南北东西，海外奇谈、名人迭事，一切的一切，任你信手拈来，经你精心构思，表达你深遂的思想，抒发你真挚的情意。但须切记，散文要紧扣主题，切不可背离文章的宗旨。

4. 意境深邃，诗意盎然

意，情思也，境，形象也。意境，是文学艺术作品中通过形象描写表现出来的境界和情调。

散文中意境的创设，通常有两种主要途径——以形传神和以神御形，其共性是达到散文意境的融和统一，不可分离。鉴赏散文的意境美，就要循其通达意境的路途，领略不同人物的不同人生的不同场景，从这种场景的或闪烁而过或慢速显现之间，捕捉到作者寄寓于其中的绵长的情思和深邃的哲理。

古有“诗文一家”之说，这是认同散文具有诗的文质。因此，诗意盎然是散文的重要特征之一。

5. 语言凝练明快，富有神韵

散文的语言清新明丽、生动活泼，富于音乐感，行文如涓涓流水、叮咚有声，如娓娓而谈，情真意切。所谓凝练，是说散文的语言简洁质朴、自然流畅，寥寥数语就可以描绘出生动的形象，勾勒出动人的场景，显示出深远的意境。散文力求写景如在眼前，写情沁人心脾。散文素有“美文”之称，它除了有精神的见解、优美的意境外，还有清新隽永、质朴无华的文采。经常读一些好的散文，不仅可以丰富知识、开阔眼界，培养高尚的思想情操，还可以从中学习选材立意、谋篇布局和遣词造句的技巧，提高自己的语言表达能力。

第二节　中国经典散文赏析

散文在我国文学史上占有非常重要的地位，历代文人墨客都留下了很多经典名篇，不仅影响了今天写作的文风，同时也是中国传统文化和思想的重要载体。散文这一名称和范畴，随着社会的发展也有所变化，我国古代把与韵文、骈体文相对的散体文章称为“散文”，即除诗、词、曲、赋之外，不论是文学作品还是非文学作品，都一概称之为“散文”。现代的散文指除诗歌、戏剧、小说以外的文学作品，包括杂文、小品文、随笔、游记、传记、见闻录、回忆录、报告文学等。

一、中国古代散文

我国古代把与韵文、骈体文相对的散体文章称为“散文”。我国古代散文的发展大致经历了以下几个时期：

（一）先秦时期

1.《尚书》——中国第一部散文集

殷商甲骨文的某些卜辞已可算作片段的散文，成篇的散文可以追溯到《尚书》。

《尚书》原称《书》，到汉代改称《尚书》，意为上代之书。这是我国第一部上古历史文件和部分追述古代事迹著作的汇编，它保存了商周特别是西周初期的一些重要史料。

《尚书》所录，为虞、夏、商、周各代典、谟、训、诰、誓、命等文献。其中虞、夏及商代部分文献是据传闻而写成，不尽可靠。“典”是重要史实或专题史实的记载；“谟”是记君臣谋略的；“训”是臣开导君主的话；“诰”是勉励的文告；“誓”是君主训诫士众的誓词；“命”是君主的命令。还有以人名为标题的，如《盘庚》《微子》；有以事为标题的，如《高宗肜日》《西伯戡黎》；有以内容为标题的，如《洪范》《无逸》。这些都属于记言散文。也有叙事较多的，如《顾命》《尧典》。其中的《禹贡》，托言夏禹治水的记录，实为古地理志，与全书体例不一，当为后人的著述。自汉以来，《尚书》一直被视为中国封建社会的政治哲学经典，既是帝王的教科书，又是贵族子弟及士大夫必遵的“大经大法”，在历史上很有影响。

《尚书》是中国古代散文已经形成的标志。书中文章，结构渐趋完整，有一定的层次，已注意在命意谋篇上用功夫。后来春秋战国时期散文的勃兴，是对它的继承和发展。秦汉以后，各个朝代的制诰、诏令、章奏之文都明显地受它的影响。刘勰《文心雕龙》在论述“诏策”“檄移”“章表”“奏启”“议对”“书记”等文体时，也都溯源到《尚书》。《尚书》中部分篇章有一定的文采，带有某些情态。如《盘庚》3 篇，是盘庚动员臣民迁殷的训词，语气坚定、果断，显示了盘庚的目光远大。

盘庚（上）

盘庚迁于殷，民不适有居，率吁众戚出，矢言曰："我王来，即爰宅于兹，重我民，无尽刘。不能胥匡以生，卜稽，曰其如台？先王有服，恪谨天命，兹犹不常宁；不常厥邑，于今五邦。今不承于古，罔知天之断命，矧曰其克从先王之烈？若颠木之有由蘖，天其永我命于兹新邑，绍复先王之大业，底绥四方。"

盘庚学于民，由乃在位以常旧服，正法度。曰："无或敢伏小人之攸箴。"王命众，悉至于庭。

王若曰："格汝众，予告汝训汝，猷黜乃心，无傲从康。

"古我先王，亦惟图任旧人共政。王播告之修，不匿厥指。王用丕钦；罔有逸言，民用丕变。今汝聒聒，起信险肤，予弗知乃所讼。

"非予自荒兹德，惟汝含德，不惕予一人。予若观火，予亦拙谋作，乃逸。

"若网在纲，有条而不紊；若农服田，力穑乃亦有秋。汝克黜乃心，施实德于民，至于婚友，丕乃敢大言汝有积德。乃不畏戎毒于远迩，惰农自安，不昏作劳，不服田亩，越其罔有黍稷。

"汝不和吉言于百姓，惟汝自生毒，乃败祸奸宄，以自灾于厥身。乃既先恶于民，乃奉其恫，汝悔身何及！相时憸民，犹胥顾于箴言，其发有逸口，矧予制乃短长之命！汝曷弗告朕，而胥动以浮言，恐沈于众？若火之燎于原，不可向迩，其犹可扑灭。则惟汝众自作弗靖，非予有咎。

"迟任有言曰：'人惟求旧，器非求旧，惟新。'

"古我先王暨乃祖乃父胥及逸勤，予敢动用非罚？世选尔劳，予不掩尔善。兹予大享于先王，尔祖其从与享之。作福作灾，予亦不敢动用非德。

"予告汝于难，若射之有志。汝无侮老成人，无弱孤有幼。各长于厥居。勉出乃力，听予一人之作猷。

"无有远迩，用罪伐厥死，用德彰厥善。邦之臧，惟汝众；邦之不臧，惟予一人有佚罚。凡尔众，其惟致告：自今至于后日，各恭尔事，齐乃位，度乃口。罚及尔身，弗可悔。"

译文：

盘庚将把都城迁到殷。臣民不愿往那个处所，相率呼吁一些贵戚大臣出来，向他们陈述意见。臣民说："我们的君王迁来，既已改居在这里，是看重我们臣民，不使我们受到伤害。现在我们不能互相救助，以求生存，用龟卜稽考一下，将怎么样呢？先王有事，敬慎地遵从天命。这里还不能长久安宁吗？不能长久住在一个地方，到现在已经五个国都了！现在不继承先王敬慎天命的传统，就不知道老天所决定的命运，更何况说能继承先王的事业呢？好像倒伏的树又长出了新枝、被砍伐的残余又发出嫩芽一样，老天将使我们的国运在这个新都奄邑延续下去，继续复兴先王的大业，安定天下。"

盘庚开导臣民，又教导在位的大臣遵守旧制、正视法度。他说："不要有人敢于凭借小民的谏诫，反对迁都！"于是，王命令众人，都来到朝廷。

王这样说："来吧，你们各位，我要告诉你们，开导你们。可克制你们的私心，不要傲求安。

"从前我们的先王，也只是谋求任用旧臣共同管理政事。施行先王的教令，他们不隐瞒教的旨意，先王因此敬重他们。他们没有错误的言论，百姓们因此也大变了。现在你们拒绝我的意，自以为是，起来申说危害虚浮的言论，我不知道你们争辩的意图。

"并不是我自己放弃了任用旧人的美德，而是你们包藏好意而不施给我。我对当前形势像看火一样地清楚，我如果又不善于谋划和行动，那就错了。

"好像把网结在纲上，才能有条理而不紊乱；好像农民从事田间劳动，只有努力耕种，才会大有收成。你们能克制私心，把实际的好处施给百姓，以至于亲戚朋友，于是才敢扬言你们有积德。如果你们不怕远近会出现大灾害，像懒惰的农民一样自求安逸，不努力操劳，不从事田间劳动，就会没有庄稼。

"你们不向老百姓宣布我的善言，这是你们自生祸害，即将发生灾祸邪恶，而自己害自己。假若已经引导人们做了坏事，而又承受那些痛苦，你们悔恨自己又怎么来得及？看看这些小人吧，他们尚且顾及规劝的话，顾及发出错误言论，何况我掌握着你们或短或长的生命呢？你们为什么不亲自告诉我，却用些无稽之谈互相鼓动，恐吓煽动民众呢？好像大火在原野上燃烧一样，不能面向，不能接近，还能够扑灭吗？这都是你们众人自己做了不好的事，不是我有过错。

"迟任说过：'人要寻求旧的，器物不要寻求旧的，要新。'

"过去我们的先王同你们的祖辈父辈共同勤劳，共享安乐，我怎么敢对你们施行不恰当的刑罚呢？世世代代都会说到你们的功劳，我不会掩盖你们的好处。现在我要祭祀我们的先王，你们的祖先也将跟着享受祭祀。赐福降灾，我也不敢动用不恰当的赏赐或惩罚。

“我在患难的时候告诉你们，要像射箭有箭靶一样，你们不能偏离我。你们不要轻视成年人，也不要看不起年幼的人。你们各人领导着自己的封地，努力使出你们的力量，听从我一人的谋划。没有远和近的分别，我用刑罚惩处那些坏的，用赏赐表彰那些好的。国家治理得好，是你们众人的功劳；国家治理得不好，是我有过有罪。

“你们众人，要思考我告诫的话：从今以后，各人认真地做好你们的事情，加速你们的布置，闭上你们的口，不许乱说。否则，惩罚到你们身上，后悔也可不能啊！”

｜阅读指导｜

《盘庚》上篇，是盘庚对贵戚近臣的谈话。他在谈话中严厉训斥了他们贪图安逸不愿迁徙的行为。文章一开始就说“盘庚迁于殷，民不适有居”，表明是盘庚在初迁未定时的讲话。人民初到新都，一切都不习惯，所以产生不满情绪，盘庚讲话，予以安抚。

盘庚在恳挚的讲话中突出了天命的不可违抗，他反复征引“古我先王”“恪谨天命”来训诫百姓，以证明迁都的合乎天命，平息不满情绪。这样的说法在神权与君权相结合的奴隶社会是极为有效的。讲话中严厉地批评了大臣们庸于职守，没有把自己的深远用意传达给百姓，以至于造成人心浮动的局面。并且严肃地指出，如果继续这样不负责任，就会耽误耕种，导致粮食无收，这在农耕社会是很严重的后果。盘庚很生气地说：而这样的后果完全是你们咎由自取，和我盘庚毫无关系。之后，盘庚引用迟任的话：“人惟求旧；器非求旧，惟新。”并称引旧臣和先王之间的相互信任以及取得的好的政绩，语气明显缓和下来。鼓励臣子和自己团结一心，同甘共苦，谨遵职守，努力工作。还慷慨陈词：“邦之臧，惟汝众，邦之不臧，惟予一人有佚罚。”体现了一个有远见、有魄力的古代政治家的风貌。总之，讲话动之以情，晓之以理，有很强的说服力。

商朝在迁殷之前曾经十三次迁居，但自从盘庚迁殷之后就安居下来，不再另迁别处，可见盘庚力排众议，主张迁都此地的决策之英明。而盘庚之所以能够克服重重困难，实现迁都大计，《盘庚》三篇的号召力显然也是不容忽视的。盘庚迁都之后，殷商王朝走出了政治上萎靡不振的局面，走上了中兴的道路。

《盘庚》是先秦散文的名篇，文辞古奥，不易通读。韩愈曾经慨叹：“周《诰》殷《盘》，佶屈聱牙！”（《进学解》）但借助前人的注解，仔细阅读之后，我们尚可领略它特有的不假修饰的质朴之美。如：“若网在纲，有条而不紊；若农服田，力穑乃亦有秋。”“若火之燎于原，不可向迩，其犹可扑灭？”比喻质朴贴切，含义深沉，语言也很优美，富于音乐的美感，至今还以“有条不紊”“星火燎原”等成语的形式在人们的口头流传。

2. 历史散文

先秦历史散文为中国的历史文学奠定了基础，对后世历史学家和古文家都产生了极为深远的影响。

我国殷商时代有了文字，也就有了记史的散文。到了周朝，各诸侯国的史官进一步以朴素的语言、简洁的文字记录了列国间的史实，如《春秋》。以后，随着时代的需求，产生了描述现实的历史文学，这就有了《左传》《国语》《战国策》等历史著作。《左传》与《战国策》是先秦历史散文的代表。“至战国而后世之文体备”（章学诚《文史通义·诗教上》）。

《左传》是《春秋左氏传》的简称，又名《左氏春秋》，相传是春秋末年鲁国的史官左丘明所著，共18万字，记载了春秋240年间列国的政治、军事、外交活动和言论以及天道、鬼神、灾祥、占卜之事。这部书叙事富于戏剧性，情节紧凑，战事描写尤为出色，语言精练、富于形象。

《国语》是一种国别史，分别记载了周王朝及诸侯各国之事，记言多于记事，所记大多为当时较有远见的开明贵族的话。

《战国策》作者不可考，现流行的版本为西汉刘向辑成。它同《国语》一样，也是分国记事，记载了西周、东周及秦、齐、楚、赵等诸国之事，记载内容是谋臣策士的种种活动及辞说。《战国策》文章的特点是长于说事，善用比喻，人物形象塑造极为生动。

唐雎不辱使命

选自《战国策·魏策四》

秦王使人谓安陵君曰：“寡人欲以五百里之地易安陵，安陵君其许寡人！”安陵君曰：“大王加惠，以大易小，甚善；虽然，受地于先王，愿终守之，弗敢易！”秦王不说。安陵君因使唐雎使于秦。

秦王谓唐雎曰：“寡人欲以五百里之地易安陵，安陵君不听寡人，何也？且秦灭韩亡魏，而君以五十里之地存者，以君为长者，故不错意也。今吾以十倍之地，请广于君，而君逆寡人者，轻寡人与？”唐雎对曰：“否，非若是也。安陵君受地于先王而守之，虽千里不敢易也，岂直五百里哉？”

秦王怫（fú）然怒，谓唐雎曰："公亦尝闻天子之怒乎？"唐雎对曰："臣未尝闻也。"秦王曰："天子之怒，伏尸百万，流血千里。"唐雎曰："大王尝闻布衣之怒乎？"秦王曰："布衣之怒，亦免冠徒跣（xiǎn），以头抢（qiāng）地耳。"唐雎曰："此庸夫之怒也，非士之怒也。夫专诸之刺王僚也，彗星袭月；聂政之刺韩傀（guī）也，白虹贯日；要离之刺庆忌也，仓鹰击于殿上。此三子者，皆布衣之士也，怀怒未发，休祲（jìn）降于天，与臣而将四矣。若士必怒，伏尸二人，流血五步，天下缟（gǎo）素，今日是也。"挺剑而起。

秦王色挠，长跪而谢之曰："先生坐！何至于此！寡人谕矣：夫韩、魏灭亡，而安陵以五十里之地存者，徒以有先生也。"

战国策

这是一部国别体史书。主要记述了战国时期的纵横家的政治主张和策略，展示了战国时代的历史特点和社会风貌，是研究战国历史的重要典籍。西汉末刘向编定为三十三篇，书名亦为刘向所拟定。宋时已有缺失，由曾巩作了订补。有东汉高诱注，今残缺。宋鲍彪改变原书次序，作新注。吴原师道作《校注》，近代人金正炜有《补释》，今人缪文远有《战国策新注》。

译文：

秦王派人对安陵君（安陵国的国君）说："我打算要用方圆五百里的土地交换安陵，安陵君一定要答应我！"安陵君说："大王给以恩惠，用大的地盘交换我们小的地盘，实在是善事；即使这样，但我从先王那里接受了封地，愿意始终守卫它，不敢交换！"秦王知道后（很）不高兴。因此安陵君就派遣唐雎出使到秦国。

〔宋〕赵昌　杏花图　团扇　绢本设色　25.2×27.3cm　台北故宫博物院藏

秦王对唐雎说："我用方圆五百里的土地交换安陵，安陵君却不听从我，为什么？况且秦国使韩国魏国灭亡，但安陵却凭借方圆五十里的土地幸存下来的原因，就是因为我把安陵君看作忠厚的长者，所以不打他的主意。现在我用安陵十倍的土地，让安陵君扩大自己的领土，但是他违背我的意愿，这不是看不起我吗？"唐雎回答说："不，并不是这样的。安陵君从先王那里继承了封地所以守护它，即使（是）方圆千里的土地（也）不敢交换，更何况只是这仅仅的五百里的土地呢？"

秦王勃然大怒，对唐雎说："先生也曾听说过天子发怒的情景吗？"唐雎回答说："我未曾听说。"秦王说："天子发怒（的时候)，会倒下数百万人的尸体，鲜血流淌数千里。”唐雎说：“大王曾经听说过百姓发怒吗?”秦王说：“百姓发怒，也不过就是摘掉帽子，光着脚，把头往地上撞罢了。”唐雎说：“这是平庸无能的人发怒，不是有才能有胆识的人发怒。专诸刺杀吴王僚的时候，彗星的尾巴扫过月亮；聂政刺杀韩傀的时候，一道白光直冲上太阳；要离刺杀庆忌的时候，苍鹰扑在宫殿上。他们三个人，都是平民中有才能有胆识的人，心里的愤怒还没发作出来，上天就降示了吉凶的征兆。(现在专诸、聂政、要离）连同我，将成为四个人了。假若有胆识有能力的人（被逼得）一定要发怒，那么就让两个人的尸体倒下，五步之内淌满鲜血，天下百姓（将要）穿丧服，现在就是这个时候。”说完，拔剑出鞘立起。

秦王变了脸色，直身而跪，向唐雎道歉说：“先生请坐！怎么会到这种（地步)！我明白了：韩国、魏国灭亡，但安陵却凭借方圆五十里的地方幸存下来，就是因为有先生您在啊!”

｜阅读指导｜

《唐雎不辱使命》选自《战国策·魏策四》，题目为后人所加。公元前225年，即秦始皇二十二年，秦国灭掉魏国之后，想以“易地”之名占领安陵。本文记叙了唐雎在国家存亡的危急关头出使秦国，与秦王针锋相对地进行斗争，终于折服秦王，保存国家，完成使命的经过；歌颂了他不畏强暴、敢于斗争的爱国精神。

春秋战国时期，各大国为了扩张自己的势力，不断进行侵略小国的兼并战争。小国为了生存，常常派遣能言善辩的使者，通过外交途径，以言辞折服大国君主，遏止侵略。本文催这一过程进行了精彩的描述。

本文不但情节完整，有开端，有发展，有高潮，有结局，读来引人人胜；而且人物形象生动，秦王的色厉内荏、前倨后恭，唐雎的不畏强暴、英勇沉着，都写得栩栩如生。而这两方面都是通过对话来表现的，是这篇文章的主要特点。

3. 先秦诸子散文

春秋战国时代，百家争鸣，产生了诸子散文。春秋战国时期是社会大变革的时代，各种学术流派纷纷著书立说，争论不休，形成百家争鸣的局面。代表不同阶级或阶层的思想家的著作，促进了说理散文的发展。这些思想家有儒家、墨家、道家、法家等。记载他们言论的书流传到现在的有《论语》《孟子》《墨子》《庄子》《韩非子》等。

《论语》和《孟子》是儒家诠释“仁”的著作。《论语》是记录孔丘及其弟子言行的，其中多半是简短的谈话和问答。《孟子》是记载孟轲言论的。孟轲长于辩论，因此书中语言明快，富于鼓动性。

《墨子》反映了墨翟“兼爱”的主张，语言朴素，说理明确，逻辑性很强，《兼爱》《非攻》等篇极有代表性。

《庄子》反映了道家庄周“无为而治”的主张。庄子散文在诸子中独具魅力。这表现在作者具有奇幻的想象力和敏锐的观察力，善用民间寓言，长于譬喻，使文章富于文学趣味。

《韩非子》反映了法家“因时制宜”的主张。韩非散文结构严谨，锋芒锐利，说理深刻。

《荀子》集中荀况的学说，现有32篇，多长篇。荀子散文特点：论点明确、层次清楚、句法整练、词汇丰富。

《吕氏春秋》是秦丞相吕不韦门客的集体创作。它包括八览、六论、十二纪，兼有儒、道、墨、法、农诸家学说。书中保留了大量先秦时代的文献和佚事。它是一种系统化的、集合许多单篇的说理文，层层深入，最见条理。和诸子散文一样，它往往以寓言故事为譬喻，因而文章富于形象性。

先秦诸子的说理散文无论在思想上，还是在艺术风格上，都对后世散文的发展产生了显而易见的影响。

逍遥游

选自《庄子》

北冥有鱼，其名为鲲（kūn）。鲲之大，不知其几千里也；化而为鸟，其名为鹏。鹏之背，不知其几千里也；怒而飞，其翼若垂天之云。是鸟也，海运则将徙于南冥。南冥者，天池也。

《齐谐》者，志怪者也。《谐》之言曰：“鹏之徙于南冥也，水击三千里，抟（tuán）扶摇而上者九万里，去以六月息者也。”野马也，尘埃也，生物之以息相吹也。天之苍苍，其正色邪？其远而无所至极邪？其视下也，亦若是则已矣。

且夫水之积也不厚，则其负大舟也无力。覆杯水于坳堂之上，则芥为之舟；置杯焉则胶，水浅而舟大也。风之积也不厚，则其负大翼也无力。故九万里，则风斯在下矣，而后乃今培风；背负青天，而莫之夭阏（è）者，而后乃今将图南。

蜩（tiáo）与学鸠笑之曰：“我决（xùe）起而飞，枪榆枋（yú fāng）而止，时则不至，而控于地而已矣，奚以之九万里而南为？”适莽苍者，三餐而反，腹犹果然；适百里者，宿舂（chōng）粮；适千里者，三月聚粮。之二虫又何知！

小知不及大知，小年不及大年。奚以知其然也？朝（zhāo）菌不知晦朔，蟪（huì）蛄（gū）不知春秋，此小年也。楚之南有冥灵者，以五百岁为春，五百岁为秋；上古有大椿（chūn）者，以八千岁为春，八千岁为秋。此大年也。而彭祖乃今以久特闻，众人匹之，不亦悲乎？

汤之问棘也是已。穷发之北，有冥海者，天池也。有鱼焉，其广数千里，未有知其修者，其名为鲲。有鸟焉，其名为鹏，背若泰山，翼若垂天之云；抟扶摇羊角而上者九万里，绝云气，负青天，然后图南，且适南冥也。斥鴳（yàn）笑之曰：“彼且奚适也？我腾跃而上，不过数仞而下，翱翔蓬蒿之间，此亦飞之至也。而彼且奚适也？”此小大之辩也。

故夫知效一官、行比一乡、德合一君、而征一国者，其自视也，亦若此矣。而宋荣子犹然笑之。且举世誉之而不加劝，举世非之而不加沮，定乎内外之分，辩乎荣辱之境，斯已矣。彼其于世，未数数然也。虽然，犹有未树也。夫列子御风而行，泠（líng）然善也，旬有五日而后反。彼于致福者，未数（shuò）数然也。此虽免乎行，犹有所待者也。若夫乘天地之正，而御六气之辩，以游无穷者，彼且恶（wū）乎待哉？故曰：至人无己，神人无功，圣人无名。

尧让天下于许由，曰：“日月出矣，而爝（júe）火不息；其于光也，不亦难乎？时雨降矣，而犹浸灌；其于泽也，不亦劳乎？夫子立而天下治，而我犹尸之；吾自视缺然，请致天下。”许由曰：“子治天下，天下既已治也；而我犹代子，吾将为名乎？名者，实之宾也；吾将为宾乎？鹪（jiāo）鹩（liáo）巢于深林，不过一枝；偃鼠饮河，不过满腹。归休乎君，予无所用天下为！庖（páo）人虽不治庖，尸祝不越樽俎（zǔ）而代之矣！”

庄 子

姓庄，名周，字子休（亦说子沐），宋国蒙人，先祖是宋国君主宋戴公。他是东周战国中期著名的思想家、哲学家和文学家。创立了华夏重要的哲学学派庄学，是继老子之后，战国时期道家学派的代表人物，是道家学派的主要代表人物之一。与老子齐名，被称为老庄。他生平只做过宋国地方的漆园吏，史称“漆园傲吏”。

庄子想象力极为丰富，语言运用自如，灵活多变，能把一些微妙难言的哲理说得引人入胜。他的作品被人称之为“文学的哲学，哲学的文学”。他的代表作品为《庄子》，其中的名篇有《逍遥游》《齐物论》等。

肩吾问于连叔曰："吾闻言于接舆，大而无当，往而不反。吾惊怖其言。犹河汉而无极也；大有迳庭，不近人情焉。"连叔曰："其言谓何哉？"曰："藐姑射之山，有神人居焉。肌肤若冰雪，淖（nào）约若处子，不食五谷，吸风饮露，乘云气，御飞龙，而游乎四海之外；其神凝，使物不疵（cī）疠（lì）而年谷熟。吾以是狂而不信也。"连叔曰："然。瞽（gǔ）者无以与乎文章之观，聋者无以与乎钟鼓之声。岂唯形骸有聋盲哉？夫知亦有之！是其言也犹时女也。之人也，之德也，将旁礴万物以为一，世蕲（qí）乎乱，孰弊弊焉以天下为事！之人也，物莫之伤：大浸稽天而不溺，大旱金石流，土山焦而不热。是其尘垢秕糠（chén gòu bǐ kāng）将犹陶铸尧舜者也，孰肯以物为事？"宋人资章甫而适诸越，越人断发文身，无所用之。尧治天下之民，平海内之政，往见四子藐姑射之山，汾（fén）水之阳，窅（yǎo）然丧其天下焉。

惠子谓庄子曰："魏王贻我大瓠（gū）之种，我树之成，而实五石（dàn）。以盛水浆，其坚不能自举也。剖之以为瓠，则瓠落无所容。非不呺（xiāo）然大也，吾为其无用而掊之。"庄子曰："夫子固拙于用大矣。宋人有善为不龟手之药者，世世以洴（píng）澼（pì）絖（kuàng）为事。客闻之，请买其方百金。聚族而谋曰：'我世世为洴澼絖，不过数金，今一朝而鬻（yù）技百金，请与之。'客得之，以说（shùi）吴王。越有难，吴王使之将，冬，与越人水战，大败越人。裂地而封之。能不龟手一也，或以封，或不免于洴澼絖，则所用之异也。今子有五石之瓠，何不虑以为大樽，而浮于江湖，而忧其瓠落无所容？则夫子犹有蓬之心也夫！"

惠子谓庄子曰："吾有大树，人谓之樗（chū）。其大本拥肿而不中绳墨，其小枝卷曲而不中规矩，立之涂，匠人不顾。今子之言大而无用，众所同去也。"庄子曰："子独不见狸狌（shēng）乎？卑身而伏，以候敖者；东西跳梁，不辟高下；中于机辟，死于罔（wǎng）罟（gǔ）。今夫斄（lí）牛，其大若垂天之云。此能为大矣，而不能执鼠。今子有大树，患其无用，何不树之于无何有之乡，广莫之野，彷徨乎无为其侧，逍遥乎寝卧其下。不夭斤斧，物无害者，无所可用，安所困苦哉！"

译文：

北海里有一条鱼，它的名字叫鲲。鲲非常巨大，不知道有几千里长。鲲变化成为鸟，它的名字就叫做鹏。鹏的脊背，也不知道有几千里长；当它振动翅膀奋起直飞的时候，翅膀就好像挂在天边的云彩。这只鸟，大风吹动海水的时候就要迁徙到南方的大海去了。南方的大海是一个天然的大池子。

《齐谐》这本书，是记载一些怪异事情的书。书上记载：“鹏往南方的大海迁徙的时候，翅膀拍打水面，能激起三千里的浪涛，环绕着旋风飞上了九万里的高空，乘着六月的风离开了北海。”像野马奔腾一样的游气，飘飘扬扬的尘埃，活动着的生物都因为风吹而运动。天空苍苍茫茫的，难道就是它本来的颜色吗？它的辽阔高远也是没有尽头的吗？鹏往下看的时候，看见的应该也是这个样子。

如果聚集的水不深，那么它就没有负载一艘大船的力量了。在堂前低洼的地方倒上一杯水，一棵小草就能被当作是一艘船，放一个杯子在上面就会被粘住，这是水浅而船却大的原因。如果聚集的风不够强大的话，那么负载一个巨大的翅膀也就没有力量了。因此，鹏在九万里的高空飞行，风就在它的身下了，凭借着风力，背负着青天毫无阻挡，然后才开始朝南飞。

蝉和小斑鸠讥笑鹏说：“我们奋力而飞，碰到榆树和檀树就停止，有时飞不上去，落在地上就是了。何必要飞九万里到南海去呢?”到近郊去的人，只带当天吃的三餐粮食，回来肚子还是饱饱的；到百里外的人，要用一整夜时间舂米准备干粮；到千里外的人，要聚积三个月的粮食。蝉和小斑鸠这两只小虫鸟又知道什么呢。

小智比不上大智，短命比不上长寿。怎么知道是这样的呢?朝生暮死的菌草不知道黑夜与黎明。春生夏死、夏生秋死的寒蝉，不知道一年的时光，这就是短命。楚国的南方有一种大树叫做灵龟，它把五百年当做一个春季，五百年当做一个秋季。上古时代有一种树叫做大椿，它把八千年当做一个春季，八千年当做一个秋季，这就是长寿。可是活了七百来岁的彭祖如今还因长寿而特别闻名，众人都想与他相比，岂不可悲！

商汤问棘，谈的也是这件事。汤问棘说：“上下四方有极限吗?”棘说：“无极之外，又是无极！在草木不生的极远的北方，有个大海，就是天池。里面有条鱼，它的身子有几千里宽，没有

《庄子》

约成书于先秦时期。《汉书·艺文志》著录五十二篇，今本三十三篇。其中内篇七，外篇十五，杂篇十一。全书以“寓言”“重言”“卮言”为主要表现形式，继承老子学说而倡导相对主义，蔑视礼法权贵而倡言逍遥自由，内篇的《齐物论》《逍遥游》和《大宗师》集中反映了此种哲学思想。行文汪洋恣肆，瑰丽诡谲，意出尘外，乃先秦诸子文章的典范之作。

〔宋〕李迪　狸奴小影图　绢本设色　23.5×24.1cm　台北故宫博物院藏

人知道它有多长，它的名字叫做鲲。有一只鸟，它的名字叫做鹏。鹏的背像泰山，翅膀像天边的云；借着旋风盘旋而上九万里，超越云层，背负青天，然后向南飞翔，将要飞到南海去。小泽里的麻雀讥笑鹏说：‘它要飞到哪里去呢？我一跳就飞起来，不过数丈高就落下来，在蓬蒿丛中盘旋，这也是极好的飞行了。而它还要飞到哪里去呢？’”这是大和小的分别。

所以，那些才智能胜任一官的职守，行为能够庇护一乡百姓的，德行能投合一个君王的心意的，能力能够取得全国信任的，他们看待自己，也像上面说的那只小鸟一样。而宋荣子对这种人加以嘲笑。宋荣子这个人，世上所有的人都称赞他，他并不因此就特别奋勉，世上所有的人都诽谤他，他也并不因此就感到沮丧。他认定了对自己和对外物的分寸，分辨清楚荣辱的界限，就觉得不过如此罢了。他对待人世间的一切，都没有拼命去追求。即使如此，他还是有未达到的境界。

列子乘风而行，飘然自得，驾轻就熟。十五天以后返回；他对于求福的事，没有拼命去追求。这样虽然免了步行，还是有所凭借的。倘若顺应天地万物的本性，驾驭着六气的变化，遨游于无穷的境地，他还要凭借什么呢？所以说：修养最高的人能任顺自然、忘掉自己，修养达到神化不测境界的人无意于求功，有道德学问的圣人无意于求名。

尧要把天下让给许由，说：“太阳月亮出来了，而小火把还不熄灭，它的亮度，要和日月相比不是太难了吗？及时雨降下了，还要灌溉田地，对于滋润禾苗，不是徒劳吗？你如果成了君王，天下一定大治，而我还徒居其位，我自己感到惭愧极了，请允许我把天下交给你。”许由说：“你治理天下，天下已经治理好了，而我再接替你，我岂不是为名而来吗？名，是依附于实的客体，我难道要做有名无实的客体吗？鹪鹩在深林中筑巢，只要一根树枝；鼹鼠饮河水，只要肚子喝饱。请你回去吧，天下对于我没有什么用！厨子虽然不下厨，主祭的人却不应该超越权限而代行厨子的职事。”

肩吾向连叔求教：“我从接舆那里听到谈话，大话连篇没有边际，一说下去就回不到原来的话题上。我十分惊恐他的言谈，就好像天上的银河没有边际，跟一般人的言谈差异甚远，确实是太不近情理了。”连叔问：“他说的是些什么呢？”肩吾转述道：“‘在遥远的姑射山上，住着一位神人，皮肤润白像冰雪，体态柔美如处女，不食五谷，吸清风饮甘露，乘云气驾飞龙，遨游于四海之外。他的神情那么专注，使得世间万物不受病害，年年五谷丰登。’我认为这全是虚妄之言，一点也不可信。”连叔听后说：“是呀！对于瞎子没法同他们欣赏花纹和色彩，对于聋子没法同他们聆听钟鼓的乐声。难道只是形骸上有聋与瞎吗？思想上也有聋和瞎啊！这话似乎就是说你肩吾的呀。那位神人，他的德行，与万事万物混同一起，以此求得整个天下的治理，谁还会忙忙碌碌把管理天下当成回事！那样的人哪，外物没有什么能伤害他，滔天的大水不能淹没他，天下大旱使金石熔化、土山焦裂，他也不感到灼热。他所留下的尘埃以及瘪谷糠麸之类的废物，也可造就出尧舜那样的圣贤仁君来，他怎么会把忙着管理万物当做己任呢！北方的宋国有人贩卖帽子到南方的越国，越国人不蓄头发满身刺着花纹，没什么地方用得着帽子。尧治理好天下的百姓，安定了海内的政局，到姑射山上、汾水北面，去拜见四位得道的高士，不禁怅然若失，忘记了自己居于治理天下的地位。”

惠子对庄子说：“魏王送给我大葫芦的种子，我种下后结出的葫芦大得可以容纳五石。用它来盛水，它却因质地太脆无法提举。切开它当瓢，又大而平浅无法容纳东西。我不是嫌它不大，只是因为它无用，我把它砸了。”庄子说：“你真不善于使用大的物件。宋国有个人善于制作防止手冻裂的药，他家世世代代都以漂洗丝絮为职业。有个客人听说了，请求用一百金来买他的药方。这个宋国人召集全家商量说：‘我家世世代代靠这种药从事漂洗丝絮，一年所得不过数金；现在一旦卖掉这个药方马上可得百金，请大家答应我卖掉它。’这个客人买到药方，就去游说吴王。那时正逢越国有难，吴王就命他为将，在冬天跟越国人展开水战，大败越人，吴王就割地封侯来奖赏他。同样是一帖防止手冻裂的药方，有人靠它得到封赏，有人却只会用于漂洗丝絮，这是因为使用方法不同啊。现在你有可容五石东西的大葫芦，为什么不把它系在身上作为腰舟而浮游于江湖呢？却担忧它大而无处可容纳，可见你的心地过于浅陋狭隘了！”

惠子对庄子说：“我有一棵大树，人家把它叫做臭椿；它那树干上有许多赘瘤，不合绳墨，它那枝杈弯弯曲曲，不合规矩。它长在路边，木匠都不看它一眼。现在你说的那段话，大而没有用，大家都不相信。”庄子说：“你难道没见过野猫和黄鼠狼吗？屈身伏在那里，等待捕捉来来往往的小动物；它捉小动物时东跳西跃，不避高下；但是一踏中捕兽的机关陷阱，就死在网中。再看那牦牛，它大如天边的云，这可以说够大的了，但是却不能捕鼠。现在你有一棵大树，担忧它没有用处，为什么不把它种在虚无之乡，广阔无边的原野，随意地徘徊在它的旁边，逍遥自在地躺在它的下面；这样大树就不会遭到斧头的砍伐，也没有什么东西会伤害它。它没有什么用处，又哪里会有什么困苦呢？”

| 阅读指导 |

“逍遥游”是庄子的人生理想，是庄子人生论的核心内容。逍遥游就是超脱万物、无所依赖、绝对自由的精神境界。在庄子看来，达到这种境界的最好方法就是“心斋”“坐忘”，这两者体现了一种精神自由和天人合一的精神逍遥游。逍遥游思想的内容主要包含以下几个方面：

第一，逍遥游的具体内涵。

庄子的逍遥游是指“无所待而游无穷”，对世俗之物无所依赖，与自然化而为一，不受任何束缚自由地游于世间。“逍遥”在庄子这里是指，人超越了世俗观念及其价值的限制而达到的最高层次的精神自由。“游”并不是指形体之游，更重要的是指精神之游，形体上的束缚被消解后，自然就可以悠游于世。理解真正的逍遥游，需要理解逍遥游所描述的是一个经过深刻批判而进入“与道合一”的高境界的动态过程。

第二，从“有所待”达“无所待”的精神境界。

庄子运用了许多寓言来表述逍遥游的内涵，揭露世俗“有待”的表现。首先，庄子指出，大舟靠着积水之深才能航行，大鹏只有“培风”才能翱翔，因此他们都是“有所待者”。再如，庄子认为宋荣子的思想仍然处于“定乎内外之分，辩乎荣辱之境”的局限并没有完全超越世俗定“内外”和辩“荣辱”的纷争，只是在这种纷争中不动心，因而不是真正的“无待”。庄子批判了世俗的有所待，提出了追求无待的理想境界，同时也指出了从“有待”至‘无待”的具体途径。这就是：“至人无己”“神人无功”“圣人无名”。这里的“至人”“神人”“圣人”都是“道”的化身和结合体，是庄子主张的理想人格。在庄子看来，只有达到“无己”“无功”“无名”的境界，才能摆脱一切外物之累，从“有待”达“无待”，体会真正的逍遥游。

第三，“无用”即“大用”。

在《逍遥游》中，庄子用与惠子关于如何看待“大瓠”与“大树”之用的两段对话阐述了关于“无用”和“大用”的观点。惠子对庄子说：“魏王贻我大瓠之种，我树之成而实五石，以盛水浆，其坚不能自举也。剖之以为瓠，则瓠落无所容，非不然大也，吾为其无用而掊之。”庄子回以故事作为启发：宋人有善为不龟手之药者，世世以洴澼絖为事。客闻之，请买其方百金。庄子对惠子说：今子有五石之瓠，何不虑以为大樽而浮乎江湖，而忧其瓠落无所容，则夫子犹有蓬之心也夫！庄子告诉惠子怎样“巧用”这个“五石之瓠”，建议他可以把这种大葫芦作为腰舟系在身上，用来浮游于江湖之上，这正是一种自由自在的“逍遥游”境界。由此可见，庄子很注重事物的内在使用价值，“无用”是事物的外在价值，而“用”

是事物的内在价值，无用很可能有大用。从逍遥游角度来说，人应该注重内在的生命价值和自我价值，巧用“无用之用”来实现自我价值。

（二）两汉

两汉时期，散文进一步发展。随着社会发展和时局需要，一些政论文和史传文应运而生，并形成一定的文体风格。

1. 政论文

汉初，政论散文有所发展。贾谊（前 200 ~ 前 168）是西汉初年杰出的文学家，他的文章《过秦论》总结了秦代灭亡的原因，汲取了秦末农民起义的教训，发展了先秦的民本思想。他的散文善用比喻，语言富于形象性。

除贾谊外，汉初还有不少散文家，他们的文章大多或论秦之得失，或针对时弊，提出自己的主张，其中以晁错和邹阳成就较高。晁错以主张募民备塞的《守边劝农疏》《论贵粟疏》两篇散文最为著名。

2. 史传文

汉武帝时，罢黜百家，独尊儒术，封建王朝迫切需求总结古代文化，给予大一统的统治局面以哲学和历史的解释。史传文以《史记》为代表，成为两汉散文的集大成者。

《史记》开创了政治、经济、民族、文化等各种知识的综合纂史方法。从传说中的黄帝开始，一直写到汉武帝时期，记载了我国近三千年的历史。是我国第一部规模宏大、贯通古今、内容广博的百科全书式的通史。在《史记》中，司马迁第一个为经济史作传：《平准书》《货殖列传》；司马迁又第一个为少数民族立传：《匈奴列传》《西南夷列传》等；他还第一个为卑微者列传：《刺客列传》《游侠列传》等。《史记》第一次把政治、经济、文化各个方面都包容在历史学的研究范围之内，从而开拓了历史学研究的新领域，推动了我国历史学的发展。由于纪传体可以容纳广泛的内容，有一定的灵活性，又能反映出封建的等级关系，因而这种撰史方法，为历代史家所采用，影响十分深远。

在《史记》的影响下，东汉产生了不少历史散文著作，班固的《汉书》便是其中的杰出代表。

《汉书》具有浓厚的封建正统思想。班固生活的时代，封建神学思想已发展成为当时的统治思想，而班氏父子又是“唯圣人之道然后尽心焉”的史学家，他们自然以维护封建神学思想为己任，将“圣人之道”作为自己著作的指导思想。这样，作者一面承袭《史记》的内容，一面又指责它的“是非颇谬于圣人”，因而篡改《史记》的观点，使《汉书》更加符合于封建正宗思想。《汉书》神化西汉皇权、拥汉为正统的思想，其目的是为论证东汉王朝的正统性和神化东汉皇权服务的。因此，以阴阳五行学说为理论根据的“五德终始说”和王权神授的封建神学说教，便成为《汉书》的主导思想。为了宣扬“天人感应”、灾异祥瑞的封建神学思想，《汉书》首创《五行志》，专门记述五行灾异的神秘学说，还创立《睦西夏侯京翼李传》，专门记载五行家的事迹。同时，《汉书》改《史记·大宛列传》为《西域传》，记述今天我国新疆维吾尔自治区内我国各民族历史，以及中亚和西南亚诸国史。

鸿门宴

选自《史记·项羽本纪》

沛公军霸上，未得与项羽相见。沛公左司马曹无伤使人言于项羽曰：“沛公欲王（wàng）关中，使子婴为相，珍宝尽有之。”项羽大怒，曰：“旦日飨（xiǎng）士卒，为击破沛公军！”当是时，项羽兵四十万，在新丰鸿门；沛公兵十万，在霸上。范增说（shuì）项羽曰：“沛公居山东时，贪于财货，好美姬。今入关，财物无所取，妇女无所幸，此其志不在小。吾令人望其气，皆为龙虎，成五采，此天子气也。急击勿失！”

楚左尹（yǐn）项伯者，项羽季父也，素善留侯张良。张良是时从沛公，项伯乃夜驰之沛公军，私见张良，具告以事，欲呼张良与俱去，曰：“毋（wú）从俱死也！”张良曰：“臣为韩王送沛公，沛公今事有急，亡去不义，不可不语（yù）。”良乃入，具告沛公。沛公大惊，曰：“为（wéi）之奈何？”张良曰：“谁为大王为此计者？”曰：“鲰（zōu）生说（shuì）我曰：‘距关，毋内诸侯，秦地可尽王也。’故听之。”良曰：“料大王士卒足以当项王乎？”沛公默然，曰：“固不如也！且为之奈何？”张良曰：“请往谓项伯，言沛公不敢背项王也。”沛公曰：“君安与项伯有故？”张良曰：“秦时与臣游，项伯杀人，臣活之；今事有急，故幸来告良。”沛公曰：“孰与君少（shào）长（zhǎng）？”良曰：“长于臣。”沛公曰：“君为我呼入，吾得兄事之。”张良出，要（yāo）项伯。项伯即入见沛公。沛公奉卮（zhī）酒为寿，约为婚姻，曰：“吾入关，秋毫不敢有所近，籍吏民，封府库，而待将军。所以遣将守关者，备他盗之出入与非常也。日夜望将军至，岂敢反乎！愿伯具言臣之不敢倍德也。”项伯许诺，谓沛公曰：“旦日不可不蚤自来谢项王！”沛公曰：“诺。”于是项伯复夜去，至军中，具以沛公言报项王，因言曰："沛公不先破关中，公岂敢入乎？今人有大功而击之，不义也。不如因而善遇之。"项王许诺。

沛公旦日从百余骑（jì）来见项王，至鸿门，谢曰："臣与将军戮力而攻秦，将军战河北，臣战河南，然不自意能先入关破秦，得复见将军于此。今者有小人之言，令将军与臣有郤。"项王曰："此沛公左司马曹无伤言之，不然，籍何以至此？"项王即日因留沛公与饮。项王、项伯东向坐；亚父南向坐—亚父者，范增也；沛公北向坐，张良西向侍。范增数（shuò）目项王，举所佩玉玦以示之者三，项王默然不应。范增起，出，召项庄，谓曰："君王为人不忍。若入前为寿，寿毕，请以剑舞，因击沛公于坐，杀之。不者，若属皆且为所虏！"庄则入为寿。寿毕，曰："君王与沛公饮，军中无以为乐，请以剑舞。"项王曰："诺。"项庄拔剑起舞，项伯亦拔剑起舞，常以身翼蔽沛公，庄不得击。

于是张良至军门见樊哙（kuài）。樊哙曰："今日之事何如？"良曰："甚急！今者项庄拔剑舞，其意常在沛公也。"哙曰："此迫矣！臣请入，与之同命！"哙即带剑拥盾入军门。交戟之卫士欲止不内，樊哙侧其盾以撞，卫士仆地，哙遂入，披帷西向立，瞋目视项王，头发上指，目眦尽裂。项王按剑而跽曰："客何为者？"张良曰："沛公之参乘（cān shèng）樊哙者也。"项王曰："壮士！赐之卮酒！"则与斗卮酒。哙拜谢，起，立而饮之。项王曰："赐之彘肩！"则与一生彘肩。樊哙覆其盾于地，加彘肩上，拔剑切而啖之。项王曰："壮士！能复饮乎？"樊哙曰："臣死且不避，卮酒安足辞！夫秦王有虎狼之心，杀人如不能举，刑人如恐不胜，天下皆叛之。怀王与诸将约曰：'先破秦入咸阳者王之。'今沛公先破秦入咸阳，毫毛不敢有所近，封闭宫室，还军霸上，以待大王来。故遣将守关者，备他盗出入与非常也。劳苦而功高如此，未有封侯之赏，而听细说，欲诛有功之人。此亡秦之续耳，窃为大王不取也！"项王未有以应，曰："坐！"樊哙从良坐。坐须臾，沛公起如厕，因招樊哙出。

司马迁

（前 145 ~ 前 90），字子长，夏阳（今陕西韩城南）人，一说龙门（今山西河津）人。中国西汉伟大的史学家、文学家、思想家。司马谈之子，任太史令，因替李陵败降之事辩解而受宫刑，后任中书令。发奋继续完成所著史籍，被后世尊称为史迁、太史公、历史之父。

他以其"究天人之际，通古今之变，成一家之言"的史识创作了中国第一部纪传体通史《史记》（原名《太史公书》）。被公认为是中国史书的典范，该书记载了从上古传说中的黄帝时期，到汉武帝元狩元年，长达 3000 多年的历史，是"二十五史"之首，被鲁迅誉为"史家之绝唱，无韵之离骚"。

沛公已出，项王使都尉陈平召沛公。沛公曰："今者出，未辞也，为之奈何？"樊哙曰："大行不顾细谨，大礼不辞小让。如今人方为刀俎，我为鱼肉，何辞为。"于是遂去。乃令张良留谢。良问曰："大王来何操？"曰："我持白璧一双，欲献项王，玉斗一双，欲与亚父。会其怒，不敢献。公为我献之。"张良曰："谨诺。"当是时，项王军在鸿门下，沛公军在霸上，相去四十里。沛公则置车骑，脱身独骑，与樊哙、夏侯婴、靳（jìn）强、纪信等四人持剑盾步走，从郦山下，道芷阳间行。沛公谓张良曰："从此道至吾军，不过二十里耳。度我至军中，公乃入。"

沛公已去，间至军中。张良入谢，曰："沛公不胜杯（bēi）杓（sháo），不能辞。谨使臣良奉白璧一双，再拜献大王足下；玉斗一双，再拜奉大将军足下。"项王曰："沛公安在？"良曰："闻大王有意督过之，脱身独去，已至军矣。"项王则受璧，置之坐上。亚父受玉斗，置之地，拔剑撞而破之，曰："唉！竖子不足与谋！夺项王天下者，必沛公也！吾属今为之虏矣！"

沛公至军，立诛杀曹无伤。

译文：

刘邦驻军霸上，还没有能和项羽相见，刘邦军队中掌管军政的曹无伤派人对项羽说："刘邦想要在关中称王，让子婴（yīng）做丞相，珍宝全都被刘邦占有。"项羽大怒，说："明天犒（kào）劳士兵，给我打败刘邦的军队！"这时候，项羽的军队40万，驻扎在新丰鸿门；刘邦的军队10万，驻扎在霸上。范增劝告项羽说："沛公在崤山的东边的时候，对钱财货物贪恋，喜爱美女。现在进了关，不掠取财物，不迷恋女色，这说明他的志向不在小处。我叫人观望他那里的气运，都是龙虎的形状，呈现五彩的颜色，这是天子的气运呀！赶快攻打，不要失去机会。"

楚国的左尹项伯，是项羽的叔父，一向同留侯张良交好。张良这时正跟随着刘邦。项伯就连夜骑马跑到刘邦的军营，私下会见张良，把事情详细地告诉了他，想叫张良和他一起离开，说："不要和（刘邦）他们一起死了。"张良说："我替韩王护送沛公（入关），现在沛公遇到危急的事，逃走是不守信义的，不能不告诉他。"于是张良进去，详细地告诉了刘邦。刘邦大惊，说："这件事怎么办？"张良说："是谁给大王出这条计策的？"刘邦说："一个浅陋无知的小人劝我说：'守住函谷关，不要放诸侯进来，秦国的土地可以全部占领而称王。'所以就听了他的话。"张良说："估计大王的军队足以比得上项王的吗？"刘邦沉默了一会儿，说："当然不能啊。这又将怎么办呢？"张良说："请您亲自告诉项伯，说沛公不敢背叛项王。"刘邦说："你怎么和项伯有交情？"张良说："秦朝时，他和我交往，项伯杀了人，我使他活了下来；现在事情危急，因此他特意来告知我。"刘邦说："他和你年龄谁大谁小？"张良说："比我大。"刘邦说："你替我请他进来，我要像对待兄长一样对待他。"张良出去，邀请项伯。项伯就进去见刘邦。刘邦捧上一杯酒向项伯祝酒，和项伯约定结为儿女亲家，说："我进入关中，一点东西都不敢据为己有，登记了官吏、百姓，封闭了仓库，等待将军到来。派遣将领把守函谷关的原因，是为了防备其他盗贼进来和意外的变故。我日夜盼望将军到来，怎么敢反叛呢？希望您全部告诉项王我不敢背叛恩德。"项伯答应了，告诉刘邦说："明天早晨不能不早些亲自来向项王道歉。"刘邦说："好。"于是项伯又连夜离去，回到军营里，把刘邦的话报告了项羽，趁机说："沛公不先攻破关中，你怎么敢进关来呢？现在人家有了大功，却要攻打他，这是不讲信义。不如趁此好好对待他。"项羽答应了。

刘邦第二天早晨使一百多人马跟从他来见项羽，到了鸿门，向项羽谢罪说："我和将军合力攻打秦国，将军在黄河以北作战，我在黄河以南作战，但是我自己没有料到能先进入关中，灭掉秦朝，能够在这里又见到将军。现在有小人的谣言，使您和我发生误会。"项羽说："这是沛公的左司马曹无伤说的，如果不是这样，我怎么会这么生气？"项羽当天就留下刘邦，和他饮酒。项羽、项伯朝东坐，亚父朝南坐。亚父就是范增。刘邦朝北坐，张良朝西陪侍。范增多次向项羽使眼色，再三举起他佩戴的玉玦暗示项羽，项羽沉默着没有反应。范增起身，出去召来项庄，说："君王对待他人仁慈。你进去上前为他敬酒，敬酒完毕，请求舞剑，趁机把沛公杀死在座位上。否则，你们都将被他俘虏！"项庄就进去敬酒。敬完酒，说："君王和沛公饮酒，军营里没有什么可以用来作为娱乐的，请让我舞剑。"项羽说："好。"项庄拔剑起舞，项伯也拔剑起舞，常常张开双臂像鸟儿张开翅膀那样用身体掩护刘邦，项庄无法刺杀沛公。

于是张良到军营门口找樊哙。樊哙问："今天的事情怎么样？"张良说："很危急！现在项庄拔剑起舞，他的意图常在沛公身上啊！"樊哙说："这太危急了，请让我进去，跟他同生死。"于是樊哙拿着剑，持着盾牌，冲入军门。持戟交叉守卫军门的卫士想阻止他进去，樊哙侧着盾牌撞去，卫士跌倒在地上，樊哙就进去了，掀开帷帐朝西站着，瞪着眼睛看着项羽，头发直竖起来，眼角都裂开了。项羽握着剑挺起身问："朋友是干什么的？"张良说："是沛公的参乘樊哙。"项羽说："壮士！赏他一杯酒。"左右就递给他一大杯酒，樊哙拜谢后，起身，站着把酒喝了。项羽又说："赏他一条猪的前腿。"左右就给了他一条未煮熟的猪的前腿。樊哙把他的盾牌扣在地上，把猪腿放（在盾）上，拔出剑来切着吃。项羽说：“壮士！还能喝酒吗？”樊哙说：“我死都不怕，一杯酒有什么可推辞的？秦王有虎狼一样的心肠，杀人惟恐不能杀尽，处罚惟恐不能用尽酷刑，所以天下人都反叛了他。怀王曾和诸将约定：‘先打败秦军进入咸阳的人封作关中王。’现在沛公先打败秦军进了咸阳，一点儿东西都不敢动用，封闭了宫室，军队退回到霸上，等待大王到来。特意派遣将领把守函谷关的原因，是为了防备其他盗贼的进入和意外的变故。这样劳苦功高，没有得到封侯的赏赐，反而听信小人的谗言，想杀有功的人，这是将已亡的秦朝的作为延续罢了。我私意认为大王不采取这种做法好。”项羽没有话回答，说：“坐。”樊哙挨着张良坐下。坐了一会儿，刘邦以上厕所为由，趁机起身把樊哙叫了出来。

刘邦出去后，项羽派都尉陈平去叫刘邦。刘邦说：“现在出来，还没有告辞，这该怎么办？”樊哙说：“做大事不必顾及小节，讲大礼不需躲避小责备。现在人家正好比是菜刀和砧板，我们则好比是鱼和肉，还辞别什么呢？”于是就决定离去。刘邦就让张良留下来道歉。张良问：“大王来时带了什么东西？”刘邦说：“我带了一对玉璧，想献给项羽；一双玉斗，想送给亚父。正碰上他发怒，不敢亲自献上。你替我把它们献上去吧。”张良说：“好。”这时候，项羽的军队驻在鸿门，刘邦的军队驻在霸上，相距四十里。刘邦就留下车辆和随从人马，独自骑马脱身，和拿着剑和盾牌的樊哙、夏侯婴、靳强、纪信四人徒步逃跑，从郦山脚下，取道芷阳小路走。刘邦对张良说：“从这条路到我们军营，不过二十里罢了，估计我回到军营里，你就进去。”

刘邦离去后，从小路回到军营里。张良进去辞别，说：“刘邦经受不起酒力，不能当面告辞。让我奉上白璧一双，拜两拜敬献给大王；玉斗一双，拜两拜献给大将军。”项羽说：“沛公在哪里？”张良说：“听说大王有意要责备他，脱身独自离开，已经回到军营了。”项羽就接受了玉璧，把它放在座位上。亚父接过玉斗，放在地上，拔出剑来敲碎了它，说：“唉！（项羽）这小子不值得和他共谋大事！夺项王天下的人一定是刘邦。我们都要被他俘虏了！”

刘邦回到军中，立刻杀掉了曹无伤。

阅读指导

《项羽本纪》是《史记》当中出色的篇章。《鸿门宴》则为《项羽本纪》的重要而又精采的段落。它不仅是标志着秦末农民大起义中风云人物之一项羽的悲剧命运的一个重要开端；也记载着秦末历史转折的关键性的一幕。千百年来，《鸿门宴》的故事以它生动而又惊奇的情节特点，以它众多人物处在矛盾高峰中间的活跃面貌，一直吸引着人心，脍炙人口；给人深刻而又丰盈的思想教育和饱满而又崇高的艺术享受。

本文刻画了两个性格鲜明的人物形象，项羽和刘邦。刻画项羽，集中表现了他自矜功伐的性格。因为秦的主力被他击败，各路诸侯都听命于他，承认他的“霸主”地位，所以入关后一听说刘邦“欲王关中”，触犯了他的尊严，立即决定进攻；而在获悉刘邦“籍吏民，封府库”，等待他来处理，便放弃了进攻打算。更由于自矜功伐，他不把刘邦视为主要对手，不想在席间杀死他，而刘邦又注意维护他的尊严，使他动了“不忍”之心，所以对范增的多次暗示“默然不应”，对项庄、项伯筵间舞剑也不表态。这种“不忍”之心甚至使他对樊哙采取了格外宽容的态度：樊哙没有资格与会，本可以叱出，但他理解樊哙的心情，反而赐酒。樊哙陈词，虽有指责的话，但又把他看得比怀王更高，有“求赏”之意，都合乎他自矜功伐的心理，他内心有愧而“未有以应”，于是优礼有加，赐樊哙坐。自矜功伐而又“为人不忍”，虽一时成功，终不免失败。

但司马迁是把项羽当做悲剧英雄来描写的，他曾这样评论：“自矜功伐，奋其私智而不师古，谓霸王之业，欲以力征经营天下，五年卒亡其国。”本文虽只写出人物的一个侧面，却未尝不能窥一斑而知全豹。

在刻画刘邦时，司马迁对这一人物的贬薄态度是很明显的。去鸿门“谢罪”，虽有项伯居中调停，其实是身入虎穴，命运难卜，但非此不足以平项羽之怒，仍如约而往；回到军中，“立诛杀曹无伤”，从这些事能看出他的坚决果断。他一向待人傲慢，这一回又是“先破秦入咸阳”，是“有大功”之人，但在项羽面前谦词卑礼，惟恐有所不至——在宴会上屈居下座，他安之若素，出而未辞也觉得于礼不合，这又表现了他能屈能伸的性格。至于他的狡诈多端，从骂鲰生、拉拢项伯、骂告密人等细节中，都表现得很明显。

3. 赋

汉代出现了一种新的文体“赋”。赋的名称始于战国赵人荀卿的《赋篇》，到后代形成了一种特定的文体。讲究文采、韵节，兼具诗歌和散文的双重性质。接近散文的称“文赋”，接近于骈文的称“骈赋”。

汉赋以铺叙事物见长，继承了《楚辞》一些形式上的特点，更多地采用散文手法，因其篇章宏大，后世称为“大赋”。大赋是对东汉以后抒情为主的“小赋”而言。大赋大都以问答为骨架，铺陈名物、排比辞藻，好用古文奇字和双声叠韵词，铺陈多用整齐对称的韵语，叙述多用散文句。枚乘的《七发》是汉赋正式形成的第一篇作品。其他代表作如司马相如《上林赋》、扬雄《长杨赋》、班固《两都赋》、张衡《二京赋》等。

小赋是汉代后期继大赋后出现的新体赋，至六朝而盛行。多为抒情作品，篇幅较小，少用典故。至唐宋，进士考试科目中的律赋亦称小赋。这些赋短小精悍，不再是主客对话的形式，而是作者的直接描写。

〔清〕恽寿平　荔枝绶带图

枚　乘

（？～前140），字叔，西汉辞赋家。汉族，古籍《汉书》记载为淮阳（今江苏淮阴人）。原为吴王刘濞郎中。枚乘因在七国叛乱前后两次上谏吴王而显名，后拜在梁孝王帐下，汉景帝下召升枚乘为弘农都尉。

枚乘在文学上的主要成就是辞赋，《汉书·艺文志》著录“枚乘赋九篇”。

七　发

枚　乘

楚太子有疾，而吴客往问之，曰：“伏闻太子玉体不安，亦少间乎？”太子曰：“惫！谨谢客。”客因称曰：“今时天下安宁，四宇和平，太子方富于年。意者久耽安乐，日夜无极，邪气袭逆，中若结轖。纷屯澹淡，嘘唏烦酲，惕惕怵怵，卧不得瞑。虚中重听，恶闻人声，精神越渫，百病咸生。聪明眩曜，悦怒不平。久执不废，大命乃倾。太子岂有是乎？”太子曰：“谨谢客。赖君之力，时时有之，然未至于是也。”客曰：“今夫贵人之子，必宫居而闺处，内有保母，外有傅父，欲交无所。饮食则温淳甘膬，脭醲肥厚；衣裳则杂遝曼暖，燂烁热暑。虽有金石之坚，犹将销铄而挺解也，况其在筋骨之间乎哉？故曰：“纵耳目之欲，恣支体之安者，伤血脉之和。且夫出舆入辇，命曰蹶痿之机；洞房清宫，命曰寒热之媒；皓齿蛾眉，命曰伐性之斧；甘脆肥脓，命曰腐肠之药。今太子肤色靡曼，四支委随，筋骨挺解，血脉淫濯，手足堕窳；越女侍前，齐姬奉后；往来游醼，纵恣于曲房隐间之中。此甘餐毒药，戏猛兽之爪牙也。所从来者至深远，淹滞永久而不废，虽令扁鹊治内，巫咸治外，尚何及哉！今如太子之病者，独宜世之君子，博见强识，承间语事，变度易意，常无离侧，以为羽翼。淹沈之乐，浩唐之心，遁佚之志，其奚由至哉！”太子曰：“诺。病已，请事此言。”

客曰：“今太子之病，可无药石针刺灸疗而已，可以要言妙道说而去也。不欲闻之乎？”太子曰：“仆愿闻之。”

客曰：“龙门之桐，高百尺而无枝。中郁结之轮菌，根扶疏以分离。上有千仞之峰，下临百丈之溪。湍流遡波，又澹淡之。其根半死半生。冬则烈风漂霰、飞雪之所激也，夏则雷霆、霹雳之所感也。朝则鹂黄、鳱鴠鸣焉，暮则羁雌、迷鸟宿焉。独鹄晨号乎其上，鹍鸡哀鸣翔乎其下。于是背秋涉冬，使琴挚斫斩以为琴，野茧之丝以为弦，孤子之钩以为隐，九寡之珥以为约。使师堂操《畅》，伯子牙为之歌。歌曰：‘麦秀蔪兮雉朝飞，向虚壑兮背槁槐，依绝区兮临回溪。’飞鸟闻之，翕翼而不能去；野兽闻之，垂耳而不能行；蚑、蟜、蝼、蚁闻之，柱喙而不能前。此亦天下之至悲也，太子能强起听之乎？”太子曰：“仆病未能也。”

客曰：“犓牛之腴，菜以笋蒲。肥狗之和，冒以山肤。楚苗之食，安胡之飰，抟之不解，一啜而散。于是使伊尹煎熬，易牙调和。熊蹯之胹，芍药之酱。薄耆之炙，鲜鲤之鱠。秋黄之苏，白露之茹。兰英之酒，酌以涤口。山梁之餐，豢豹之胎。小飰大歠，如汤沃雪。此亦天下之至美也，太子能强起尝之乎？”太子曰：“仆病未能也。”

客曰：“钟、岱之牡，齿至之车，前似飞鸟，后类距虚。穱麦服处，躁中烦外。羁坚辔，附易路。于是伯乐相其前后，王良、造父为之御，秦缺、楼季为之右。此两人者，马佚能止之，车覆能起之。于是使射千镒之重，争千里之逐。此亦天下之至骏也，太子能强起乘之乎？”太子曰：“仆病未能也。”

客曰：“既登景夷之台，南望荆山，北望汝海，左江右湖，其乐无有。于是使博辩之士，原本山川，极命草木，比物属事，离辞连类。浮游览观，乃下置酒于虞杯之宫。连廊四注，台城层构，纷纭玄绿。辇道邪交，黄池纡曲。溷章、白鹭，孔鸟、鶤鹄，鵷雏、䴔䴖，翠鬣紫缨。螭龙、德牧，邕邕群鸣。阳鱼腾跃，奋翼振鳞。漃漻薵蓼，蔓草芳苓。女桑、河柳，素叶紫茎。苗松、豫章，条上造天。梧桐、并闾，极望成林。众芳芬郁，乱于五风。从容猗靡，消息阳阴。列坐纵酒，荡乐娱心。景春佐酒，杜连理音。滋味杂陈，肴糅错该。练色娱目，流声悦耳。于是乃发《激楚》之结风，扬郑、卫之皓乐。使先施、徵舒、阳文、段干、吴娃、闾娵、傅予之徒，杂裾垂髾，目窕心与。揄流波，杂杜若，蒙清尘，被兰泽，嬿服而御。此亦天下之靡丽、皓侈、广博之乐也，太子能强起游乎？太子曰：“仆病未能也。”

客曰：“将为太子驯骐骥之马，驾飞軨之舆，乘牡骏之乘。右夏服之劲箭，左乌号之雕弓。游涉乎云林，周驰乎兰泽，弭节乎江浔。掩青苹，游清风。陶阳气，荡春心。逐狡兽，集轻禽。于是极犬马之才，困野兽之足，穷相御之智巧，恐虎豹，慴鸷鸟。逐马鸣镳，鱼跨麋角。履游麕兔，蹈践麖鹿，汗流沫坠，寃伏陵窘。无创而死者，固足充后乘矣。此校猎之至壮也，太子能强起游乎?”太子曰：“卜病未能也。”然阳气见于眉宇之间，侵淫而上，几满大宅。

客见太子有悦色，遂推而进之曰：“冥火薄天，兵车雷运，旌旗偃蹇，羽毛肃纷。驰骋角逐，慕味争先。徼墨广博，观望之有圻；纯粹全牺，献之公门。太子曰：“善！愿复闻之。”

客曰：“未既。于是榛林深泽，烟云闇莫，兕虎并作。毅武孔猛，袒裼身薄。白刃磑磑，矛戟交错。收获掌功，赏赐金帛。掩苹肆若，为牧人席。旨酒嘉肴，羞炰脍炙，以御宾客。涌觞并起，动心惊耳。诚不必悔，决绝以诺；贞信之色，形于金石。高歌陈唱，万岁无斁。此真太子之所喜也，能强起而游乎?”太子曰：“仆甚愿从，直恐为诸大夫累耳。”然而有起色矣。

客曰：“将以八月之望，与诸侯远方交游兄弟，并往观涛乎广陵之曲江。至则未见涛之形也，徒观水力之所到，则恤然足以骇矣。观其所驾轶者，所擢拔者，所扬汩者，所温汾者，所涤汔者，虽有心略辞给，固未能缕形其所由然也。怳兮忽兮，聊兮栗兮，混汩汩兮，忽兮慌兮，俶兮傥兮，浩瀇瀁兮，慌旷旷兮。秉意乎南山，通望乎东海。虹洞兮苍天，极虑乎崖涘。流揽无穷，归神日母。汩乘流而下降兮，或不知其所止。或纷纭其流折兮，忽缪往而不来。临朱汜而远逝兮，中虚烦而益怠。莫离散而发曙兮，内存心而自持。于是澡概胸中，洒练五藏，澉澹手足，頮濯发齿。揄弃恬怠，输写淟浊，分决狐疑，发皇耳目。当是之时，虽有淹病滞疾，犹将伸伛起躄，发瞽披聋而观望之也，况直眇小烦懑，酲醲病酒之徒哉！故曰：发蒙解惑，不足以言也。”太子曰：“善，然则涛何气哉?”

客曰：“不记也。然闻于师曰，似神而非者三：疾雷闻百里；江水逆流，海水上潮；山出内云，日夜不止。衍溢漂疾，波涌而涛起。其始起也，洪淋淋焉，若白鹭之下翔。其少进也，浩浩溰溰，如素车白马帷盖之张。其波涌而云乱，扰扰焉如三军之腾装。其旁作而奔起也，飘飘焉如轻车之勒兵。六驾蛟龙，附从太白。纯驰皓蜺，前后络绎。颙颙卬卬，椐椐强强，莘莘将将。壁垒重坚，沓杂似军行。訇隐匈磕，轧盘涌裔，原不可当。观其两旁，则滂渤怫郁，闇漠感突，上击下律，有似勇壮之卒，突怒而无畏。蹈壁冲津，穷曲随隈，逾岸出追。遇者死，当者坏。初发乎或围之津涯，荄轸谷分。回翔青篾，衔枚檀桓。弭节伍子之山，通厉骨母之场，凌赤岸，篲扶桑，横奔似雷行，诚奋厥武，如振如怒，沌沌浑浑，状如奔马。混混庉庉，声如雷鼓。发怒庢沓，清升逾跇，侯波奋振，合战于藉藉之口。鸟不及飞，鱼不及回，兽不及。纷纷翼翼，波涌云乱，荡取南山，背击北岸。覆亏丘陵，平夷西畔。险险戏戏，崩坏陂池，决胜乃罢。瀄汩潺湲，披扬流洒。横暴之极，鱼鳖失势，颠倒偃侧，沋沋湲湲，蒲伏连延。神物怪疑，不可胜言。直使人踣焉，洄闇凄怆焉。此天下怪异诡观也，太子能强起观之乎?”太子曰：“仆病未能也。”

客曰：“将为太子奏方术之士有资略者，若庄周、魏牟、杨朱、墨翟、便蜎、詹何之伦，使之论天下之精微，理万物之是非。孔、老览观，孟子筹之，万不失一。此亦天下要言妙道也，太子岂欲闻之乎?”

于是太子据几而起，曰：“涣乎若一听圣人辩士之言。”涊然汗出，霍然病已。

译文：

楚国太子有病，有一位吴国客人去问候他，说：“听说太子玉体欠安，稍微好点了吗?”太子说：“还是疲乏得很！谢谢你的关心。”吴客趁机进言道：“现今天下安宁，四方太平。太子正在少壮之年，料想是您长期贪恋安乐，日日夜夜没有节制。邪气侵身，在体内凝结堵塞，以至于心神不安，烦躁叹息，情绪恶劣像醉了酒似的。常常心惊肉跳，睡不安宁。心力衰弱，听觉失灵，厌恶人声。精神涣散，好像百病皆生。耳目昏乱，喜怒无常。病久缠身不止，性命便有危险。太子是否有这种症状呢?”太子说：“谢谢你。靠国君的力量，使我能享受富贵，以至于经常得此病症，但还没有到你所说的这种地步。”吴客说：“现在那些富贵子弟，一定是住在深宫内院，内有照料日常生活的宫女，外有负责教育辅导的师傅，想与其他人交游也不可能。饮食是温厚淳美、甘甜酥脆的食物和肥肉烈酒；穿着是重重叠叠的轻软细柔、暖和

《七发》

是汉代辞赋家枚乘的赋作，有浓厚的黄老道家色彩。这是一篇讽喻性作品，赋中假设楚太子有病，吴客前去探望，通过互相问答，构成七大段文字。吴客认为楚太子的病因在于贪欲过度，享乐无时，不是一般的用药和针灸可以治愈的，只能“以要言妙道说而去也”。于是分别描述音乐、饮食、乘车、游宴、田猎、观涛等六件事的乐趣，一步步诱导太子改变生活方式；最后要向太子引见“方术之士”，“论天下之精微，理万物之是非”，太子乃霍然而愈。作品的主旨在于劝诫贵族子弟不要过分沉溺于安逸享乐，表达了作者对贵族集团腐朽纵欲的不满。此赋是汉大赋的发端之作，对后世有很大影响，它以主客问答的形式，连写七件事的结构方式，为后世所沿习，并形成赋中的“七体”。

厚实的衣服。这样，即使像金石那样的坚质，尚且要消融松解呢，更何况那筋骨组成的人体啊！所以说，放纵耳目的嗜欲，恣任肢体的安逸，就会损害血脉的和畅。出入都乘坐车子，就是麻痹瘫痪的兆头；常住幽深的住宅、清凉的宫室，就是伤寒和中暑的媒介；贪恋女色、沉溺情欲，就是摧残性命的利斧；甜食脆物、肥肉烈酒，就是腐烂肠子的毒药。现在太子皮肤太细嫩，四肢不灵便，筋骨松散，血脉不畅，手脚无力。前有越国的美女，后有齐国的佳人，往来游玩吃喝，在幽深的密室里纵情取乐。这简直是把毒药当做美餐，和猛兽的爪牙戏耍啊。这样的生活影响已经很深远，如果再长时间地拖延不改，那么即使让扁鹊来为您治疗体内的疾病，巫咸来为您祈祷，又怎么来得及啊！现在像太子这样的病情，需要世上的君子，见识广博、知识丰富的人，利用机会给您谈论外界的事物，以改变您的生活方式和情趣。应常让他们不离您的身旁，成为您的辅佐。那么沉沦的享乐、荒唐的心思、放纵的欲望，还能从哪里来呢！”太子说：“好。等我病愈后，就照你这话去做。”

吴客说：“现在太子的病，可以不用服药、砭石、针刺、灸疗的办法而治好，可以用中肯的言论、精妙的道理劝说而消除，您不想听听这样的话吗？”太子说：“我愿意听。”

吴客说：“龙门山上的桐树，高达百尺而不分杈，树干中积聚很多盘曲的纹路，树根在土壤中向四周延伸而扩展。上有千仞的高峰，下临百丈的深涧；湍急的逆流冲击摇荡着它。它的根一半已死一半还活着。冬天寒风、雪珠、飞雪侵凌它，夏天闪电霹雳触击它，早上则有黄鹂鳱鴠在它上面鸣叫，傍晚则有失偶的雌鸟、迷路的鸟雀在它上面栖息。孤独的黄鹄清晨在桐树上啼叫，鹍鸡在树下飞翔哀鸣。在这样的环境中秋去冬来（历尽岁月），让琴挚砍伐桐树制成琴。用野生的茧丝制成弦，用孤儿的带钩做装饰，用养了九个孩子的寡妇的耳环制成琴徽。让师堂弹奏《畅》的琴曲，让伯子牙来演唱。歌词说：‘麦子抽穗出芒时野鸡在早晨飞翔，飞向空谷离开枯槁的槐树，依傍在险峻之处，下临曲折的溪涧。’飞鸟听到歌声，敛翅不能飞去；野兽听到歌声，垂耳不能行走；蚑蟜、蝼蛄、蚂蚁听到歌声，张嘴不能向前。这是天下最动人的音乐。太子能勉强起身来听吗？”太子说：“我病了，不能去听啊。”

吴客说：“煮熟小牛腹部的肥肉，用竹笋和香蒲来拌和。用肥狗肉熬的汤来调和，再铺上石耳菜。用楚苗山的稻米做饭，或用菰米做饭，这种米饭抟在一块就不会散开，但入口即化。于是让伊尹负责烹饪，让易牙调和味道。熊掌煮得烂熟，再芍药酱来调味。把兽脊上的肉切成薄片制成烤肉，鲜活的鲤鱼切成鱼片。佐以秋天变黄的紫苏，被秋露浸润过的蔬菜。用兰花泡的酒来漱口。还有用野鸡、家养的豹胎做的食物。少吃饭多喝粥，就像沸水浇在雪上一样。这是天下最好的美味了，太子能勉强起身来品尝吗?”太子说：“我病了，不能去品尝啊。”

吴客说：“钟代一带出产的雄马，年齿适当时用来驾车；跑在前头的像飞鸟，跑在后面的像距虚。用早熟的麦子喂养它，使它性情急躁。给它套上坚固的辔头，让它在平坦的路上奔跑。在这时让伯乐在前后观察，让王良、造父来驭马，秦缺、楼季做车右。这两个人，在马受惊时能把马制服，在马车翻倒时能扶起车。用这样的马车去赛跑，可以下下千镒的赌注，可以一日千里。这是天下最好的骏马了。太子能勉强起身去骑它吗?”太子说：“我病了，不能去骑啊。”

吴客说：“登上景夷台，南望荆山，北望汝水，左面是长江，右边是洞庭湖，这种游观之乐绝无仅有。在这时让博学善辩的士人，考订山川的本原，穷尽草木的名称，譬喻叙事，选词造句，以类相连。漫游纵览之后，在虞怀宫中摆设酒宴。宫殿的回廊四面相连，台城重叠，色泽深绿，景象缤纷。车道交错，护城河曲折。溷章、白鹭、孔鸟、鹍鹄、鹓雏、鵁鶄之类的鸟，或冠毛翠绿，或颈毛姹紫。雄鸟与雌鸟羽毛美丽，鸣叫动听。鱼儿在水中跳跃，竖起鳍翼，振动鳞片。河水清净，蔓蓼丛生，莲花芬芳。河边的柔桑、柳树，或叶色单一，或枝条发紫。苗松、豫章树，枝条高达天际。梧桐、棕榈，远远望去，蔚然成林。草木芳香，在风中混合。枝条摇曳，或隐或现。列坐纵酒，纵心娱乐。让景春来劝酒，让杜连来奏乐。滋味杂陈，食品交错齐全。精选美色愉悦心目，流美的歌声悦耳动心。于是唱起《激楚》的急促的音调，弹奏郑、卫的动听的乐曲。使先施、徵舒、阳文、段干、吴娃、闾娵、傅予这样俊男美女，裙裾混杂，发髻散开，秋波暗送，情意相许；这些人以引流水洗身，以杜若香体，身上如披一层薄雾，脸抹兰膏，穿着便服来侍奉。这是天下最奢侈华丽、浩博盛大的宴乐了。太子能勉强起身来享乐吗?”太子说：“我病了，不能去享乐啊。”

吴客说：“我要为您驯服骐骥，驾起开有窗户的轻便猎车，您坐在这雄马拉的车子上，右边带着夏后氏箭囊里的劲箭，左边带着柘木制成的花纹弓，去到云梦的林中，围绕生长兰草的沼泽地带奔弛，奔到江边然后缓缓地行进。车轮在青苹上徐徐辗过，迎面吹来微微清风。陶醉在春天的气息当中，满怀春意的心也为之动荡。然后策马追逐狡黠的走兽，许多箭射中了轻捷的飞鸟。这时犬马的本领发挥尽致，野兽被追赶得脚力疲困，马夫和车夫使尽了他们的智慧和技巧；虎豹恐惧了，鸷鸟慑服了。奔马响着项铃，像鱼一样腾跃，像麋鹿一样角逐，脚践麏兔，蹄压麋鹿。动物被追得汗流于身，口沫下掉，四处躲藏，走投无路，没有受伤而活活吓死的野物实在足以装满随从的车子。这是打猎最壮观的景象，太子能勉强起来去游猎吗?”太子说：“我病了，不能去。”然而这时候太子眉宇之间露出了喜色，并逐渐扩展，几乎布满整个面部。

吴客见太子有高兴的神色，就进一步说：“黑夜出猎，火光烛天，兵车像迅疾的雷声一样滚动。旌旗高举，旗上装饰的鸟羽、牛尾整齐而纷繁。车马往来奔驰竞逐，人人向往得到野味而奋勇争先。猎兽的围栏和焚烧过的野地又宽又广，远远地望去才可看到它有边缘。那毛色纯一、躯体完整的猎获物，把它进献到诸侯面前。”太子说：“说得好！我愿意再听你说。”

吴客说：“这还没有说完。在那丛林深泽之间，烟蒸云腾一片昏暗，野牛老虎一起出现。打猎的人刚毅武勇、非常强悍，他们脱衣露体，弃车亲身擒搏野兽。只见雪白的刀刃闪闪发光，长矛大戟纵横交错。打猎结束，按照获取猎物多寡记录功劳，赏赐金银和布帛。压平地上的青苹，铺开杜若，为打猎的官员设宴庆功。浓浓的美酒，可口的鱼肉，烹煮脍炙的食物，用来款待嘉宾贵客。大家一齐斟满酒杯，起身祝酒，宾客们的豪言壮语入耳动听。言语信诚果必而不悔改，遇事或答应或拒绝都很坚决。坚贞信诚的表情，就像镂刻在金石上一样。人们放声歌唱，热烈欢呼，丝毫也不感到厌倦。这正是太子所喜爱的，您能勉强起来去游玩吗?”太子说：“我很愿意和大家一起去，只怕成为各位大夫的累赘。”不过，太子有想起身的样子了。

吴客说：“我们将要在八月十五日，和诸侯及远方来的朋友兄弟们一同去广陵的曲江观涛。初到时还未曾看到江涛涨起的迹象，不过看到水力所到之处，就足以使人惊恐异常了。当看到那后浪推前浪的状况，浪头高高掀起的情形，波涛激荡纷乱的情景，水流结聚回转的势态，水势到处冲激的力量，即使有心多谋略、言辞敏捷的人，也绝对不能描绘出因为波涛而形成的这种壮景。既是那么浩荡无边啊，使人恍惚难辨；又是那样汹涌澎湃啊，叫人心惊胆战；波浪滚滚滔滔啊，发出汩汩的喧声。时而迷茫一片啊，令人目眩；时而奇峰突起啊，何等壮观；那水势浩大深广啊，那江涛超越旷远。集中注意力从南山之下一直望到东海之滨，只见江涛汹涌，与天相接，竭尽思虑吧，请去想象哪里是涛水的尽头。浏览无穷无尽的江水，将心神归向日出之处。那江涛急速地随着汩汩的水流往下游流去啊，也许没有人知道它将流到哪里才会停歇。有时那众多的浪头流转曲折啊，忽然又纠结奔流不再回头。浪涛冲到朱汜又向远处流逝啊，使人见了心虚烦闷精神更加倦怠。观涛之后，整个晚上都心意散乱啊，直到天亮才能把心收起来保持情绪安稳。于是胸中经过荡涤，五脏经过洗濯，手足冲刷得更加干净，颜面发齿也洗得更加洁白光亮。扬弃了安逸懒惰，排除了污垢肮脏，使迷惑不清得以分辨决断，使耳朵眼睛也由此通透明亮。在这种情况下，纵使有久病不起，患有顽疾的人，尚且要将驼背伸直，跛脚抬起，瞽目张开，聋耳通启而来观看这江涛的宏伟景象，何况只是胸中小小的烦闷、伤食于肥肉烈酒的人呢！所以说，这江涛对于启发愚蒙、解除昏惑，实在不值得一提啊。”太子说：“太好了。既然如此，那么江涛究竟是一种什么气象呢？”

吴客说：“这不见于记载。但我从老师那里听说，江涛似神而又非神的特点有三条：一是涛声似疾雷，闻于百里之远；二是江水倒流，海水潮涨往上灌；三是山谷吞吐云气，日夜不断。江水满溢，水流湍急，波浪汹涌。那江涛开始出现的时候，山洪飞泻而下，似白鹭向下飞翔。稍进一步，水势浩浩荡荡，白茫茫一片，像白马驾着素车，车上张设着车盖帷幔，当波涛汹涌乱云一般滚来，纷乱的样子就如大军奋起装束列队向前。当波涛从两旁掀腾卷起，飘飘荡荡的样子就像将军坐在轻车上率领军队作战。驾车的是六条蛟龙，跟随在河神的后面。又好似一条白色长虹在奔驰，前后连续不断。潮头高大，浪头相随，互相激荡，像军营壁垒重叠而又坚固；其杂乱纷纭，又像人多马众的军行。江涛轰鸣，奔腾澎湃，其势本不可挡。看那靠岸的两旁，更是水势汹涌，汪洋一片，左冲右突，一会儿向上冲击，一会儿往下跌落。好似勇壮的士卒，奋勇突进而无所畏惧。潮水拍打岸壁，冲击渡口，流遍江湾，注满水曲，跨越堤岸，漫出沙堆。碰着它就要死亡，挡住它就要毁坏。波涛开始时从或围那地方的水边出发，撞到山陇而回转，遇到川谷而分流，到青篾打着旋涡，经过檀桓时像战马衔枚无声疾进。再缓缓流过伍子山，一直远奔到叫做胥母的战场。它超越赤岸，扫向扶桑，横冲直撞，如疾雷迅行，直奔前方。江涛确实奋发了它的威武，既像示威，又像发怒。呼啸嘶鸣，如万马奔腾。轰轰隆隆，似擂鼓震天。水势因受阻而怒起，清波因相互超越而升腾。大波奋起震荡，交战在藉藉的隘口。鸟来不及起飞，鱼来不及回转，兽来不及躲避。水势浩渺劲健，波涌似飞云乱翻。江涛荡击南山，转身又冲撞北岸。摧毁了丘陵，荡平了西岸。多么危险多么可怕啊，它冲垮堤岸，破坏池塘，直到取得决定性的胜利之后方才罢休。然后流水激荡澎湃，浪花飞溅不息。任意泛滥，已到极点。鱼鳖不能自主，腹背颠倒上下翻覆，匍匐而行，连接不断。水中神物可怪可疑，难以尽述，简直叫人惊倒在地，吓得神志不清，丧魂失魄。这是天下怪异罕见的奇观，太子能勉强起来去观赏它吗?”太子说：“我还有病，不能去。”

吴客说：“那么我将给太子进荐博学而有理论的人中最有资望智略的，就像庄周、魏牟、杨朱、墨翟、便蜎、詹何一类的人物。让他们议论天下精深微妙的道理，明辨万事万物的是非曲直，再请孔子、老子这类人物为之审察评说，请孟子这类人物为之筹划算计，这样一万个问题也错不了一个。这是天下最切要最精妙的学说啊，太子难道想听听这些吗？”

于是太子扶着几案站了起来，说：“你的话真使我豁然清醒，好像一下子听到了圣人辩士的言论了。”太子出了一身透汗，忽然之间病症全消。

｜阅读指导｜

《七发》是一种带娱乐游戏性质的文体，人们创作它阅读它主要是为了获得审美愉悦。但是，一篇作品总是分为两个层面，即艺术层面和意义层面，两者互为表里不可分割，艺术层面总要附着在一定的意义层面上。虽然在“七体”以及连珠等其他游艺味道很浓的文体中，意义层面已经严重淡化，但毕竟不会完全消失，作者的思想还是会在字里行间显露出来。在《七发》中，枚乘思想中的某些方面还是有所表现的。

自荐与荐贤。汉代大一统的政治格局逐渐稳定下来，曾经在诸侯争霸的时代里备受瞩目的士阶层也随之失去了显赫的地位，在日益完备的政权机器面前，他们成为游离者。他们要么安定到统一政权机构的某一位置上，但也就丧失了独立人格而成为官僚机构中的一个部件，许多士人对此并不甘心。汉初拥有相当势力的诸侯王给士人提供的不仅是安逸的生活，更有参与政治的机会。因此枚乘等一批士人纷纷被吸引，甚至放弃在汉廷已有的官职来追随他们。由于处于日渐扩张的大一统的王权之下，诸侯王国呈现出式微的总体趋势，士人的政治功能也大大萎缩了，他们更多的作用还是陪侍诸侯王进行文娱活动。枚乘等有理想、有抱负的文人，即使是在游艺性的文章中，不仅要表现他的文学才华，而是有意无意地表现出了“师的姿态”，运用起问答引导的方式，对“楚太子”进行引导。

宣扬黄老思想。西汉前期，朝廷上下皆推崇黄老思想。而黄老思想主张摒弃声色感官享乐，讲究清心寡欲、守性养真，修身进而治国。如果以此为突破点，我们就不难理解为什么枚乘指陈了那么多的名物，其中也有些是对人心身有益的，如田猎、观涛，可是最后还是都被否定了。因为那些毕竟是世俗中的享乐，而抽象的“要言妙道”才是超越性的精神升华。枚乘所言的“要言妙道”很可能就是黄老思想的体现。而《七发》的写作否定世俗的享乐，凸现黄老思想，这与西汉当时的哲学主流是相合的。而这种清虚的哲学色彩被后世的“七体”作家沿袭，张衡的《七辨》、王粲的《七释》都有很强的思辨意味，形成“七体”系列一以贯之的谈玄色彩。这些都导源于《七发》所具有的哲理性。

《七发》的主题并不具有传统所附会的政治功利意图，它是一篇带有游戏意味的骋辞之作，枚乘创作的着眼点在于艺术的创新，即将已渐趋成熟的咏物小赋整合为有机的大赋，从而由对一事一物的反映升华到对宇宙事物系统性的审美观照，完成了美感层面的超越。另外，作品的意义层面，《七发》中表现了枚乘自荐和荐贤的心理，以及黄老的思想倾向，带有哲理意味。这些在后世都得到继承和发扬，不少作家沿其流而扬其波。使“七体”成为独具异彩的一种文学样式。

（三）魏晋南北朝

魏晋南北朝时期，文章多讲求声律，形成骈俪文体，如《水经注》《洛阳伽蓝记》都不同凡响。

魏晋南北朝的文坛出现了新的格局，并开拓出个性化与美文化的多元发展前景。在各种文体中，辞赋创作的时代特征最为突出，与汉赋的对比也最为鲜明。讲究对偶、声律和藻饰之美成为风气，文章的句式结构逐渐发生变化，其结果是骈文的出现和成熟。赋体受诗的影响，也趋于骈化，有些赋其实就是骈文。北朝文坛虽然整体上受骈化的影响，但仍有别具风格的散体名篇大放异彩，从而构成对唐代文坛发展的多重影响。

辞赋在魏晋时期出现了新局面，其标志是抒情小赋的涌现，从而拓展了辞赋的表现领域与表现风格。沿着东汉以来情理赋发展的方向，魏晋之际的辞赋创作显示出抒情化、小品化的特色。随着感情表现领域的扩大，作者的表现力也在个性化的基础上得到进一步的加强。与东汉班固、张衡等赋家兼善散体大赋与骚体辞赋不同，这一时期的作家往往集诗人与小赋作者于一身，这也标志着诗赋交相影响的深化。王粲的诗赋为“七子之冠冕”（刘勰《文心雕龙·才略》），其代表作是《登楼赋》。由于主体意识和抒情因素的强化，魏晋时期涌现出一批体物写志的佳作，如曹植写的《洛神赋》。

闲居赋

潘　岳

岳读《汲黯传》，至司马安四至九卿，而良史书之，题以巧宦之目，未曾不慨然废书而叹也。曰：嗟乎！巧诚为之，拙亦宜然。顾常以为士之生也，非至圣无轨，微妙玄通者，则必立功立事，效当年之用。是以资忠履信以进德，修辞立诚以居业。

仆少窃乡曲之誉，忝司空太尉之命，所奉之主，即太宰鲁武公其人也。举秀才为郎。逮事世祖武皇帝，为河阳、怀令，尚书郎，廷尉平。今天子谅闇之际，领太傅主簿，府主诛，除名为民。俄而复官，除长安令。迁博士，未召拜，亲疾，辄去官免。阅自弱冠涉于知命之年，八徙官而一进阶，再免，一除名，一不拜职，迁者三而已矣。虽通塞有遇，抑亦拙之效也。

昔通人和长舆之论余也。固曰："拙于用多。"称多者，吾岂敢；言拙，则信而有徵。方今俊乂在官，百工惟时，拙者可以绝意乎宠荣之事矣。太夫人在堂，有羸老之疾，尚何能违膝下色养，而屑屑从斗筲之役？于是览止足之分，庶浮云之志，筑室种树，逍遥自得。池沼足以渔钓，舂税足以代耕。灌园鬻蔬，供朝夕之膳；牧羊酤酪，俟伏腊之费。孝乎惟孝，友于兄弟，此亦拙者之为政也。乃作《闲居赋》以歌事遂情焉。其辞曰：

遨坟素三长圃，步先哲之高衢。虽吾颜之云厚，犹内愧于宁蘧。有道余不仕，无道吾不愚。何巧智之不足，而拙艰之有余也！于是退而闲居，于洛之涘。身齐逸民，名缀下士。背京沂伊，面郊后市。浮梁黝以迳度，灵台杰其高峙。窥天文之祕奥，睹人事之终始。其西则有元戎禁营，玄幕绿徽，溪子巨黍，異絭同归，砲石雷骇，激矢虫蛇飞，以先启行，耀我皇威。其东则有明堂辟雍，清穆敞闲，环林萦映，圆海回泉，聿追孝以严父。宗父考以配天，秖圣敬以明顺，养更老以崇年。若乃背冬涉春，阴谢阳施，天子有事于柴燎，以郊祖而展义，张钧天之广乐，备千乘之万骑服枨枨以齐玄，管啾啾而并吹，煌煌乎，隐隐乎，兹礼容之壮观，而王制之巨丽也。两学齐列，双宇如一，右延国胄，左纳良逸。祁祁生徒，济济儒术，或升之堂，或入之室。

教无常师，道在则是。胡髦士投绂，名王怀玺，训若风行，应犹草靡。此里仁所以为美，孟母所以三徙也。

爰定我居，筑室穿池，长杨映沼，芳枳树槁，游鳞瀺灂，菡萏敷披，竹木蓊蔼，灵果参差。张公大谷之梨，溧侯乌椑之柿，周

潘　岳

（247～300），西晋文学家，字安仁，又名潘安。梁代钟嵘的《诗品》将潘岳作品列为上品，并有"潘才如江"的赞语。潘岳此人可称"才貌双全"，而民间念念不忘的是他的貌。"才比子建，貌若潘安"，"才比宋玉，貌似潘安"。

隐逸主题

包括此时期向往和歌咏隐逸生活的作品，也包括招隐诗、反招隐诗，形成了魏晋南北朝时期的一种特殊的文学景观。隐逸思想早在《庄子》书中就体现得很强烈了，隐逸主题可以追溯到《楚辞》中淮南小山的《招隐士》。汉代张衡的《归田赋》，可以视为表现这类主题的早期作品。到了魏晋以后，沿袭《招隐士》的作品有左思和陆机的《招隐诗》、王康琚的《反招隐诗》。沿袭《归田赋》的作品有潘岳的《闲居赋》。

文弱枝之枣，房陵朱仲之李，靡不毕植。三桃表樱胡之别，二柰耀丹白之色，石榴蒲桃之珍，磊落蔓延乎其侧。梅杏郁棣之属，繁荣藻丽之饰，华实照烂，言所不能极也。菜则葱韭蒜芋，青笋紫薑，堇荠甘旨，蓼荾芬芳，蘘荷依阴，时藿向阳，绿葵含露，白薤负霜。

于是凛秋暑退，熙春寒往，微雨新晴，六合清朗。太夫人乃御版舆，升轻轩，远览王畿，近周家园。体以行和，药以劳宣，常膳载加，旧痾有痊。于是席长筵，列孙子，柳垂荫，车洁轨，陆摘紫房，水挂赪鲤，或宴于林，或禊于汜。昆弟斑白，儿童稚齿，称万寿以献觞，咸一惧而一喜。寿觞举，慈颜和，浮杯乐饮，绿竹骈罗，顿足起舞，抗音高歌，人生安乐，孰知其他。退求已而自省，信用薄而才劣。奉周任之格言，敢陈力而就列。几陋身之不保，而奚拟乎明哲，仰众妙而绝思，终优游以养拙。

译文：

我曾经读《汲黯传》，看到司马安四次进入九卿中称他善于钻营为官时，没有不放下书而感慨叹息的。说：唉！确实有人善于钻营为官，也有人拙笨不善为官。可是我常常认为士人活在世上，不像道德高尚的人一样，不露行迹，精微灵通，而一定要建功立业，将一生为世所用，因此凭借忠诚，履行信义以增进仁德，外修文教内修诚实，以居家立业。

我少年时在乡里就有声誉，得到司空右尉府的任命，所侍奉的主人，就是太尉鲁武公贾充，后来被举秀才做了郎。待到世祖武皇帝时，又被任命为河阳、怀县的县令、尚书郎、廷尉平。在天子居丧之际，任太傅主簿。府主杨骏伏诛后，被除名为民。不久又复官，任长安令，升迁为博士，因母亲病重，未来得及向皇帝谢恩就走了，而被免官。我从少年时步入仕途，到现在已经进入知命之年，其间曾八次调动官职，一次升级，两次免职，一次被除名，又有一次授职而未谢恩，三次升迁。虽能使仕途通畅并获机遇，也不过是一个不善为官者努力争取的结果罢了。

从前博学多才的和峤曾议我，坚持说我“虽不善于为官，却多有才华”。说我有才华，我岂敢接受，说我笨拙不善为官倒是确有实证。如今贤俊之士为官，众官都赶上了好时候，像我这样笨拙之人，便不再企念恩宠仕宦的事情了。太夫人在堂上，年老体弱，我又怎么敢不孝顺父母，因卑微的官职而忙碌呢？因此，我恪守知止知足的本分，收敛起富贵的念头，在乡间盖房植树，过起逍遥自在的生活。池塘的鱼，足以供我垂钓，舂米为税足以使我耕田，灌园卖菜，用以供给早晚的饭食；牧羊囊乳用以供给伏腊祭祀的费用，孝顺父母，友善兄弟，这也是不善为政之犬雀为政啊。于是我作《闲居赋》，用以歌咏由此而产生的情感，其内容为：

自豪地诵读古代的典籍，遵循圣贤的大道前进。虽说我厚颜，但还是内心有愧于宁武子和蘧伯玉。邦有道我没有出仕，邦无道我也不肯装愚，真是巧智不足而笨拙有余。因此，我退官闲居在洛水之滨。寄身于逸民，名列于下士。

这里靠近京城，上溯伊水，面向城郊而背靠集市。浮桥连接两岸，可以直接跨越洛水。灵台雄伟地耸立着。它观测天象的奥秘，推究人间的变化。西边有兵车和禁军的营房、黑色的帐篷和绿色的旗帜。有谿子、巨黍这样的良弓，也有用一个扳机引发的连弩。炮石在雷鸣般的响声中抛起，同时射出无数的飞蛊箭。它们可以随时开赴战场，显示皇家的威武。东边有明堂辟雍，清明庄严，宽敞安静。四周树林掩映，流水环绕。追遵孝道从孝敬父亲做起，遵奉晋文王以配祀上天。尊敬祖先和上天以阐明顺应天道，扶养三老五更以表示崇敬老人。至于冬去春来，寒冷的阴气消除，温暖的阳光遍及大地，天子则将举行柴燎，郊祀祭天敬祖以展示孝义。张设钧天之乐，准备千乘万骑。人们都穿着整齐的黑色的祭服，管笛奏起响亮的音乐。多么辉煌！多么盛大！这便是壮观的礼容和无比富丽的王家制度。国学和太学也都设在这里，两处的屋宇规模一致。右边的国学延请的是贵族子弟，左边的太学接纳的是贤良的士人。两处都生徒众多，身通儒术的人，济济一堂。有的已经有所成就，有的更进入了高深的境界。他们学无常师，以学道为是。因而使得俊杰之人弃官读书，王侯们怀揣印玺前来就学。这里的教化犹如吹过的风，被感召的人如同风中的草，即刻倾心而倒。这里便是最可居住的仁义之乡，也就是孟母三迁所要寻找的地方。

于是我定居在这里，建筑了房屋，开掘了池塘。杨树的倒影映到池水里，芬芳的枳树结成篱墙。游鱼在水中出没，荷花盛开。竹木繁茂，挂满名贵的果实：有大谷的张公梨，有梁侯的乌稗柿，有周文王的弱枝枣，有房陵仙人朱仲的李子。三种桃分别是樱桃、山桃和胡桃，还有红白两色的沙果。珍贵的石榭、葡萄，果实磊落，长蔓曼延。梅、杏、郁李之类，繁茂的枝叶点缀着美丽的花朵。鲜花与果实互相映照，真是用言语无法形容的美。菜则有葱、韭菜、大蒜和芋头，青笥和紫姜。堇、荠香甜可口，辛菜香菜多么芬芳。背阴地生着蘘荷，向阳处长起豆慧。绿葵沾着露水，白薤带有寒霜。每当暑气消退的凉爽秋日，或是寒风过后和煦的春天，一场小搿之后，天朗气清。太夫人坐上轻车，可以在家园周游，也可以到远处去观赏京城的近郊，身体由于行走而舒适，吃的药物也因为活动而发挥了效力。饭量有所增加，旧病也痊愈了。

摆上长长的筵席，子孙们列坐。车子停在柳荫下。采摘了园中的精美水果，打捞了池里的红色鲤鱼。有时候在树林中摆宴，有时候在水边举行禊祭。头发花白的兄弟和年幼的孩子们，都举杯敬祝太夫人万寿。大家为老人的长寿而欢喜，也为老人的年迈而担心，举杯祝寿之后，太夫人面色和悦。于是，丝竹演奏，大家劝酒痛饮。顿足跳起舞来，高声唱歌。真是“人生安乐，孰知其他”，回过头来自己反省，的确是才识低下没有什么作为。于是，我却遵奉古人周任的名言，想凭借自己的能力去做官，结果是连自身都几乎不保，还哪里谈到与古代的明哲相比。现在只好信仰道家的众妙玄虚，断绝官场的思念，闲居游乐而度过平庸的一生。

| 阅读指导 |

《闲居赋》是西晋作家潘岳作于元康六年的一篇散文，是表现其厌倦官场和隐逸情怀的作品。这一年潘岳从长安回京任博士。因母病去官，时年50岁。作者回顾30年的宦官生活，仕途沉俘，一时心灰意懒，产生了归隐田园的意念，因而写了这篇《闲居赋》。

魏晋南北朝文学是典型的“乱世文学”。作家们既要适应战乱，又要适应改朝换代，一人前后属于两个朝代甚至三个朝代的情况很多见。敏感的作家们在战乱中最容易感受人生的短促、生命的脆弱、命运的难卜、祸福的无常以及个人的无能为力，从而形成文学的悲剧性基调，以及作为悲剧性基调之补偿的放达，后者往往表现为及时行乐或沉迷声色。这种悲剧性的基调又因文人的政治处境而带上了政治的色彩。许多文人莫名其妙地卷入政治斗争而遭到杀戮，如孔融、杨修、祢衡、丁仪、丁廙、嵇康、陆机等。在这种情况下，文学创作很自然地形成一些共同的主题，这就是生死主题、游仙主题、隐逸主题。这些主题往往以药和酒为酵母引发开来，药和酒遂与这个时期的文学结下了不解之缘。

隐逸主题包括向往和歌咏隐逸生活的作品，也包括招隐诗、反招隐诗，形成这个时期的一种特殊的文学景观。隐逸思想早在《庄子》书中就体现得很强烈了，隐逸主题可以追溯到《楚辞》中淮南小山的《招隐士》。汉代张衡的《归田赋》，可以视为表现这类主题的早期作品。到了魏晋以后，沿袭《招隐士》的作品有左思和陆机的《招隐诗》、王康琚的《反招隐诗》。沿袭《归田赋》的作品有潘岳的《闲居赋》。而陶渊明的大量描写隐逸生活和表现隐逸思想的作品，则使这类主题达到登峰造极的地步，所以锺嵘《诗品》说他是“古今隐逸诗人之宗”。至于其他许多人的作品中，表达隐逸思想的地方就不胜枚举了。隐逸主题的兴起与魏晋以后士人中希企隐逸之风的兴盛有直接关系，而这种风气又与战乱的社会背景和玄学的影响有关。

（四）唐宋时期

中唐韩愈、柳宗元领导了古文运动，“文起八代之衰”。北宋时，欧阳修力倡古文，苏氏父子等人互相应和，古文日渐占领文坛。

唐朝韩愈大力反对浮华的骈俪文，提倡作古文，一时从者甚众，后又得柳宗元大力支持，古文创作业绩大增，影响更大，成为文坛的主要风尚，文学史上称为古文运动。以韩柳为首的古文运动的胜利，树立了一种摆脱陈言俗套，自由抒写的新文风，大大提高了散文的抒情、叙事、议论、讽刺的艺术功能。

中唐以后，古文运动一度衰落，到了宋代，欧阳修再一次掀起了古文运动，此后的王安石、曾巩、苏轼、苏洵、苏辙等人都在古文革新运动的影响之下取得了各自的成就，后人将他们与唐代韩愈、柳宗元合称为“唐宋八大家”。

北宋的历史文学家司马光著有一部历史巨著《资治通鉴》，它除具有史学价值外，还具有很高的文学价值。

南宋散文家在北宋诸位大家影响下，创作了一部分上书言事的政论文，表现了作者鲜明的政治态度，胡铨、陈亮、叶适是这方面的代表作家。古文运动的成功，使散文更切合实用，南宋时大量出现的笔记杂文便是一个明证。洪迈的《容斋随笔》、王明清的《挥尘录》是笔记杂文中的佳作，此外，宋代大儒朱熹的古文长于说理，更是造诣匪浅。

师　说

韩　愈

古之学者必有师。师者，所以传道授业解惑也。人非生而知之者，孰能无惑？惑而不从师，其为惑也，终不解矣。生乎吾前，其闻道也固先乎吾，吾从而师之；生乎吾后，其闻道也亦先乎吾，吾从而师之。吾师道也，夫庸知其年之先后生于吾乎？是故无贵无贱，无长无少，道之所存师之所存也。

嗟乎！师道之不传也久矣！欲人之无惑也难矣！古之圣人，其出人也远矣，犹且从师而问焉；今之众人，其下圣人也亦远矣，而耻学于师。是故圣益圣，愚益愚。圣人之所以为圣，愚人之所以为愚，其皆出于此乎？爱其子，择师而教之；于其身也，则耻师焉，惑矣。彼童子之师，授之书而习其句读者，非吾所谓传其道解其惑者也。句读之不知，惑之不解，或师焉，或不焉，小学而大遗，吾未见其明也。巫医乐师百工之人，不耻相师。士大夫之族，曰师曰弟子云者，则群聚而笑之。问之，则曰："彼与彼年相若也，道相似也，位卑则足羞，官盛则近谀。"呜呼！师道之不复可知矣。巫医乐师百工之人，君子不齿，今其智乃反不能及，其可怪也欤！

圣人无常师。孔子师郯子、苌弘、师襄、老聃。郯子之徒，其贤不及孔子。孔子曰："三人行，则必有我师"。是故弟子不必不如师，师不必贤于弟子。闻道有先后，术业有专攻，如是而已。

李氏子蟠，年十七，好古文，六艺经传皆通习之，不拘于时，学于余。余嘉其能行古道，作《师说》以贻之。

译文：

古代求学的人一定有老师。老师，是（可以）依靠来传授道理、教授学业、解答疑难问题的。人不是生下来就懂得道理的，谁能没有疑惑？（有了）疑惑，如果不跟从老师（学习），那些成为疑难问题的，就最终不能理解了。生在我前面，他懂得道理本来就早于我，我（应该）跟从（他）把他当做老师；生在我后面，（如果）他懂得的道理也早于我，我（也应该）跟从（他）把他当做老师。我（是向他）学习道理啊，哪管他的生年比我早还是比我晚呢？因此，无论地位高低贵贱，无论年纪大小，道理存在的地方，就是老师存在的地方。

唉，（古代）从师（学习）的风尚不流传已经很久了，想要人没有疑惑难啊！古代的圣人，他们超出一般人很多，尚且跟从老师而请教；现在的一般人，他们（的才智）低于圣人很远，却以向老师学习为耻。因此圣人就更加圣明，愚人就更加愚昧。圣人之所以能成为圣人，愚人之所以能成为愚人，大概都出于这吧？（人们）爱他们的孩子，就选择老师来教他，（但是）对于他自己呢，却以跟从老师（学习）为可耻，真是糊涂啊！那些孩子们的老

韩　愈

（768 ~ 824），字退之，河南河阳（今河南省孟州市）人，汉族，自称"郡望昌黎"，世称"韩昌黎""昌黎先生"。唐代杰出的文学家、思想家、哲学家。

韩愈是唐代古文运动的倡导者，被后人尊为"唐宋八大家"之首，与柳宗元并称"韩柳"，有"文章巨公"和"百代文宗"之名。后人将其与柳宗元、欧阳修和苏轼合称"千古文章四大家"。在旧《广东通志》中被称为"广东古八贤"之一。他提出的"文道合一""气盛言宜""务去陈言""文从字顺"等散文的写作理论，对后人很有指导意义。著有《韩昌黎集》四十卷，《外集》十卷，《师说》等。

《师说》

是一篇说明教师的重要作用、从师学习的必要性以及择师的原则的论说文。此文抨击当时"士大夫之族"耻于从师的错误观念，倡导从师而学的风气。

师，是教他们读书，（帮助他们）学习断句的，不是我所说的能传授那些道理，解答那些疑难问题的。（一方面）不通晓句读，（另一方面）不能解决疑惑，有的（句读）向老师学习，有的（疑惑）却不向老师学习；小的方面倒要学习，大的方面反而放弃（不学），我没看出那种人是明智的。巫医乐师和各种工匠这些人，不以互相学习为耻。士大夫这类人，（听到）称“老师”称“弟子”的，就成群聚在一起讥笑人家。问他们（为什么讥笑），就说：“他和他年龄差不多，道德学问也差不多，（以）地位低（的人为师），就觉得羞耻，（以）官职高（的人为师），就近乎谄媚了。”唉！（古代那种）跟从老师学习的风尚不能恢复，（从这些话里就）可以明白了。巫医乐师和各种工匠这些人，君子们不屑一提，现在他们的见识竟反而赶不上（这些人），真是令人奇怪啊！

圣人没有固定的老师。孔子曾以郯子、苌弘、师襄、老聃为师。郯子这些人，他们的贤能都比不上孔子。孔子说：“几个人一起走，（其中）一定有（可以当）我的老师（的人）。”因此学生不一定不如老师，老师不一定比学生贤能，听到的道理有早有晚，学问技艺各有专长，如此罢了。

李家的孩子蟠，年龄十七岁，喜欢古文，六经的经文和传文都普遍地学习了，不受时俗的拘束，向我学习。我赞许他能够遵行古人（从师）的途径，写这篇《师说》来赠送他。

| 阅读指导 |

《师说》是韩愈的一篇著名议论文，有着卓越的见解和很强的现实针对性。在本篇议论文中，作者运用流利畅达的笔触，通过反复论辩，申明了为师的性质与作用，论述了从师的重要意义与正确原则，批评了当时普遍存在的不重师道的不良习俗。此文是为李蟠而作，实际上是借此抨击那些自恃门第高贵、不肯从师学习甚至讥笑别人从师的士大夫阶层，有着鲜明的针砭时弊的作用。作者表明任何人都可以做自己的老师，不应因地位贵贱或年龄差别，就不肯虚心学习。文末并以孔子言行作证，申明求师重道是自古已然的做法，时人实不应背弃古道。文章体现出非凡的勇气和斗争精神，也表现出作者不顾世俗独抒己见的精神，推动了乐于从师善于学习的社会风气。

“道之所存，师之所存也”：

韩愈以儒家道统的继承者自居，他“收召后学”，“抗颜而为师”，目的就是要恢复自孟子后已“失其传”的儒家道统。正因为如此，他把“传道”视为教师最重要也是最基本的任务，“受业”“解惑”都与此有关。“业”即“道之文”，指以“六艺经传”为代表的儒家经典；而“解惑”也是为了“明道”。由此可见，“师道”是贯穿全文的主线，“道之所存，师之所存也”，这个判断就是上述内容的高度概括。

“巫医乐师百工之人，君子不齿，今其智乃反不能及，其可怪也欤”：

有人认为这句话反映了韩愈轻视劳动人民的阶级偏见，但有人认为不能这样看，因为这句话所在的第2段，都是贬斥上层“士大夫之族”，褒扬“巫医乐师百工之人”和“古之圣人”的。“君子不齿”句的主语“君子”，是指韩愈贬斥的上层“士大夫之族”，而不是韩愈自己。韩愈在文章里一再用“君子”“士大夫之族”与“巫医乐师百工之人”“古之圣人”对比，贬前者，褒后者，当然不会把自己列入所谓的君子中，所以“君子不齿”只是对耻于从师的君子的讽刺，而没有对“巫医乐师百工之人”的轻视。

“古之学者必有师。师者，所以传道授业解惑也”：

劈头提出“古之学者必有师”的论断，紧接着概括指出师的作用“传道授业解惑”作为全文立论的出发点和依据。然后句句顶接，推论出“道之所存，师之所存”的观点。同时，一开头郑重提出“古之学者必有师”，就隐然含有对“今之学者”不从师的批判意味，很自然地为第二段埋下了伏笔。

“是故弟子不必不如师，师不必贤于弟子，闻道有先后，术业有专攻，如是而已”：

这一句是在前文已用老师的职能作出了理论论证和用孔子言行作了事实论证之后，顺理成章地得出了进一步的结论。这个结论，是对“道之所存，师之所存”的深化，也是对士大夫之族耻学于师的进一步批判。说明了师生关系是相对的，教与学是可以相长的。这一句由“是故”引出，用“如是而已”结尾，化繁为简，既显见解的深辟透彻，又有一种高瞻远瞩的气势。

（五）元明清时期

本期散文基本上继承发展了唐宋古文运动的精神。明代出现了前后七子的复古派，反对复古的唐宋派，主张性灵的公安派，出现了归有光等散文大家，清代影响最大的是桐城派。

明初的宋濂是“开国文臣之首”，他的一部分传记文很有现实意义，比较著名的作品有《秦士录》《王冕传》《李疑传》等。明中叶以后，针对程朱理学、八股文的束缚，以李梦阳、何景明为首的前七子发起“复古运动”，倡导文必秦汉。他们在对扫荡八股文风起到一定积极作用的同时，又走上了盲目模拟古人的路子。后来的李攀龙、王世贞为代表的“后七子”复古运动，也再一次重复了他们的错误。

归有光等“唐宋派”首先起来反对复古派，进而是万历年间的公安派也加入猛烈抨击拟古主义的队伍。

公安派以袁宗道、袁宏道、袁中道为代表，时称“三袁”，袁宏道最为著名。他们认为不同的时代有不同的文学，因此反对贵古贱今，模拟古人。袁宏道更出于作家的主观要求提出了“性灵说”。公安派的散文创作特点是：冲破传统古文的陈规旧律，自然流露个性，语言不事雕琢。

与公安派存在的同时还有以钟惺、谭元春为代表的竟陵派，他们也主张独抒性灵。

公安派与竟陵派革新的直接产物是晚明大量出现的小品散文，这是传统散文的一个发展，张岱是小品散文作者中比较有成就的一位。他的小品散文题材较广，山水名胜、风俗世情、戏曲技艺乃至古董玩具等等都可以入他的文。他的散文语言清新活泼，形象生动，广览简取，《西湖七月半》《湖心亭看雪》是他的代表作。

明末清初，晚节不保的侯方域的散文取得了较高的艺术成就，代表作有《李姬传》《马伶传》《任源邃传》等。

桐城派古文是清中叶最著名的一个流派，主要作家方苞、刘大櫆、姚鼐都是安徽桐城人，桐城派因此而得名。方苞继承归有光的传统，提出“义法”主张，并使之成为桐城派古文的基本理论。桐城派古文作品选材用语只重阐明立意，而不期堆砌材料，因而文章一般简洁自然，但缺乏生气，代表作品有方苞的《狱中杂记》《左忠毅公逸事》，姚鼐的《登泰山记》等。与桐城派对立存在的是提倡“骈文”的复社作家，汪中是其中成就最大者。

清初有不少成绩突出的散文家，如王猷定、魏禧。王猷定（1599～约1661）的传奇性散文以小说传奇体打破了传统古文写法，代表作有《李一足传》《汤琵琶记》《义虎记》等。魏禧以人物传记最为突出，代表作是《大铁椎传》。

登泰山记

姚 鼐

泰山之阳，汶水西流；其阴，济水东流。阳谷皆入汶，阴谷皆入济。当其南北分者，古长城也。最高日观峰，在长城南十五里。

余以乾隆三十九年十二月，自京师乘风雪，历齐河、长清，穿泰山西北谷，越长城之限，至于泰安。是月丁未，与知府朱孝纯子颍由南麓登。四十五里，道皆砌石为磴，其级七千有余。

泰山正南面有三谷。中谷绕泰安城下，郦道元所谓环水也。余始循以入，道少半，越中岭，复循西谷，遂至其巅。古时登山，循东谷入，道有天门。东谷者，古谓之天门溪水，余所不至也。今所经中岭及山巅崖限当道者，世皆谓之天门云。道中迷雾冰滑，磴几不可登。及既上，苍山负雪，明烛天南；望晚日照城郭，汶水、徂徕如画，而半山居雾若带然。

戊申晦，五鼓，与子颖坐日观亭，待日出。大风扬积雪击面。亭东自足下皆云漫。稍见云中白若樗蒱数十立者，山也。极天云一线异色，须臾成五采。日上，正赤如丹，下有红光，动摇承之。或曰，此东海也。回视日观以西峰，或得日，或否，绛皓驳色，而皆若偻。

亭西有岱祠，又有碧霞元君祠；皇帝行宫在碧霞元君祠东。是日，观道中石刻，自唐显庆以来，其远古刻尽漫失。僻不当道者，皆不及往。

山多石，少土；石苍黑色，多平方，少圜。少杂树，多松，生石罅，皆平顶。冰雪，无瀑水，无鸟兽音迹。至日观数里内无树，而雪与人膝齐。

桐城姚鼐记。

译文：

泰山的南面，汶河向西流去；泰山的北面，济水向东流去。南面山谷的水都流入汶水，北面山谷的水都流入济水。处在那阳谷和阴谷南北分界处的，是古代春秋时期齐国所筑长城的遗址。最高的日观峰，在古长城以南十五里。

我在乾隆三十九年十二月从京城里出发，冒着风雪启程，经过齐河县、长清县，穿过泰山西北面的山谷，跨过长城的城墙，到达泰安。这月28日，我和泰安知府朱孝纯从南边的山脚登山。攀行四十五里远，道路都是石板砌成的石级，那些台阶共有七千多级。泰山正南面

姚　鼐

(1731～1815)，字姬传，一字梦谷，室名惜抱轩（在今桐城中学内），世称惜抱先生、姚惜抱，安徽桐城人。清代著名散文家，与方苞、刘大櫆并称为“桐城三祖”。乾隆二十八年（1763）中进士，任礼部主事、四库全书纂修官等，年才四十，辞官南归，先后主讲于扬州梅花、江南紫阳、南京钟山等地书院四十多年。著有《惜抱轩全集》等，曾编选《古文辞类纂》。

桐城派

我国清代文坛上最大的散文流派，亦称“桐城古文派”，世通称“桐城派”。它以其文统的源远流长，文论的博大精深，著述的丰厚清正，在中国古代文学史上占有显赫地位，是中华民族传统文化中的一座丰碑。戴名世、方苞、刘大櫆、姚鼐被尊为桐城派“四祖”。

有三条水道，其中中谷的水环绕泰安城，这就是郦道元书中所说的环水。我起初顺着中谷进去。沿着小路走了不到一半，翻过中岭。再沿着西边的水道走，就到了泰山的巅顶。古时候登泰山，沿着东边的水道进入，道路中有座天门。这东边的山谷，古时候称它为“天门溪水”，是我没有到过的。现在我经过的中岭和山顶，挡在路上的像门槛一样的山崖，世上人都称它为“天门”。一路上大雾弥漫、冰冻溜滑，石阶几乎无法攀登。等到已经登上山顶，只见青山上覆盖着白雪，雪光照亮了南面的天空。远望夕阳映照着泰安城，汶水、徂徕山就像是一幅美丽的山水画，停留在半山腰处的云雾，又像是一条舞动的飘带似的。

戊申这一天是月底，五更的时候，我和子颖坐在日观亭里，等待日出。这时大风扬起的积雪扑面打来。日观亭东面从脚底往下一片云雾弥漫，依稀可见云中几十个白色的像骰子似的东西，那是山峰。天边的云彩形成一条线呈现出奇异的颜色，一会儿又变成五颜六色的。太阳升上来了，红的像朱砂一样，下面有红光晃动摇荡着托着它。有人说，这是东海。回头看日观峰以西的山峰，有的被日光照到，有的没照到，或红或白，颜色错杂，都像弯腰曲背鞠躬致敬的样子。

日观亭西面有一座东岳大帝庙，又有一座碧霞元君庙。皇帝出外巡行时居住的处所就在碧霞元君庙的东面。这一天，还观看了路上的石刻，都是从唐朝显庆年间以来的，那些更古老的石碑都已经模糊或缺失了。那些偏僻不对着道路的石刻，都赶不上去看了。

山上石头多，泥土少。山石都呈青黑色，大多是平的、方形的，很少有圆形的。杂树很少，多是松树，松树都生长在石头的缝隙里，树顶是平的。冰天雪地，没有瀑布，没有飞鸟走兽的声音和踪迹。日观峰附近几里以内没有树木，积雪厚得同人的膝盖一样平齐。

桐城姚鼐记述。

｜阅读指导｜

《登泰山记》叙述作者偕友人冬日登泰山观日出的经过，生动地表现了雪后初晴的瑰丽景色和日出时的雄浑景象，抒发了作者赞美祖国河山的情怀。文章的基调积极、乐观、豪迈，是清代散文的佳作。

紧扣题目，结构严谨。作者自始至终紧扣“登”这个“目”，本文开始介绍泰山的山水形势，为“登”字作铺垫，寥寥几十字收笔。作为散文，“形散而神不散”是其共同特点，但用这个标准来衡量本文却发现，本文的“形散”是有限度的，无非在取材上较为自由罢了。而本文所取材料一没有离开泰山，二没有离开“登”山，故取材上的散是有限度的。

语言精简，用词生动。这篇文章全文只有八九百字，却充分表现出雪后登山的特殊情趣。比如从京师到泰安，只用“自京师乘风雪，历齐河、长清，穿泰山西北谷，越长城之限，至于泰安”，几个动词用得很好——“乘风雪”的“乘”字，从人身不由己，只能随风雪而行的动作里，渲染了风狂雪紧的隆冬景象和风雪的巨大威力。“自”“历”“穿”“越”“至”几个动词蝉联而下，既吻合描写对象，又充分表现了旅途的艰苦，活画出了作者风尘仆仆的神态，写出了他急于登泰山的浓厚游兴，一字一图，字精意工，并照应了第一段的古长城。又如写登山的情形，用“道中迷雾冰滑，磴几不可登”，不仅简洁，而且生动形象。最后一段介绍泰山的自然景观最能体现这个特点，七句话就描绘了七个画面，就把它的多石、多松、冰雪覆盖的景色描写出来了。

修辞巧妙，手法得当。这篇文章有多处使用比喻和拟人手法，各具特点。比如“苍山负雪，明烛天南”。这是初登山顶时刹那间的感受。作者不言冰雪覆盖青山，却说青山背负着雪，赋予静态的青山以人的动态，用语新颖、传神。进而说苍山上的雪像蜡烛一样照着天南，形象、生动地绘出了积雪的光彩。又如“望晚日照城郭，汶水、徂徕如画，而半山居雾若带然。”这是在山顶上远望和俯视所得的画面。作者纵目远眺，夕阳照耀着泰安城，汶水、徂徕好像自然天成的山水画，而山腰间停留着的云雾好像飘带一般。“半山居雾”，不仅把动态的物写成静态，设喻新奇。再如“回视日观以西峰，或得日，或否，绛皓驳色，而皆若偻。”“或得日，或否”的山峰，色彩各有不同，而神态却是相同的，所谓“皆若偻”。这一比喻，写出了西南诸峰的特点，更显出日观峰的雄峻，且赋予山峰以人的感情，形象而生动。

本文描写景物多是直接描写，但也有采用侧面烘托的办法。例如写泰山的高峻，先用“其级七千有余”暗暗点出，然后借山顶俯视所见“半山居雾”和在日观亭时“足下皆云漫”的图景从侧面加以烘托。又如写雪，除“冰雪”“雪与人膝齐”等正面描写外，又以“明烛天南”“白若”“绛皓驳色”等做侧面烘托，给人以想象，又生动有趣。

二、中国现当代散文

中国现当代散文的发展伴随我们的国家一起，经历了半个多世纪，走过一条曲曲折折的道路，其中有繁荣、有沈寂、甚至也有完全失声的时候。它的每一步消涨起落，都承载着巨大的历史内容，具有审美意义的同时也具有丰富的文化内涵。作家把他所感悟到的生活坦然地、亲切地展示出来，作家心灵世界的真实坦露，使散文对心灵的展示较之其他文体更加痛快淋漓，更加具有审美的意蕴，以下将从散文的“真与美”和“散文的情趣与理趣”两个方面来讲解中国现当代散文。

（一）散文的“真与美”

1. 散文的“真”

法国雕塑家罗丹说过：“艺术家用自己的眼睛去看别人见过的东西，在别人司空见惯的东西上能够发现出美来。”我们看散文也要这样。散文是一个世界，一个可建构的世界，作者即是它的主人，在这里你尽可以深刻思索，也可以尽情遨游，摆脱现实的羁绊和枷锁。让你心情放松，解放自己。和散文对话，我们无须正襟危坐，倒像遇见了老朋友，随便往哪里一站、一坐、一蹲、一躺，就可以聊上半个小时。散文如拉家常似的，是一种天然去雕饰的美和真。真，真感情、真性情、真本色，这就是散文的吸引力。

散文的真主要体现在三个层面：

第一，感情真。感情之真，是散文最基本的特征。散文是一种感发性的文体，作者总是将自己在生活中的真切体验和盘托出，给人以开缄论心之感，仿佛走进了作者那敞开的心灵，听他倾诉衷情，那么纯真如痴、朴素自然。

巴金在《随想录》中曾写下这样一段话：“可能以后还会有读者问起写作的秘诀，以为我藏有万能钥匙。其实我已经在前面交了底。倘使真有所谓秘诀的话，那也只是这样一句：把心交给读者。”尽管他在这里是说“真诚的写作”是一切文学艺术都应该具有的品质，但“把心交给读者”这句话，还是可以拿来作为对散文创作的最好概括：散文就是靠作品中的真感情、真感受来打动读者的，失去了这个“真”，也就失去了散文的“魂”。贾平凹在《关于散文》一文中更把散文的这个“真”强调到了极致，他说：“真情实感在，文章兴；浮艳虚假，文章衰。”

第二，性情真。性情之真，在很大程度上体现了散文的“真”这个重要特点。

我们读散文，仿佛与作者对坐，真犹如孟浩然说的那样，“开轩面场圃，把酒话桑麻”，一切都自自然然，不像读小说，作者的心思藏在文字中；也不像读诗歌，诗人的感受需要细细品味方能知道；更不像看戏剧，故事的发展简直没法捉摸，更不会与你静静谈心。

散文不是这样，读着读着，我们就渐渐把作者看清楚了，他的爱好、趣味、性格、品行，以及他的声音容貌、风度气质，仿佛一股脑儿地涌现在我们脑海里，真实得简直触手可及。幽默风趣的林语堂、孤高激愤的鲁迅、博学深思的钱钟书、安详恬然的冰心，还有狂妄的李敖、儒雅的黄裳、满腹乡愁的余光中、心气难平的龙应台……这一个个鲜活的形象之所以在我们的记忆里如此清晰，在很大程度上就在于散文的这种传达真性情的特点。

第三，本色真。本色之真，这主要是在一个艺术表现技巧和手法的意义上来看散文的“真”。

对于一个试图用散文来书写人生感受和生活体悟的人而言，他应该十分清醒地意识到，一切文学艺术的技巧和手法，不管多么高妙和多么独特，首先都必须服从于把这份感受和体悟真实、自然地表达出来这一原则。所以，散文的作者常常最大限度地放弃他们原本得心应手的表达技巧和手法，努力追求一种不事雕琢、随缘任运的写作状态。当然，这不是否定散文不讲技巧、手法，只是说明，技巧和手法在散文创作中不像在其他文体中那么重要甚至必不可少，而且一旦这些东西影响到作者意思的表达，他们往往宁愿牺牲前者，也要保证后者。和小说、诗歌等其他文体相比，散文可以称得上是一种“本色写作”。在梁先生的《馋》这篇文章中，我们几乎看不到什么复杂的形式上的东西，一切的叙述、描绘都是在一种轻松、自然的状态下进行的，就好似那些“本色”演员的表演。当然，还有一种可能也应该提到，那就是有些散文大家的写作达到了很高的境界，这个时候，他们可以寓技巧于无形之中，使我们不觉得在表面的本色之下，其实还暗藏着高超的艺术手法。然而，即使这样，它也与我们说的散文的真实本色不相矛盾，因为，无论是最大程度的放弃，还是寓高妙于本色之中，一切都归于自然。这就是英国作家伍尔芙所说的：“在一篇散文中里，必须凭借写作的幻术把学问融化起来，使得没有一件事突兀而出，没有一条教义撕裂作品的结构表面。”所以，相对于那些在文末点题、在结尾升华的散文而言，从文本的漫不经心中发现作者的匠心独运，更值得我们重视。丰子恺先生就曾指出，“随笔不能随便”，他说，动笔的时候提心吊胆，思前想后，脑筋里仿佛有一根线盘旋着。直到脱稿之后，直到推敲完毕之后，这根线方才从脑筋里取出。

因此，在阅读散文时，这种感情之真、性情之真、本色之真，在很多时候，并不是直截了当呈现在我们眼前的，它们融化在字里行间。这个时候，如果你的视线只是停留在表面的文字上，没有用心去想象、去体会、去思考，你常常会失望于它的平淡与乏味，觉得它们远没有那种在一番优美动人的文字描写后，便进行画龙点睛的文章来得明确与果断。其实，这显然是我们的一种误解。明确与果断固然是散文的一种写法，然而，将个体的感情、思想、喜好等，隐藏于文本中，用散文的“真本色”来笼罩散文的“真感情”和“真性情”，这样的文学读来更是“别有一番滋味在心头”。我们读散文，仿佛与作者对坐，真有如孟浩然说的那样，“开轩面场圃，把酒话桑麻”，一切都自自然然，不像读小说，是在和虚构的人物打交道，作者的心思藏在文字中；也不像读诗歌，眼中只见精美的意象，诗人的感受和心情需要细细品味方能知道；更不像看戏剧，剧作家的内心想法简直没法捉摸，因为它压根儿就不是想和你谈心。

《可爱的中国》

节　选

方志敏

朋友！中国是生育我们的母亲。你们觉得这位母亲可爱吗？我想你们是和我一样的见解，都觉得这位母亲是蛮可爱蛮可爱的。以言气候，中国处于温带，不十分热，也不十分冷，好像我们母亲的体温，不高不低，最适宜于孩儿们的偎依。以言国土，中国土地广大，纵横万数千里，好像我们的母亲是一个身体魁大、胸宽背阔的妇人，不像日本姑娘那样苗条瘦小。中国许多有名的崇山大岭，长江巨河，以及大小湖泊，岂不象征着我们母亲丰满坚实的肥肤上之健美的肉纹和肉窝？中国土地的生产力是无限的；地底蕴藏着未开发的宝藏也是无限的；废置而未曾利用起来的天然力，更是无限的；这又岂不象征着我们的母亲，保有着无穷的乳汁，无穷的力量，以养育她四万万七千万的孩儿？我想世界上再没有比她养得更多的孩子的母亲吧。至于说到中国天然风景的美丽，我可以说，不但是雄巍的峨眉，妩媚的西湖，幽雅的雁荡，与夫“秀丽甲天下”的桂林山水，可以傲睨一世，令人称美；其实中国是无地不美，到处皆景，自城市以至乡村，一山一水，一丘一壑，只要稍加修饰和培植，都可以成流连难舍的胜景；这好像我们的母亲，她是一个天资玉质的美人，她的身体的每一部分，都有令人爱慕之美。中国海岸线之长而且弯曲，照现代艺术家说来，这象征我们母亲富有曲线之美吧。咳！母亲！美丽的母亲，可爱的母亲，只因你受着人家的压榨和剥削，弄成贫穷已极；不但不能买一件新的好看的衣服，把你自己装饰起来；甚至不能买块香皂将你全身洗擦洗擦，以致现出怪难看的一种憔悴褴褛和污秽不洁的形容来！啊！我们的母亲太可怜了，一个天生的丽人，现在却变成叫化的婆子！站在欧洲、美洲各位华贵的太太面前，固然是深愧不如，就是站在那日本小姑娘面前，也自惭形秽得很呢！

听着！朋友！母亲躲到一边去哭泣了，哭得伤心得很呀！她似乎在骂着："难道我四万万七千万的孩子，都是白生了吗？难道他们真像着了魔的狮子，一天到晚的睡着不醒吗？难道他们不知道自己伟大的团结力量，去与残害母亲、剥削母亲的敌人斗争吗？难道他们不想将母亲从敌人手里救出来，把母亲也装饰起来，成为世界上一个最出色、最美丽、最令人尊敬的母亲吗？"朋友，听到没有母亲哀痛的哭骂？是的，是的，母亲骂得对，十分对！我们不能怪母亲好哭，只怪得我们之中出了败类，自己压制自己，眼睁睁地望着我们这位挺慈祥美丽的母亲，受着许多无谓的屈辱，和残暴的蹂躏！这真是我们做孩子们的不是了，简直连一位母亲都爱护不住了！

……

朋友，从崩溃毁灭中，救出中国来，从帝国主义恶魔生吞活剥下，救出我们垂死的母亲来，这是刻不容缓的了。但是，到底怎样去救呢？是不是由我们同胞中，选出几个最会做文章的人，写上一篇十分娓娓动听的文告或书信，去劝告那些恶魔停止侵略呢？还是挑选几个最会演说、最长于外交辞令的人，去向他们游说，说动他们的良心，自动地放下屠刀不再宰割中国呢？抑或挑选一些顶善哭泣的人，组成哭泣团，到他们面前去，长跪不起，哭个七日七夜，哭动他们的慈心，从中国撤手回去呢？再或者……我想不讲了，这些都不会丝毫有效的。哀求帝国主义不侵略和灭亡中国，那岂不等于哀求老虎不吃肉？那是再可笑也没有了。我想，欲求中国民族的独立解放，绝不是哀告、跪求哭泣所能济事，而是唤起全国民众起来斗争，都手执武器，去与帝国主义进行神圣的民族革命战争，将他们打出中国去，这才是中国惟一的出路，也是我们救母亲的惟一方法，朋友，你们说对不对呢？

……

不错，目前的中国，固然是江山破碎，国弊民穷，但谁能断言，中国没有一个光明的前途呢？不，决不会的，我们相信，中国一定有个可赞美的光明前途。中国民族在很早以前，就造起了一座万里长城和开凿了几千里的运河，这就证明中国民族伟大无比的创造力！中国在战斗之中一旦斩去了帝国主义的锁链，肃清自己阵线内的汉奸卖国贼，得到了自由与解放，这种创造力，将会无限地发挥出来。到那时，中国的面貌将会被我们改造一新。所有贫穷和灾荒，混乱和仇杀，饥饿和寒冷，疾病和瘟疫，迷信和愚昧，以及那慢性的杀灭中国民族的鸦片毒物，这些等等都是帝国主义带给我们的可憎的赠品，将来也要随着帝国主义的赶走而离去中国了。朋友，我相信，到那时，到处都是活跃跃的创造，到处都是日新月异的进步，欢歌将代替了悲叹，笑脸将代替了哭脸，富裕将代替了贫穷，康健将代替了疾苦，智慧将代替了愚昧，友爱将代替了仇杀，生之快乐将代替了死之悲哀，明媚的花园，将代替了凄凉的荒地！这时，我们民族就可以无愧色地立在人类的面前，而生育我们的母亲，也会最美丽地装饰起来，与世界上各位母亲平等地携手了。

这么光荣的一天，决不在遥远的将来，而在很近的将来，我们可以这样相信的，朋友！

｜阅读指导｜

《可爱的中国》是方志敏的著名散文，也是他的遗作，写于1935年的狱中。在这篇文章里表达了作者对祖国的热爱和愧疚，是典型的真感性、性情的体现，同时也是以方志敏为代表的那一代革命党人真性情的体现。

作者以亲身经历概括了中国从“五四”运动到第二次国内革命战争以来的悲惨历史，愤怒地控诉了帝国主义肆意欺侮中国人民的种种罪行。他满怀爱国主义激情，象征性地把祖国比喻为“生育我们的母亲”，吸她的血液，汉奸军阀帮助恶魔杀害自己的母亲。作者高声疾呼：“母亲快要死去了……救救母亲呀!”他指出挽救祖国的“唯一出路”就是进行武装斗争，论证“中国是有自救的力量的”，坚信中华民族必能从战斗中获救。并在篇末展示了中国革命的光明前景，描绘出革命后祖国未来的美好幸福的景象，表现了强烈的民族自信心。

在这篇文章里，方志敏把自己深深的爱倾注在了对满目疮痍的中国的希冀之中，他爱祖国，并暗自决心用自己力量拯救自己祖国，“眼睁睁地望着我们这位挺慈祥美丽的母亲，受着许多无谓的屈辱和残暴的蹂躏！这真是我们做孩子们的不是了，简直连一位母亲都爱护不住了!”方志敏为着这美丽而被蹂躏的中国，从心底发出拯救祖国的呼声：“亲爱的朋友们，不要悲观，不要畏馁，要奋斗！要持久的艰苦的奋斗！把各人所有的智慧才能，都提供于民族的拯救吧！无论如何，我们决不能让伟大的可爱的中国，灭亡于帝国主义的肮脏的手里。”

方志敏的共产主义信仰，以毛泽东为领导的中国共产党在1949年彻底地实现了，历经三代中国共产党的领导核心带领全国各族人民的共同努力，社会主义的中国正进入全面建设小康阶段。在这一建设阶段，除特殊情况外只需付出我们的智慧和汗水，我们更应该继承以方志敏为代表的体现中华民族灵魂的志士那样，像他们那样把住清贫和信仰，一直毫不动摇地走下去，努力建设我们美丽富强的国家。

真诚相待

林清玄

我去民权东路的殡仪馆参加一个朋友的葬礼。最后的仪式是绕着朋友的棺木瞻仰他的遗容。看着朋友安详的脸，想到去世前他因病而极端痛苦的样子，现在他终于解脱了，我减少了忧伤的情绪，感到有一点安慰了。

走出殡仪馆，我想到今后再也不能和朋友一起喝咖啡谈笑，想到生命的短促无常，我深深地吸了一口气，告诉自己："好好地来呼吸一口新鲜空气吧！因为百年后再也吸不到了。"就觉得空气特别香甜。

然后，我步行到与朋友去过的亚都饭店喝咖啡，在那优美的欧式咖啡厅里，我端起咖啡，对自己说："好好地品味这杯咖啡吧！因为百年后就喝不到了。"这样想，觉得那咖啡特别的香甜。

喝完咖啡，我沿着民权东路向东走回家。走过了大家都不想进去、最后不得不进去的殡仪馆。

走过了大家都在求财富、求姻缘、求子嗣的思主公庙，香火鼎盛，可以看到人间永不满足的欲求。

走过了几家妇产科的医院，仿佛听到新生儿恐慌面对人间的啼哭声。

走过了广大的荣星花园，看到几对情侣在那里谈情说爱，一对新婚夫妻在拍新婚的照片。

呀！生老病死的历程是多么短暂，在民权东路一千米就走完了，我们的人生不就是这样地在演出吗？

让我们更真诚地相待吧！因为我们的人生难得，因缘难遇！

让我们对父母多一点孝心，因为百年后只会剩下怀念。

让我们更真诚地对待妻子或丈夫，因为百年后就不能携手散

林清玄

1953年出生，笔名：秦情、侠安、晴轩、远亭等。台湾高雄人，当代著名作家、散文家、诗人、学者。著有散文《查塔卡的杜鹃》。他是台湾作家中最高产的一位，也是获得各类文学奖最多的一位，也被誉为"当代散文八大作家"之一。

林风眠　舞

步了。

让我们更珍惜儿女的成长，因为百年后要拥抱他们就不可得了。让我们在每一个相会，每一个因缘里，都能全心地付出与容人，都能无私地感谢和奉献。

每一刻相待都是最真诚的相待。

因为，因为，百年后，这些都不可得了！

| 阅读指导 |

相信每一个读了这篇文章的读者都会发出这样的感叹：人与人之间是应该真诚相待！不论是对待父母、儿女、朋友……毕竟“我们的人生难得，因缘难遇”！否则，都只能是“空悲切”，“因为，因为，百年后，这些都不可得了”！所以，“让我们在每一个相会，每一个因缘里，都能全心地付出与融入，都能无私地感谢和奉献”。

作者为了让事实来证明自己的观点与感悟，他选择了几个有代表性的场所进行了铺排：由“殡仪馆”想到了“生命的短促无常，深深地吸了一口气”，告诉自己：“好好地来呼吸一口新鲜空气吧！因为百年后再也吸不到了。就觉得空气特别香甜。”这就是提醒人们，要在当下活出生命的质量，享受生活本应有的滋味，否则，会后悔终生的；由“喝咖啡”，又想到了要“好好地品味这杯咖啡吧！因为百年后就喝不到了”。“这样想”，便“觉得那咖啡特别地香甜”，令人回味无穷！

还有“思主公庙”“妇产科的医院”“荣星花园”……这就是人的一生全部的生命轨迹，“我们的人生不就是这样地在演出吗？”此反问句，以无可置疑的口吻，教导我们“对父母多一点孝心，因为百年后只会剩下怀念。更真诚地对待妻子或丈夫，因为百年后就不能携手散步了。更珍惜儿女的成长，因为百年后要拥抱他们就不可得了。”

像自言自语，又如促膝相谈，这就是林清玄的散文留给我们的一个挥之不去的“背影”！

2. 散文的“美”

散文的“真”，和散文的“美”对应着。“真”，是“美”的源泉，“美”，则是“真”的提升。情感之真、性情之真、本色之真，就对应着散文的朴素之美、理趣之美和文辞之美。散文，就是“美文”。

散文的美主要体现在三个层面：

朴素之美。优秀的散文，常常于简单中见出张力，于素朴中见出丰厚。因此，散文的朴素之美，在表象上指的是它的行文流畅自然，手法寓于无形，结构不故作奇崛，文字多文从字顺；在深层则指的是它对中国传统的文学境界的追求，那就是用最少的笔墨、最简单的文字、最随意的表达，去营造出最丰厚、最耐人寻味的艺术空间。认识到这一点，对我们更好地欣赏散文，具有重要的意义。从这个意义上来说，“美文”绝非仅仅意味着华丽的辞藻和手法，离开了思想的深度和力度，“华丽”就成了“华而不实”的代名词。

文辞之美。散文的语言，讲求自然、流畅、生动、有趣，但是，我们在阅读中千万不可认为，这就是它的全部。正像前面在谈散文的理趣之美时说的那样，它的语言也存在着一个表象和深层的问题。在语言的自然、流畅、生动、有趣之下，还应该看到真正的散文家是不会简单满足于此的。“言有尽而意无穷”，不仅是中国古典诗歌追求的境界，也是作家和读者对散文语言的向往。

对于热爱散文的人来说，究竟是它的真感情、真性情、真本色感动了我们，使我们出发去探寻它的美呢，抑或是，它的质朴之美、理趣之美、文辞之美引诱了我们，让我们乐意去求索它的真呢？这，或许真是一个无法回答的问题。

散文语言一方面要讲究文法，另一方面还要尽可能朴实自然，更接近口语。

散文的写景要出色，叙事要生动，抒情要感人，说理也要情理相依，富于机趣，总之，散文要在自然朴实的语言中见出诗意、情趣。

理趣之美。散文的“理”，是以“趣”的方式体现的。理趣之美指散文艺术地传达出来的深刻而耐人寻味的哲理感悟，也即散文的哲理性。作者将自己对于人生体验的哲理感悟，借助文采斐然、富于情趣的诗意文字传达出来，才成其为散文的“理趣”，也才能使读者在为作家的奇思妙想或真知灼见所折服的同时，获得文学阅读必不可少的美的愉悦。

妙趣横生的文章，并非只是使人一笑了之，细细体会，有些地方发人深省。比如，远离家乡，天天想念着北平的羊头肉，等到终于有一天得偿所愿，又感觉不过尔尔；比如，小时候难得一吃，至今仍在心中留下不可磨灭印象的糯米藕，现在却不复想念（《馋》）。联系到我们自己的感受，再扩大至更广的人生领域，这“趣”中的“理”，让人回味。

钱钟书先生在《窗》中写道：

门许我们追求，表示欲望，窗子许我们占领，表示享受。这个分别，不但是住在屋里的人的看法，有时也适用于屋外的来人。一个外来者，打门请进，有所要求，有所询问，他至多是个客人，一切要等主人来决定。反过来说，一个钻窗子进来的人，不管是偷东西还是偷情，早已决心来替你做个暂时的主人，顾不到你的欢迎和拒绝了。

宗璞先生在《我爱燕园》中写道：

绿草间随意涂抹的二月兰，是值得大书特书的。那是野生的花，浅紫掺着乳白，仿佛有一层亮光从花中漾出，随着轻拂的微风起伏跳动，充满了新鲜，充满了活力，充满了生机。简直让人不忍走开。紫色经过各种变迁，最后便是藤萝。藤萝的紫色较凝重，也有淡淡的光，在绿叶间缓缓流泻，这时便不免惊悟，春天已老。

这就是趣味和哲理的有机统一。谈的是我们司空见惯以致熟视无睹的东西，说出的又是我们未曾思考，或者，无暇思考的哲理，活泼、轻松、灵动，但又非仅此而已。因为，“没有在生活中独特的感受和发现，散文一个字也不敢写”。所以，在鉴赏活动中，对散文的理趣，我们显然不可简而化之，随便放过。

丰子恺

（1898～1975），原名丰润，字子恺，浙江省嘉兴市桐乡市石门镇人。是我国现代受人敬仰的漫画家和散文家。丰子恺诗书绘画皆有所成，以中西融合画法创作漫画以及散文而著名。著有画集《子恺漫画》。散文集《缘缘堂随笔》《辞缘缘堂》《缘缘堂再笔》《护生画集》等。

我爸爸丰子恺去世已三十多年。他的画大多数创作于二十年代至四十年代。即使是画给儿童看的画，恐怕如今的儿童也不一定全懂，所以一幅幅作解释看来有此必要。这就是出版这本书的目的。

——丰子恺幼女丰一吟

忆儿时

丰子恺

1

我回忆儿时，有三件不能忘却的事。

第一件是养蚕。那是我五六岁时、我祖母在日的事。我祖母是一个豪爽而善于享乐的人，良辰佳节不肯轻轻放过。养蚕也每年大规模地举行。其实，我长大后才晓得，祖母的养蚕并非专为图利，时贵的年头常要蚀本，然而她喜欢这暮春的点缀，故每年大规模地举行。我所喜欢的，最初是蚕落地铺。那时我们的三开间的厅上、地上统是蚕，架着经纬的跳板，以便通行及饲叶。蒋五伯挑了担到地里去采叶，我与诸姐跟了去，去吃桑葚。蚕落地铺的时候，桑葚已很紫而甜了，比杨梅好吃得多。我们吃饱之后，又用一张大叶做一只碗，来了一碗桑葚，跟了蒋五伯回来。蒋五伯饲蚕，我就以走跳板为戏乐，常常失足翻落地铺里，压死许多蚕宝宝，祖母忙喊蒋五伯抱我起来，不许我再走。然而这满屋的跳板，像棋盘街一样，又很低，走起来一点也不怕，真是有趣。这真是一年一度的难得的乐事！所以虽然祖母禁止，我总是每天要去走。

蚕上山之后，全家静静守护，那时不许小孩子们噪了，我暂时感到沉闷。然而过了几天，采茧，做丝，热闹的空气又浓起来了。我们每年照例请牛桥头七娘娘来做丝。蒋五伯每天买枇杷和软糕来给采茧、做丝、烧火的人吃。大家认为现在是辛苦而有希望的时候，应该享受这点心，都不客气地取食。我也无功受禄地天天吃多量的枇杷与软糕，这又是乐事。

七娘娘做丝休息的时候，捧了水烟筒，伸出她左手上的短少半段的小指给我看，对我说：做丝的时候，丝车后面，是万万不可走近去的。她的小指，便是小时候不留心被丝车轴棒轧脱的。她又说："小囝囝不可走近丝车后面去，只管坐在我身旁，吃枇杷，吃软糕。还有做丝做出来的蚕蛹，叫妈妈油炒一炒，真好吃哩！"然而我始终不要吃蚕蛹，大概是我爸爸和诸姐都不要吃的原故。我所乐的，只是那时候家里的非常的空气。日常固定不动的堂窗、长台、八仙椅子，都收拾去，而变成不常见的丝车、匾、缸。又不断地公然地可以吃小食。

丝做好后，蒋五伯口中唱着"要吃枇杷，来年蚕罢"，收拾丝车，恢复一切陈设。我感到一种兴尽的寂寥。然而对于这种变换，倒也觉得新奇而有趣。

现在我回忆这儿时的事，常常使我神往！祖母、蒋五伯、七娘娘和诸姐都像童话里、戏剧里的人物了。且在我看来，他们当时这剧的主人公便是我。何等甜美的回忆！只是这剧的题材，现在我仔细想想觉得不好：养蚕做丝，在生计上原是幸福的，然其本身是数万的生灵的杀虐！《西青散记》里面有两句仙人的诗句：

《护生画集》

这是丰子恺先生漫画风格的代表作品。丰子恺遵弘一法师嘱，从 1929 年弘一法师50 岁起，每十年作一集，各为50 幅、60 幅、70 幅、80 幅、90 幅和 100 幅，与弘一法师年龄同长。这部画集从开始作画到全部完成，长达46 年。画集共 450 幅作品，由丰子恺先生作画，第一、二集的文字为弘一法师书写，第三集为叶恭绰书写，朱幼兰书写第四和第六集、虞愚书写第五集。画集除了采用古文、古诗词中的句子、弘一大师所撰的诗文之外，其余为子恺先生所作。画集中特别收入马一浮亲笔书写、夏丏尊撰写的推荐序言。所谓"护生"，实际是在"护心"，要"去除残忍心，长养慈悲心，然后拿此心来待人处世"，这种爱生敬养的思想对现世亦有一定的积极意义。《护生画集》是佛教界、文艺界诸位先贤、大师们绝世合作的结晶，堪称艺术文化之精品，其意义早已超出佛学，在诗、文、书、画等方面都有其特殊的艺术地位。

“自织藕丝衫子嫩，可怜辛苦赦春蚕。”安得人间也发明织藕丝的丝车，而尽赦天下的春蚕的性命！

我七岁上祖母死了，我家不复养蚕。不久父亲与诸姐弟相继死亡，家道衰落了，我的幸福的儿时也过去了。因此这回忆面使我永远神往，一面又使我永远忏悔。

2

第二件不能忘却的事，是父亲的中秋赏月，而赏月之乐的中心，在于吃蟹。

我的父亲中了举人之后，科举就废，他无事在家，每天吃酒，看书。他不要吃羊、牛、猪肉，而喜欢吃鱼、虾之类。而对于蟹，尤其喜欢。自七八月起直到冬天，父亲平日的晚酌规定吃一只蟹，一碗隔壁豆腐店里买来的开锅热豆腐干。他的晚酌，时间总在黄昏。八仙桌上一盏洋油灯，一把紫砂酒壶，一只盛热豆腐干的碎瓷盖碗，一把水烟筒，一本书，桌子角上一只端坐的老猫，我脑中这印象非常深刻，到现在还可以清楚地浮现出来，我在旁边看，有时他给我一只蟹脚或半块豆腐干。然我喜欢蟹脚。蟹的味道真好，我们五个姊妹兄弟，都喜欢吃，也是为了父亲喜欢吃的缘故。只有母亲与我们相反，喜欢吃肉，而不喜欢又不会吃蟹，吃的时候常常被蟹螯上的刺刺开手指，出血；而且抉剔得很不干净，父亲常常说她是外行。父亲说：吃蟹是风雅的事，吃法也要内行才懂得。先折蟹脚，后开蟹斗……脚上的拳头（即关节）里的肉怎样可以吃干净，脐里的肉怎样可以剔出……脚爪可以当作剔肉的针……蟹整上的骨头可以拼成一只很好看的蝴蝶……父亲吃蟹真是内行，吃得非常干净。所以陈妈妈说：“老爷吃下来的蟹壳，真是蟹壳。”

蟹的储藏所，就在天井角落里的缸里，经常总养着十来只。到了七夕、七月半、中秋、重阳等节候上，缸里的蟹就满了，那时我们都有得吃，而且每人得吃一大只，或一只半。尤其是中秋一天，兴致更浓。在深黄昏，移桌子到隔壁的白场上的月光下面去吃。更深人静，明月底下只有我们一家的人，恰好围成一桌，此外只有一个供差使的红英坐在旁边。大家谈笑，看月亮，他们——父亲和诸姐——直到月落时光，我则半途睡去，与父亲和诸姐不分而散。

这原是为了父亲嗜蟹，以吃蟹为中心而举行的。故这种夜宴，不仅限于中秋，有蟹的节季里的月夜，无端也要举行数次。不过不是良辰佳节，我们少吃一点，有时两人分吃一只。我们都学父亲，剥得很精细，剥出来的肉不是立刻吃的，都积受在蟹斗里，剥完之后，放一点姜醋，拌一拌，就作为下饭的菜，此外没有别的菜了。因为父亲吃菜是很省的，而且他说蟹是至味，吃蟹时混吃别的菜肴，是乏味的。我们也学他，半蟹斗的蟹肉，过两碗饭还有余，就可得父亲的称赞，又可以白口吃下余多的蟹肉，所以大家都勉励节省。现在回想那时候，半条蟹腿肉要过两大口饭，这滋味真好！自父亲死了以后，我不曾再尝这种好滋味。现在，我已经自己做父亲，况且已经茹素，当然永远不会再尝这滋味了。唉！儿时欢乐，何等使我神往！

然而这一剧的题材，仍是生灵的杀虐！因此这回忆一面使我永远神往，一面又使我永远忏悔。

3

第三件不能忘却的事，是与隔壁豆腐店里的王囡囡的交游，而这交游的中心，在于钓鱼。

那是我十二三岁时的事，隔壁豆腐店里的王囡囡是当时我的小伴侣中的大阿哥。他是独子，他的母亲、祖母和大伯，都很疼爱他，给他很多的钱和玩具，而且每天放任他在外游玩。他家与我家贴邻而居。我家的人们每天赴市，必须经过他家的豆腐店的门口，两家的人们朝夕相见，互相来往。小孩们也朝夕相见，互相来往。此夕阳家对于我家似乎还有一种邻人以上的深切的交谊，故他家的人对于我特别要好，他的祖母常常拿自产的豆腐干、豆腐衣等来送给我父亲下酒。同时在小侣伴中，王囡囡也特别和我要好。他的年纪比我大，气力比我好，生活比我丰富，我们一道游玩的时候，他时时引导我，照顾我，犹似长兄对于幼弟。我们有时就在我家的染坊店里的榻上玩耍，有时相偕出游。他的祖母每次看见我俩一同玩耍，必叮嘱囡囡好好看待我，勿要相骂。我听人说，他家似乎曾经患难，而我父亲曾经帮他们忙，所以他家大人们吩咐王囡囡照应我。

我起初不会钓鱼，是王囡囡教我的。他叫他大伯买两副钓竿，一副送我，一副他自己用。他到米桶里去捉许多米虫，浸在盛水的罐头里，领了我到木场桥头去钓鱼。他教给我看，先捉起一个米虫来，把钓钩由虫尾穿进，直穿到头部。然后放下水去。他又说："浮珠一动，你要立刻拉，那么钩子钩住鱼的颚，鱼就逃不脱。"我照他所教的试验，果然第一天钓了十几头白条，然而都是他帮我拉钓竿的。

第二天，他手里拿了半罐头扑杀的花蝇，又来约我去钓鱼。途中他对我说："不一定是米虫，用苍蝉钓鱼更好。鱼喜欢吃苍蝇！"这一天我们钓了一小桶各种的鱼。回家的时候，他把鱼桶送到我家里，说他不要。我母亲就叫红英去煎一煎，给我下晚饭。

自此以后，我只管欢喜钓鱼。不一定要王囡囡陪去，自己一人也去钓，又学得了掘蚯蚓来钓鱼的方法。而且钓来的鱼，不仅够自己下晚饭，还可送给店里的人吃，或给猫吃。我记得这时候我的热心钓鱼，不仅出于游戏欲，又有几分功利的兴味在内。有三四个夏季，我热心于钓鱼，给母亲省了不少的菜蔬钱。

后来我长大了，赴他乡入学，不复有钓鱼的工夫。但在书中常常读到赞咏钓鱼的文句，例如什么“独钓寒江雪”，什么“渔樵度此身”，才知道钓鱼原来是很风雅的事。后来又晓得有所谓“游钓之地”的美名称，是形容人的故乡的。我大受其煽惑，为之大发牢骚：我想“钓鱼确是雅的，我的故乡，确是我的游钓之地，确是可怀的故乡。”但是现在想想，不幸而这题材也是生灵的杀虐！

我的黄金时代很短，可怀念的又只有这三件事。不幸而都是杀生取乐，都使我永远忏悔。

| 阅读指导 |

《忆儿时》一文，若从形式论，无华丽之辞藻；从内容论，无跌宕之情节。文中就写了三件事：养蚕、吃蟹、钓鱼，皆是日常生活之小事，且描写朴素，初读还略有些涩涩的感觉，一如那颗被丢掉的橄榄，然细细想来，品味中留下的是深深的感动。

“我回忆儿时，有三件不能忘却的事。”寥寥数语、未经雕饰、朴实无华，这样的开头，没了惯常的华美语言的铺垫，似乎有些突兀，然就是这几个字，即可见丰子恺先生的为文与为人——率真而朴拙。丰子恺喜欢儿童，喜欢他们的真诚，由衷地爱他们。“由于‘热爱’和‘亲近’，我深深地体会了孩子们的心理，发现了一个和成人世界完全不同的儿童世界。儿童富有感情，却缺乏理智；儿童富有欲望，而不能抑制……成人们笑他们‘傻’，称他们的生活为‘儿戏’，常常骂他们‘淘气’，禁止他们‘吵闹’。这是成人的主观主义看法，是不理解儿童心理的人的粗暴态度。我能热爱他们，亲近他们，因此能深深地理解他们的心理。”因着这种爱，丰先生有许多表现儿童回忆儿时的作品，《忆儿时》一文就是这样的作品。而他自己亦是难得保有一颗童心，一生追求真善美，成为日本学者所说的“现代中国最像艺术家的艺术家”。因为他具有一个真正艺术家应该具有的品质，即“真率”。其文如人，其人如文，文人合一，难能可贵。

（二）散文的情趣与理趣

从中外散文的发展情况看，大体说来，是先有说理和叙事散文，这是因为最早的散文，往往是哲学作品和记载史实的，随后才出现抒情性的散文和写景散文。当然，在说理散文中，常常出现抒情强烈的片断，而更重要的是，即使是哲理散文，若同时被视为文学作品，其字里行间必然浸润着感情。而抒情散文中，又往往出现生动的、深刻的、新颖的议论。抒情散文乃至说理散文中，都会出现种种情趣与理趣。

1. 散文的情趣

大凡优秀的散文作品，或者以浓郁的诗情画意陶冶人的性情，感染人的情绪；或者以深刻的人生哲理，促人思索，给人启迪。

散文的本质特征是“情趣”，这是散文的“质”。就像议论文的写作目的是“以理服人”一样，散文也有自己的写作目的，那就是“动人”。散文中有相当一部分是用来抒情的。这一类散文中，作者将自己的情感寄寓于叙写的对象之中，借助写景叙事，随事兴感，因景写情，在诗情的抒发中将人带入诗美的境界，使散文具有了诗的特质。

以我们初高中语文教材里的散文为例，《我的空中楼阁》的情趣之美在于人与自然的诗意和谐，《荷塘月色》的情趣之美在于特定环境下情与景的悄然融合，《灯》的情趣之美在于灯光带给人的奇特的精神力量，而《世间最美的坟墓》的情趣之美在于隐藏在平凡下的伟大的不凡带给人的崇高的心灵震撼。

那么，偏重于记人叙事的散文怎样表现出情趣呢？这里要说的就是生活的情趣。什么是生活情趣呢？所谓的生活情趣，就是对现实生活的真实面目的反映。现实生活中一切合乎情理的东西，如情节、细节等，即现实生活中一切具有真善美因素的东西，只要能够如实地诉诸笔端，就富有生活气息，就能感动人。也就是说，只要如实反映了现实生活中具有真善美因素的对象，又倾注了自己的真实情感，两者结合，写出的散文，就能给人以思想上的启迪、情感上的陶冶和艺术上的享受。这就是生活情趣。

散文中所反映的生活情趣，首先表现在作者真实反映了现实生活，并赋予了自己的真情实感。鲁迅的散文《藤野先生》所表现的是作者和先生的友谊，全文并没有华丽的词语，而只是把自己和先生的交往真实地置于一个大的环境背景中，读起来感人至深。散文中所表现出来的生活情趣，还表现为对善的弘扬。比如鲁迅的《阿长与〈山海经〉》一文，以孩提的心理写长妈妈的情形，写其可爱与可厌，十分逼真。尤其是关于《山海经》的一段文字，更体现了这一点：“大概是太过于念念不忘了，连阿长也来问嘴《山海经》是怎么回事。”“过了十多天，或者一个月罢，我还很记得，是她告假回家后的四五天，她穿着新的蓝布衫回来了，一见面就把一包书递给我高兴地说：‘哥儿，有画的三哼经我给你买回来了’。我似乎遇到了一个霹雳，全体都震悚起来，赶紧去接过来，是四本小小的书，略略一翻，人面的兽，九头的蛇，……果然都在内。”“这四本书，乃是我最初得到，最为心爱的宝书。”在这里，长妈妈那善良的充满仁爱的心理，我得书后的欣喜之情，溢于言表，情趣跃然纸上。

散文中的情趣，还表现为对一切美的颂扬。这里的美，主要是指人类的情感美。朱自清的散文《背影》一文，主要写父亲为自己买橘子这一行为，来表现父子之情。全篇用白描的手法，抓住背影这一特殊角度，读来令人凄然泪下：“走过那边月台，须穿过铁道，须跳下去又爬上去。父亲是一个胖子，走过去自然要费些事。我本来要去，他不肯，只好让他去。我看见他戴着黑布小帽，穿着黑布大马褂，深青布棉袍，蹒跚地走过铁道边，慢慢探下身去，尚不大难。可是他穿过铁道，要爬上那边月台，就不容易了。他用两手攀着上面，两脚再向上缩；他肥胖的身子向左微斜，显出努力的样子。这时我看见他的背影，我的眼泪很快流下来了。我赶紧拭干了泪，怕他看见，也怕别人看见。我再向外看时，他已抱了朱红的橘子往回走了……”

试想一下，如果作品失去了这些情趣之光，还能吸引读者么？由此我们不难理解，情趣就是散文的核心，是灵魂，是立文之根。

2. 散文的理趣

散文中的理趣是格外丰富的，它既表现为雄辩，又表现为机智、诙谐、警策、激动、博识以及说理时或者又表现为心平气和之美和趣味。培根有一篇题为《论律师》的说理散文。引其开头的几句话：

> 为人打官司是伤天害理之事。虽然律师有时也可以主持正义。但律师承包案件绝非出于对你的同情，而只是为从你的官司中谋利。

此作当然不是培根的最佳之作。但作为说理文章的大家，他的这篇并不显眼的文章中的理趣，却综合了诸如见解精到、揭人短处不留情面以及态度强硬等“趣味”。

有些散文中出现的趣味，有时难说是情趣，也难说是理趣。它出现于散文中，好像是一种人间的特殊趣味。这里所说的这种特殊趣味，又好像往往出现于游记散文中。譬如《徐霞客游记》中记风土、民俗以及各种人文景观者，往往出现一种吸引人的特殊趣味，即其用某种“闲笔”记述诸如一些异草珍兽者，亦往往出现这种特殊趣味。

随举一例：白云山中玄色白色诸猴，每六六成行，轮朝寺下（据僧言如此，余早晚只闻其声）。又有菌甚美，大者出龙潭后深箐林木间，玉质花腴，盘朵径尺，即天花菜也。又有小者名八担柴，主人呼为茅枣，云南甚多。这是他在《黔游日记》中随手记下的贵州深山猴子以及菌类的文字，不是另有一种难言的趣味吗?

无论说理、叙情、记事，其所传达之消息能自然成趣者，这往往是散文作品的一种成熟标志。

为自己减刑

余秋雨

一位朋友几年前进了监狱。有一次我应邀到监狱为犯人们演讲，没有见到他，就请监狱长带给他一张纸条，上面写了一句话：“平日都忙，你现在终于获得了学好一门外语的上好机会。”

几年后我接到一个兴高采烈的电话：“嘿，我出来了!”我一听是他，便问：“外语学好了吗?”他说：“我带出来一部六十万字的译稿，准备出版。”

他是刑满释放的，但我相信他是为自己大大地减了刑。茨威格在《象棋的故事》里写一个被囚禁的人无所事事时度日如年，而获得一本棋谱后日子过得飞快。外语就是我这位朋友的棋谱，轻松愉快地几乎把他的牢狱之灾全然赦免。

真正进监狱的人毕竟不多，但我却由此想到，很多人正恰与我的这位朋友相反，明明没有进监狱却把自己关在心造的监狱里，不肯自我减刑、自我赦免。

我见到过一位年轻的公共汽车售票员，一眼就可以看出他非常不喜欢这个职业，懒洋洋地招呼，爱理不理地售票，时不时抬手看着手表，然后满目无聊地看着窗外。我想，这辆公共汽车就是他的监狱，他却不知刑期多久。其实他何不转身把售票当作棋谱和外语呢，满心欢喜地把自己释放出来。

对有的人来说，一个仇人也是一座监狱，那人的一举一动都成了层层铁窗，天天为之而郁闷忿恨、担惊受怕。有人干脆扩而大之，把自己的嫉妒对象也当作了监狱，人家的每项成果都成了自己无法忍受的刑罚，白天黑夜独自煎熬。

听说过去英国人在印度农村抓窃贼时方法十分简单，抓到一个窃贼便在地上画一个圈让他待在里边，抓够了数字便把他们一个个从圆圈里拉出来排队押走。这真对得上“画地为牢”这个中国成语了，而我确实相信，世界上最恐怖的监狱并没有铁窗和围墙。

人类的智慧可以在不自由中寻找自由，也可以在自由中设置不自由。环顾四周多少匆忙的行人，眉眼带着一座座监狱在奔走。老友长谈，苦叹一声，依稀有银铛之音在叹息声中盘旋。

舒一舒眉，为自己减刑吧。除了自己，还有谁能让你恢复自由？

| 阅读指导 |

读余秋雨先生的文章，文字朴素平实，娓娓而谈中不时闪出深刻的思考，让人眼前一亮。

人常常要面对“监狱”。这“监狱”或许是你极不情愿又不得不从事的一份工作，或许是周围环境给你的压力，或许是纠缠不清的家庭矛盾，或许是一段不好排解的感情冲突……现实生活中一切不利因素，都会对你构成威胁和伤害。如果不能积极面对，都会成为囚禁你心灵的“监狱”。“世界上最恐怖的监狱并没有铁窗和围墙。”最能伤害你、摧毁你的还是你自己。这个道理不知被人讲过多少遍，听起来几乎都明白，但遇到具体问题还是有那么多人看不破，就是不肯为自己“减刑”，更无法把自己“释放”出来。

年轻人入世不深，常常陷入理想与现实的冲突无力自拔可以理解；成年人越活越“不明白”就尤为可悲。面对环境压力和挫折，大家都不习惯反求诸己。怨天尤人、牢骚满腹便成为缓解精神紧张的常用方式。殊不知多少宝贵的精力就这样无意义地消耗掉，多少宝贵的时光就这样一去不回，自己还是深陷“囹圄”中。

态度决定一切。

同样是历经挫折、磨难，有些人变得越来越善良，越来越宽容，越来越豁达，总能以自己温暖博大的理解、同情、关爱包容一切，能突破种种迷惑、偏见而洞识一切，因而也就变得越来越温厚、善良、睿智、坚强。对他们而言，挫折、磨难是一笔宝贵的财富，是磨砺自我、提升人生境界的催化剂。他们因挫折、磨难而轻松、健康、快乐。

有些人却恰恰相反。他们长期沉溺于个人痛切的体验而呻吟挣扎，良知和理性为狭隘的偏见、刻薄、怨毒遮蔽，性格变得越来越乖张暴戾、越来越不可理喻。对他们而言，挫折和磨难就是侵害肌体的毒酒、囚禁灵魂的监狱。他们太脆弱，无力给自己“减刑”，且常常将偏见、仇恨酿成毒菌伤害周围的同事、朋友和亲人，最终沦为整个世界的对立面，变成了谁都不敢接近的悲剧“刺儿头”。

目 送

龙应台

华安上小学第一天，我和他手牵着手，穿过好几条街，到维多利亚小学。九月初，家家户户院子里的苹果和梨树都缀满了拳头大小的果子，枝丫因为负重而沉沉下垂，越出了树篱，钩到过路行人的头发。

很多很多的孩子，在操场上等候上课的第一声铃响。小小的手，圈在爸爸的、妈妈的手心里，怯怯的眼神，打量着周遭。他们是幼儿园的毕业生，但是他们还不知道一个定律：一件事情的毕业，永远是另一件事情的开启。

铃声一响，顿时人影错杂，奔往不同方向，但是在那么多穿梭纷乱的人群里，我无比清楚地看着自己孩子的背影——就好像在一百个婴儿同时哭声大作时，你仍旧能够准确听出自己那一个的位置。华安背着一个五颜六色的书包往前走，但是他不断地回头；好像穿越一条无边无际的时空长河，他的视线和我凝望的眼光隔空交会。

我看着他瘦小的背影消失在门里。

十六岁，他到美国做交换生一年。我送他到机场。告别时，照例拥抱，我的头只能贴到他的胸口，好像抱住了长颈鹿的脚。他很明显地在勉强忍受母亲的深情。

他在长长的行列里，等候护照检验；我就站在外面，用眼睛跟着他的背影一寸一寸往前挪。终于轮到他，在海关窗口停留片刻，然后拿回护照，闪入一扇门，倏忽不见。

我一直在等候，等候他消失前的回头一瞥。但是他没有，一次都没有。

现在他二十一岁，上的大学，正好是我教课的大学。但即使

龙应台

1952 年生于台湾，留学美国九年，旅居欧洲十三年，生活在香港九年。被誉为华人最有力的一支笔，针砭时事，鞭辟入里。其代表作有《孩子你慢慢来》《目送》《野火集》《百年思索》等。

十五年前龙应台以一位母亲的亲身经验写下《孩子你慢慢来》，她在书中说：“谁能告诉我做女性和做个人之间怎么平衡？我爱极了做母亲，只要把孩子的头放在我胸口，就能使我觉得幸福。

是同路，他也不愿搭我的车。即使同车，他戴上耳机——只有一个人能听的音乐，是一扇紧闭的门。有时他在对街等候公交车，我从高楼的窗口往下看：一个高高瘦瘦的青年，眼睛望向灰色的海；我只能想象，他的内在世界和我的一样波涛深邃，但是，我进不去。一会儿公交车来了，挡住了他的身影。车子开走，一条空荡荡的街，只立着一只邮筒。

我慢慢地、慢慢地了解到，所谓父女母子一场，只不过意味着，你和他的缘分就是今生今世不断地在目送他的背影渐行渐远。你站立在小路的这一端，看着他逐渐消失在小路转弯的地方，而且，他用背影默默告诉你：不必追。

我慢慢地、慢慢地意识到，我的落寞，仿佛和另一个背影有关。

博士学位读完之后，我回台湾教书。到大学报到第一天，父亲用他那辆运送饲料的廉价小货车长途送我。到了我才发觉，他没开到大学正门口，而是停在侧门的窄巷边。卸下行李之后，他爬回车内，准备回去，明明启动了引擎，却又摇下车窗，头伸出来说：“女儿，爸爸觉得很对不起你，这种车子实在不是送大学教授的车子。”

我看着他的小货车小心地倒车，然后“噗噗”驶出巷口，留下一团黑烟。直到车子转弯看不见了，我还站在那里，一口皮箱旁。

每个礼拜到医院去看他，是十几年后的时光了。推着他的轮椅散步，他的头低垂到胸口。有一次，发现排泄物淋满了他的裤腿，我蹲下来用自己的手帕帮他擦拭，裙子也沾上了粪便，但是我必须就这样赶回台北上班。护士接过他的轮椅，我拎起皮包，看着轮椅的背影，在自动玻璃门前稍停，然后没入门后。

我总是在暮色沉沉中奔向机场。

火葬场的炉门前，棺木是一只巨大而沉重的抽屉，缓缓往前滑行。没有想到可以站得那么近，距离炉门也不过五米。雨丝被风吹斜，飘进长廊内。我撩开雨湿了前额的头发，深深、深深地凝望，希望记得这最后一次的目送。

我慢慢地、慢慢地了解到，所谓父女母子一场，只不过意味着，你和他的缘分就是今生今世不断地在目送他的背影渐行渐远。你站立在小路的这一端，看着他逐渐消失在小路转弯的地方，而且，他用背影默默告诉你：不必追。

| 阅读指导 |

这是一篇很优美的散文，文笔非常细腻，情感深沉。这篇散文以生活中最为常见的一个镜头“目送”为线索，切入点很小、很普通，然而作者透过这种司空见惯的生活小镜头，引发了对亲情、对人生的感悟与思考，笔触之精致、思想之深邃，令人叹服。全文主要叙说了记忆中的六个目送亲人的情景：

华安上小学的第一天，在操场上目送他去教室；华安去美国作交换生，我目送他通过机场安检；华安上大学，我从高楼上目送他上公交车；父亲送我去大学，我目送父亲驾车离开；我去医院看父亲，离开前目送父亲回病房；火葬场里，我目送父亲离开尘世。

通过这六次目送的情景，作者非常细腻地刻画出了自己对亲情、对人生的体悟。这种体悟是："我慢慢地、慢慢地了解到，所谓父女母子一场，只不过意味着，你和他的缘分就是今生今世不断地在目送他的背影渐行渐远。你站立在小路的这一端，看着他逐渐消失在小路转弯的地方，而且，他用背影默默告诉你：不必追。"

淡淡的文字背后，如此透彻地感悟到了生活的真谛。难道不是吗？孩子一天天长大、从少时的绕膝之欢到长大后离别的不回头，这是成长的规律，这是亲情间渐行渐远的缘分，这是你想挽留又无可挽留的一段情缘。作者从一次次的具象的目送中，感悟到了亲情的真谛，感受到了得到与失去间的辩证关系，并用无语的背影来诠释这一切：不必追！

"不必追"是对生命成长的一种尊重。孩子终归是要长大，孩子终归是要远离父母的呵护；孩子总归是要去享受他们自己的蓝天。正如尘世没有不散的宴席一般，人世间再完美的相守也有分手离别的一天。聚与散，合与分，均是生命活动的正常现象。何必执着？何必痛苦？何必纠结？

"不必追"也是对生命从视野中消逝的一种尊重。生老病死是人生的自然规律，老人离世，不要说遗憾，不要说痛苦，不要说自责。人老了，终究是要离开的，这是生命正常的运行轨迹。谁也改变不了，谁也超越不了。一如对生者的道安，对逝者同样应有"挥手自兹去"的淡然。

"不必追"是一种高度理性。对于孩子的成长而言，父母何必纠缠不休呢？何必在乎他们是否还像儿时那样不停回头呢？何必一定要把自己的所谓经验、所谓呵护、所谓叮嘱一遍遍地交代个没完呢？对于老人的离世而言，人死即如风过云散，归于尘土，无知无觉。活着的亲人何必再言其生之如何、情之如何？

"不必追"又是一种近乎手足无措的感性。当缘分注定要渐行渐远时，必定是想追又追不上，想留又留不住，想说又无语，内心的所有感情只能汇成一个毫无作为的表情。这其间，究竟是背影的坚定还是目送者的犹豫？是离开者的忘却还是目送者的痴情，又如何能分得清？

“不必追”是离开者用默默的背影诉说的，也是目送眼光应该读懂的。“不必追”是基于告别的一种理性，也是基于松手的一种理性。“不必追”是一种抉择上的果断，也是一种情感上的收藏。

《目送》中的这番感悟，穿透了人世离别的世俗情感表层，触及到了生活与亲情的本原，是对生活的一种顿悟，是对人生的大彻大悟！

第三节　国外经典散文赏析

中外散文有一个共同点：情谊浓厚、文辞优美、个性鲜明且表现手法多样。这些散文重在抒写作者的情志与意趣，但这些抒写往往不是直接的，而是通过精巧、绵细的构思，富有华彩或哲理性的语言，在写景、叙事、状物中委婉迂曲又自然而然地予以表现。这些情志与意趣打上了作者个性、人格的印记，具有鲜明的真实性和独特性；同时，它又是社会生活、时代风云在作者心底留下的痕迹，具有社会性和时代性。

外国散文对中国现代散文的写作影响非常深刻。中国现代散文是在五四时形成的，思想内容、语言形式、种类等方面都不同于传统散文，这与当时引进的西方散文理论、散文文体有非常密切的关系。五四时期散文文体发展迅猛，成绩甚至超过其他文体。现代散文中一些重要的种类，如报告文学、散文诗等都是从西方引进的。中国现代的一些散文大家，他们在行文方式和文章思想上都有明显的引进痕迹，鲁迅的散文诗集《野草》是一部象征主义的艺术精品，是他大胆采撷异域花果，为新文学增添的一朵奇葩。

外国散文在阅读方法和鉴赏角度上与中国散文是有很多共通之处的，总的来说无外乎意境美、哲思美和形式美三个方面，作为高职学生的人文素质培养，主要侧重从文章的思想内涵和人文情怀两个方面学习。

世间最美的坟墓

茨威格

我在俄国所见到的景物再没有比托尔斯泰墓更宏伟、更感人的了。这快将被后代永远怀着敬畏之情朝拜的尊严圣地，远离尘嚣，孤零零地躺在林荫里。顺着一条羊肠小路信步走去，穿过林间空地和灌木丛，便到了墓冢前；这只是一个长方形的土堆而已。无人守护，无人管理，只有几株大树荫庇。他的外孙女跟我讲，这些高大挺拔、在初秋的风中微微摇动的树木是托尔斯泰亲手栽种的。小的时候，他的哥哥尼古莱和他听保姆或村妇讲过一个古老传说，提到亲手种树的地方会变成幸福的所在。于是他们俩就在自己庄园的某块地上栽了几株树苗，这个儿童游戏不久也就忘了。托尔斯泰晚年才想起这桩儿时往事和关于幸福的奇妙许诺，饱经忧患的老人突然中获得了一个新的、更美好的启示。他当即表示愿意将来埋骨于那些亲手栽种的树木之下。

后来就这样办了，完全按照托尔斯泰的愿望；他的墓成了世间最美的、给人印象最深刻的、最感人的坟墓。它只是树林中的一个小小长方形土丘，上面开满鲜花，没有十字架没有墓碑，没有墓志铭，连托尔斯泰这个名字也没有。这个比谁都感到受自己的声名所累的伟人，就像偶尔被发现的流浪汉、不为人知的士兵那样不留名姓地被人埋葬了。谁都可以踏进他最后的安息地，围在四周的稀疏的木栅栏是不关闭的——保护列夫·托尔斯泰得以安息的没有任何别的东西，唯有人们的敬意；而通常，人们却总是怀着好奇，去破坏伟人墓地的宁静。这里，逼人的朴素禁锢住任何一种观赏的闲情，并且不容许你大声说话。风儿在俯临这座无名者之墓的树木之间飒飒响着，和暖的阳光在坟头嬉戏；冬天，白雪温柔地覆盖这片幽暗的土地。无论你在夏天还是冬天经过这儿，你都想象不到，这个小小的、隆起的长方形包容着当代最伟大的人物当中的一个。然而，恰恰是不留姓名，比所有挖空心思置办的大理石和奢华装饰更扣人心弦：今天，在这个特殊的日子里，成百上千到他的安息地来的人中间没有一个有勇气，哪怕仅仅从这幽暗的土丘上摘下一朵花留作纪念。人们重新感到，这个世界上再也没有比这最后留下的、纪念碑式的朴素更打动人心的了。老残军人退休院大理石穹隆底下拿破仑的墓穴，魏玛公

茨威格

奥地利著名作家、小说家、传记作家，擅长写小说、人物传记，也写诗歌戏剧、散文特写和翻译作品。以描摹人性化的内心冲动，比如骄傲、虚荣、妒忌、仇恨等朴素情感著称，煽情功力十足。他的小说多写人的下意识活动和人在激情驱使下的命运遭际。他的作品以人物的性格塑造及心理刻画见长，他比较喜欢某种戏剧性的情节。但他不是企图以情节的曲折、离奇去吸引读者，而是在生活的平淡中烘托出使人流连忘返的人和事。

他思想深邃而不流于晦涩，文字平易而不流于肤浅，情节动人而无斧凿的痕迹。在他的笔下，人物不再是单薄的名字背后的某个典型形象，而是富于多样的人性特征。因而，评论界称他为“打开弗洛伊德危险闸门的心灵猎手”。

候之墓中歌德的灵寝，西敏司寺里莎士比亚的石棺，看上去都不像树林中的这个只有风儿低吟，甚至全无人语声，庄严肃穆，感人至深的无名墓冢那样能剧烈震撼每一个人内心深藏着的感情。

| 阅读指导 |

茨威格1928年拜谒了托尔斯泰墓，写下了《世间最美的坟墓》，表达了对托尔斯泰的真诚纪念。文章取材虽小，旨意却很深刻。

文章伊始，作者就删削浮词，落笔点题："我在俄国见到的景物再没有比列夫·托尔斯泰墓更宏伟、更感人的了。"所谓"最美的坟墓""远离尘嚣，孤零零地躺在林阴里。顺着一条羊肠小路信步走去，穿过林间空地和灌木丛，便到了坟墓前。这只是一个长方形的土堆而已，无人守护，无人管理，只有几株大树荫蔽。"它是那样普通而平凡。上所摘引描写坟墓的一段，是全文的中心意象，几乎就是全部的描述性语词，以下几次写到这个坟墓，只是这个中心意象的反复，和不同语义层面上的不断展开。语句词序有所错综变换，意象主体却丝毫有偏离。对托尔斯泰墓做了总体观照之后，作者补叙了这座坟墓的由来，说明这是按照托尔斯泰本人的愿望做的，这是它所以感人的原因。

文中第二次对这座坟墓的描写强调"没有十字架，没有墓碑，没有墓志铭，连托尔斯泰这个名字也没有"。然后做了一个类比：托尔斯泰的坟墓"就像偶尔被发现的流浪汉、不为人知的士兵一般不留名姓地被人埋葬了"，这一正面对比，进一步强化突出了托尔斯泰的平凡普通，正因如此，人们对他的感情才愈加深沉浓重。

第三次对坟墓的描写强调"无论你在夏天或冬天经过这儿，你都想象不到，这个小小的、隆起的长方形包容着当代最伟大人物当中的一个"。这是从人们的"心理定势"上来凸现它的美。因为以那样举世闻名，曾以累累巨著、伟大思想哺育民众的杰出人物，在他的墓前塑像、竖立纪念碑也是当之无愧、情理之中的，世人也大都以这种方式来纪念像托尔斯泰一样伟大的人们的。可是托尔斯泰墓除了树木萧萧风声飒飒之外一无所有，平常得就像那些流浪汉、无名姓的士兵一样，于是伟人的英名与其普通的坟墓之间，人们的心理习惯与客观现实之间就形成一种巨大的反差、冲撞，结果是无限敬意的凝聚和心灵的激荡：表面的"无"，变成了深蕴的"有"，对立面产生了相互的转化，正如作者所言："恰恰是不留姓名，比所有挖空心思置办的大理石和奢华装饰更扣人心弦。"作者几次写坟墓，突出的是一个"静"字，坟墓的"静"与其引起的人们心灵的波澜适足说明"有无相生"的辩证法。

结尾，第四次重复中心意象，将托尔斯泰墓与“老残军人退休院大理石穹隆底下拿破仑的墓穴，魏玛公侯之墓中歌德的灵寝，西敏司寺里莎士比亚的石棺”作比，从反面来衬托，说明这些伟人墓的堂皇富丽反倒不如托尔斯泰这普通的坟墓更能强烈地震撼人们内心深藏的感情。

纵览全文，围绕中心意象层层拓展，步步加深，是本文的一个显著特点。

以简驭繁，感情真挚是其另一特色。从文章的篇幅上看，总共八百来字，十分简短；从用词造句上看，朴素凝练，绝无赘词；从状物写景上看，纯用白描，翻来覆去就那么淡淡的几笔，其余笔墨就是在抒情议论上了。但抒情议论状物那样水乳交融自然熨帖，你很难明确界定哪是议论哪是抒情哪是写景。作者伫立墓前，萦思怀想，心灵的那份震撼是自不待言的，似乎应该铺张扬厉一番，其实不然，他没有铺彩摛文，文字极为简洁朴素，他让我们感到的是有效的节制，情感的节制，行文造句的节制。他对托尔斯泰的仰慕，他为伟人这普通的墓穴所受的感动，从中体悟到的深刻哲理——多少情思，多少感慨，全部隐匿在平淡朴素的文字背后。因此我们说，打动作者的是那伟人墓的朴素，打动读者的，除此之外还有作者行文的朴素。如此，形式与内容、情与理的完美统一使得本文具有攫摄人心的力量。

蒙　田

文艺复兴时期法国作家，以《随笔录》三卷留名后世。他的散文主要是哲学随笔，因其丰富的思想内涵而闻名于世，被誉为“思想的宝库”。

《蒙田随笔全集》共107章，百万字左右，在西方文学史上占有重要地位，它是16世纪各种思潮和各种知识经过分析的总汇，有“生活的哲学”之美称。书中语言平易通畅，不假雕饰，在法国散文史上占有重要地位，开创了随笔式作品之先河。

［法］米勒　雏菊

热爱生命

蒙　田

我赋予某些词语特殊的含义，拿“度日”来说吧，天色不佳，令人不快的时候，我将“度日”看做“消磨光阴”，而风和日丽的时候，我却不愿意去“消磨”，这时我是在慢慢赏玩、领略美好的时光。坏日子，要飞快地去“度”，好日子，要停下来细细品尝。“度日”“消磨光阴”这些常用语令人想起那些“哲人”习气。他们以为生命的利用不外乎将它打发、消磨，并且尽量回避它，无视它的存在，仿佛这是一件苦事、一件贱物似的。至于我，我认为生命不是这个样的，我觉得它值得称颂，富于乐趣，即便我自己到了垂暮之年也还是如此。我们的生命受到自然的厚赐，它是优越无比的。如果我们觉得不堪生之重压而白白虚度此生，那也只能怪我们自己。

“糊涂人的一生枯燥无味，躁动不安，却将全部希望寄托于来世。”

不过，我对随时告别人生，毫不惋惜。这倒不是因为生之艰辛与苦恼所致，而是由于生之本质在于死。因此只有乐于生的人才能真正不感到死之苦恼。享受生活要讲究方法。我自认为比别人多享受到一倍的生活，因为生活乐趣的大小是随着我们对生活的关心程度而定的。尤其在此刻，我眼看生命的时光不多，我就愈想增加生命的分量。我想靠迅速抓紧时间，去留住稍纵即逝的日子；我想凭时间的有效利用去弥补匆匆流逝的光阴。剩下的生命愈是短暂，我愈要使之过得丰盈充实。

｜阅读指导｜

生与死，是人类历程中一个永恒的主题。对具体的个人来说，它只是一个过程。这个过程超越了历史、种族、肤色、地域、信仰这些概念而存在，不同的人会用不同的语言去表述它，会用不同的活动去展示它。在这篇短文中，蒙田展示了他对生命的深入思考和最终态度。要知道一个人在对生命进行思考的过程中，在年轻时未免流于肤浅，在年老时才会渐趋睿智。“我眼看生命的时光不多，我就愈想增加生命的分量”。而这篇《热爱生命》，则是作者生命分量的砝码。

蒙田此文，从析词开始，娓娓而谈，随着思路的展开，自然成文，体现了作者思维的谨严，从而给人良久的回味。“死亡是我们存在的一部分，其必要性不亚于生活”；“随时准备告别人生，毫不惋惜”；“剩下的生命愈是短暂，我愈要使之过得丰盈充实。”我们不应该只看到作者行文的过程，因为如果根据一般的认知规律来看，蒙田应该是先有了高屋建瓴的思考，才有了对“度日”鞭辟入里的分析。

本文是一篇哲人语录，朴素而又深刻；由于译自近五百年前的法语读起来多少有点拗口，不过也许增加一点点阅读的难度正可以帮助人们祛除浮躁、端正态度，从而更好地理解和体悟生命。

假如给我三天光明

海伦·凯勒

啊，如果我有三天视力的话，我该看些什么东西呢？

第一天，我要看到那些好心的、温和的、友好的、使我的生活变得有价值的人们。首先，我想长时间地凝视着我亲爱的教师安妮·莎莉文·麦西夫人的脸，当我还在孩稚时，她就来到我家，是她给我打开了外部世界。我不仅要看她的脸部的轮廓，为了将她牢牢地放进我的记忆，还要仔细研究那张脸，并从中找出同情的温柔和耐心的生动的形迹，她就是靠温柔与耐心来完成教育我的困难任务。我要从她的眼睛里看出那使她能坚定地面对困难的坚强毅力和她那经常向我显示出的对于人类的同情心。

第一天将是一个紧张的日子。我要将我的所有亲爱的朋友们都叫来，好好端详他们的面孔，将体现他们内在美的外貌深深地印在我的心上。我还要看一个婴儿的面孔，这样我就能看到一种有生气的、天真无邪的美，它是一种没有经历过生活斗争的美。

我还要看看我那群忠诚的、令人信赖的狗的眼睛——那沉着而机警的小斯科第、达基和那高大健壮而懂事的大戴恩、海尔加，它们的热情、温柔而淘气的友谊使我感到温暖。

在那紧张的第一天里，我还要仔细观察我家里那些简朴小巧的东西。我要看看脚下地毯的艳丽色彩，墙壁上的图画和那些把一所房屋改变成家的熟悉的小东西。我要用虔敬的目光凝视我所读过的那些凸字书，不过这眼光将更加急于看到那些供有视力的人读的印刷书。因为在我生活的漫长黑夜里，我读过的书以及别人读给我听的书，已经变成一座伟大光明的灯塔，向我揭示出人类生活和人类精神的最深泉源。

在能看见东西的第一天下午，我将在森林里作一次长时间的漫

海伦·凯勒

著名的美国女作家、教育家、慈善家、社会活动家。在19个月时因患急性充血症而被夺去视力和听力，享年88岁，却有87年生活在无光、无声的世界里。在此时间里，她先后完成了14本著作。其中最著名的有：《假如给我三天光明》《我的人生故事》《石墙故事》。她致力于为残疾人造福，建立慈善机构，1964年荣获“总统自由勋章”，次年入选美国《时代周刊》评选“二十世纪美国十大英雄偶像”之一。《假如给我三天光明》是她的代表作。

伟大的著名作家马克·吐温说：“19世纪有两个值得关注的人，一个是拿破仑，另一个就是海伦·凯勒。”美国《时代周刊》评选海伦·凯勒为“20世纪美国10大偶像之一”。

步，让自己的眼睛陶醉在自然界的美色里，在这有限的几小时内我要如醉如痴地欣赏那永远向有视力的人敞开的壮丽奇景。结束短暂的森林之旅，回来的路上可能经过一个农场，这样我便能看到耐心的马匹犁田的情景（或许我只能看到拖拉机了！）和那些以土地为生的人的宁静满足的生活。我还要为绚丽夺目而又辉煌壮观的落日祈祷。

当夜幕降临，我能看到人造光明，而体验到双重的喜悦。这是人类的天才在大自然规定为黑夜的时候，为扩大自己的视力而发明创造的。

在能看见东西的第一天夜里，我会无法入睡，脑诲里尽翻腾着对白天的回忆。

翌日——也就是我能看见东西的第二天，我将伴着曙色起床，去看下天空从黑夜变成白天的激动人心的奇观。我将怀着敬畏的心情去观赏那光色的变幻莫测，正是在这变幻中太阳唤醒了沉睡的大地。

我要把这一天用来对整个世界，从古到今，作匆匆的一瞥。我想看看人类所走过的艰难曲折的道路，看看历代的兴衰和沧桑之变。这么多的东西怎能压缩在一天之内看完呢？当然，这只能参观博物馆了。我经常到纽约自然历史博物馆去，无数次地用手抚摸过那里展出的物品，我多么渴望能用自己的眼睛看一看这经过缩写的地球的历史，以及陈列在那里的地球上的居民的——各种动物和被天然环境描绘成不同肤色的人种；看看恐龙的巨大骨架和早在人类出现以前就漫游在地球上的柱牙象，当时的人类靠自己矮小的身躯和发达的大脑去征服动物的王国；看看那表现动物和人类进化过程的逼真画面，和人类用来为自己在这个星球上建造安全居处的那些公民一还有许许多多自然历史的其他方面的东西。

我不知道本文读者中究竟有多少人曾仔细观察过在那个激动人心的博物馆里展出的那些栩栩如生的展品的全貌。当然不是人人都有这样的机会。不过我敢断言，许多人有这种机会却没有很好地利用。那里实在是一个使用眼睛的地方。你们有视力的人可以在那里度过无数个大有所获的日子，而我，在想象中能看东西的短短的三天里，对此只能作匆匆的一瞥使得离去。

我的下一站将是大都会艺术博物馆。正像自然历史博物馆揭示了世界的物质方面那样，大都会艺术博物馆将展现出人类精神的无数个侧面。贯穿人类历史的那种对于艺术表现形式的强烈要求几乎和人类对于食物、住房、生育的要求同样强烈。在这里，在大都会博物馆的巨型大厅里，当我们观看埃及、希腊、罗马的艺术时就看到了这些国家的精神面貌。通过我的双手，我熟悉古埃及男女诸神的雕像，感觉得出复制的帕特农神庙的正中门振，辨别得出进攻中的雅典武士的优美动作。阿波罗、维纳斯以及萨莫特雷斯岛的胜利女神雕像都是我指尖的朋友。荷马那多瘤而又留着长须的相貌对我来说尤为亲切，因为他了解盲人。

我的手在罗马以及晚期那些栩栩如生的大理石雕塑上停留过，在米开朗基罗那激动人心的英雄摩西石膏像上抚摸过，我了解罗丹的才能，对哥特人木刻的虔诚精神感到敬畏。我能理解这些用手触摸过的艺术品的意义，然而那些只能看不能摸的东西，我只能猜测那一直躲避着我的美。我能欣赏希腊花瓶简朴的线条，然而对它那带有图案的装饰我却毫无所识。

就这么着，在我看见东西的第二天，我要设法通过艺术去探索人类的灵魂。我从手的触摸里了解的东西，现在可以用眼睛来看了。整个宏伟的绘画世界将向我敞开，从带有宁静的宗教虔诚的意大利原始艺术一直到具有狂热想象的现代派艺术。找要细细观察拉斐尔、列奥纳多·达·芬奇、提香、伦勃朗的油画，也想让眼睛享受一下委罗涅塞艳丽的色彩，研究一下艾尔·格里柯的奥秘，并从柯罗的风景画里捕捉到新的想象。啊，这么多世纪以来的艺术为你们有视力的人提供了如此绚丽的美和如此深广的意义！

凭着对这艺术圣殿的短暂访问，我将无法把那向你们敞开的伟大艺术世界每个细部都看清楚，我只能得到一个表面的印象。艺术家们告诉我，任何人如果想正确地和深刻地评价艺术，就必须训练自己的眼睛，他得从品评线条、构图、形式和色彩的经验中去学习。如果我的眼睛管用的话，我将会多么愉快地去着手这件令人心醉的研究工作！然而有人告诉我，对于你们许多有视力的人来说，艺术的世界是一个沉沉的黑夜，是一个无法探索和难以找到光明的世界。

我怀着无可奈何的心情，勉强离开大都会博物馆，离开那藏着发掘美的钥匙的所在——那是一种被忽略了的美啊。然而有视力的人并不需要从大都会博物馆里去找到发掘美的钥匙。它在较小的博物馆里，甚至在那些小图书馆书架上的书本里也能找到。而我，在想象中能看见东西的有限时间里，将选择这样一个地方，在那里，发掘美的钥匙能在最短的时间内打开最伟大的宝库。

我将在戏院或电影院度过这能看见东西的第二天的夜晚。我目前也经常出席各种类型的表演，可剧情却得让一位陪同者在我手上拼写。我多么想用自己的眼睛看一看哈姆莱特那迷人的形象和在穿五光十色的伊丽莎白式服装的人物中间来来去去的福斯泰夫。我多么想模仿优雅的哈姆莱特的每一个动作和健壮的福斯泰夫高视阔步的一举一动。由于我只能看一场戏，这将使我处于进退两难的境地，因为我想看的戏实在太多了。你们有视力的人想看什么都行，不过我怀疑你们之中究竟有多少人在全神贯注于一场戏、一幕电影或别的景象的时候，会意识到并感激那让你们享受其色彩、优美和动作的视力的奇迹呢？

除了用手触摸的有限范围内，我无法享受有节奏感的动作的美。尽管我知道节奏欢快的奥妙，因为我经常从地板的颤动中去辨别音乐的拍节，然而我也只能朦胧地想象巴甫洛娃的魅力。我想象得出那富于节奏感的姿势，肯定是世间最赏心悦目的奇景。从用手指循着大理石雕像线条的触摸里我能推测出这一点。如果静止的美已是那么可爱的话，那么看到运动中的美肯定更令人振奋和激动。

我最深切的回忆之一是当约瑟夫·杰斐逊在排练可爱的瑞普·凡·温克尔，做着动作、讲着台词的时候，让我摸了他的脸和手。对戏剧的天地我就只有这么一点贫乏的接触，也将永远不会忘记那一时刻的欢乐。啊，我肯定还遗漏了许多东西。我多么羡慕你们有视力的人，能通过戏剧表演看动作和听台词而获得更多的享受。如果我能看戏，哪怕只看一场也行，我将弄明白我读过或通过手语字母的表达而进入我的脑海的一百场戏的情节。

这样，通过我想象中能看见东西的第二天的夜晚，戏剧文学中的许多高大形象将争先恐后地出现在我的眼前。

下一天的早晨，怀着发现新的欢乐的渴望，我将再次去迎接那初升的旭日，因为我深信，那些有眼睛能真正看到东西的人肯定会发现，每个黎明都会展现出千姿万态、变幻无穷的美。

根据我想象中的奇迹的期限，这是我能看见东西的第三天，也是最后一天。我没有时间去悔恨或渴望，要看的东西实在太多了。我把第一天给了我的朋友，给了那些有生命和没有生命的东西，第二天我看到人类和自然的历史面目。今天我要在现实世界里，在从事日常生活的人们中间度过平凡的一天。除了纽约你还能在别的什么地方发现人们这么多的活动和这样纷繁的情景呢？于是这城市成了我选择的目标。

我从长岛森林山，我的恬静的乡间小屋出发。这里，在绿草坪、树木、鲜花的包围中，是一片整洁、小巧的房屋，到处充满妇女儿童谈笑奔走的欢乐，真是城市劳动者的安静的休息之所。当我乘车穿过横跨东河的钢带式桥梁时，我又开了眼界，看到人类的巧夺天工和力大无穷。河上千帆竞发、百舸争流。如果我从前曾有过一段未盲的岁月，我将用许多时间来观赏河上的热闹风光。

举目前望，面前耸立着奇异的纽约塔，这城市仿佛是从神话故事的书页中跳出来似的。这是多么令人敬畏的奇景啊！那些灿烂夺目的尖塔，那些用钢铁和石块筑起的巨大堤岸，就像神为自己修造的一样。这幅富有生气的画卷是千百万人每日生活的一部分，我不知道究竟有多少人愿意对它多看一眼，恐怕是很少、很少。人们的眼睛之所以看不见这壮美的奇观，是因为这景象对他们来说太熟悉了。

我匆匆忙忙登上那些大型建筑之一——帝国大厦地顶层，不久之前我在这里通过秘书地眼睛“看到”了脚下的城市。我急于要把想象力何真实感作一次比较。我相信在我面前展开的这幅画卷决不会使我感到失望，因为对我来说它将是另一个世界的景象。

现在我开始周游这个城市。首先我站在热闹的一角，仅仅看看来往的人群，想从观察中去了解他们生活中的一些东西。看到微笑。我感到欣慰；看到果断，我感到骄傲；看到疾苦，我产生怜归我漫游到第五大街，让视野从聚精会神的注视里解放出来，以便不去留意特殊的事物而只看一看那瞬息万变的色彩。我相信那穿敢在人群中的妇女装束的色彩，肯定是我永看不厌的灿烂奇观。不过，假如我的眼睛管用的话，或许我也会像大多数妇女一样，过多地注重个别的服装的风格和剪裁式样而忽略成群的色彩的壮美。我还确信我会变成一个在橱窗前溜达的常客，看着那多姿多彩、五光十色的陈列品，一定感到赏心悦目。

我从第五大街开始游览整个城市——我要到花园大街去，到贫民区去，到工厂去，到孩子们玩耍的公园去。通过对外国居民的访问，我作了一次不离本土的异国旅行。对于欢乐和悲哀，我总是睁大眼睛去关心，以便能深刻探索和进一步了解人们是如何工作和生活的。我的心里充满了对人和物的憧憬，我不会轻易放过任何一个细小的东西，力求捕捉和把握所目击的每一件事物。有些场面是令如快的，让你内心喜悦，可有些情景却使你感到悲哀和忧郁。对后者我也不会闭上眼睛，因为它们毕竟也是生活的一部分，对它们闹上眼睛就等于紧锁心灵，禁锢思想。

我能看见东西的第三天就要结束了，或许我应该把这剩下的几小时用在许多重要的探索和追求上，可是我怕在这最后一天夜晚，我还会再次跑到剧院去看一出狂喜的滑稽戏，以便能欣赏人类精神世界里喜剧的泛音。

到午夜，我从盲人痛苦中得到的暂时解脱就要终结了，永久的黑夜将重新笼罩我周围。当然我在那短暂的三天时间里，不可能看完我要看的全部事物，只有当黑暗重新降临时，我才会感到我没有看到的东西实在太多了。不过我脑海中会塞满那美妙的回忆，以至根本没时间去懊悔。今后无论摸到任何东西，它都会给我带来那原物是什么形状的鲜明回忆。

| 阅读指导 |

海伦·凯勒，19 世纪美国盲聋女作家、教育家、慈善家、社会活动家。她以自强不息的顽强毅力，在安妮·莎莉文老师的帮助下，掌握了英、法、德等五国语言。她完成了一系列著作，并致力于为残疾人造福，建立慈善机构，被美国《时代周刊》评为美国十大英雄偶像，荣获

“总统自由勋章”等奖项。《假如给我三天光明》是海伦·凯勒的散文代表作，她以一个身残志坚的柔弱女子的视角，告诫身体健全的人们应珍惜生命，珍惜造物主赐予的一切。

品读《假如给我三天光明》，我们对于被誉为“精神楷模”的海伦和作为一个出色作家的海伦都可以有一个初步的了解。

“修辞立其诚”，这是写好文章的要诀。一篇好的散文，必定是作者至性真情的流露。《假如给我三天光明》是引人入胜的，想象是那样丰富，文笔是那样流畅；但它所以能深深地打动我们，还在于它的真挚而强烈的感情，在于它所给予读者的敞开心扉的亲切感。在这篇用第一人称写的、富于激情的作品里，作者倾诉了她对生活的礼赞，表达了她的生活态度。正由于文章是作者至性真情的流露，所以虽然整篇文章都是虚拟的，所记叙的事情多是非现实的，但使我们感受到了更高的真实情感的真实。

在文章中，作者处处用视听健全的人来和自己作比，整篇文章都是用对比的手法来写的。作者在对比中表达了她的生活态度，人对生活要有强烈的紧迫感。缺乏这种态度，我们虽然视听健全，却有可能什么都看不见；具备了这一生活态度，你将会发现一个美丽的新世界在你面前敞开。这样的道理，我们也许不止一次听到过，但现在由作者这样一个五官三残的、用手来感知世界的人道来，不能不给我们以更强烈的震撼和更深的启迪：三天，在作者那里等同全部生命的三天，对于我们每个人不是平平常常的吗？

遭遇到作者这样严重生理缺陷的人是少有的，但是对于作者，生活依然是美好的。作者以动人的、富于诗意的笔触，表达了她对生活的爱恋。作者在她虚构的“三天”里所集中表现的，乃是对人类生活的高度礼赞，它赞美了我们生于斯、长于斯、繁衍于斯的大自然，称颂了人类往昔的历程与现代的文明、灿烂的文化和沸腾的生活。在文学作品中，作家对自然、对历史的刻画与她的精神世界的深度是不可分的。作家在阐释自然、历史时也阐释了自己的心灵。在海伦对自然、历史、人的礼赞中，也体现了她对这一切的深刻理解。

透过这些，我们看到了一种坚忍不拔的精神，自我超脱的精神，追寻美和崇高的精神，这也正是引导人类迈向未来的精神。而只要这种精神还存在，海伦·凯勒的名字就不会被遗忘，《假如给我三天光明》就将为人们所珍视。正如罗斯福夫人为海伦的《我生活的故事》写的前记所说：“这个故事是永远不会完结的。人类精神的美一旦被人认识，我们就永远不会忘记！”

第四章
经典小说阅读

小说是广大群众所喜闻乐见的一种文学样式，人们阅读小说，心田里激起万千情愫，哀伤、惆怅、迷惘、哀愁、欣慰、喜悦、痛苦、愤怒、希望、失望……于是，叹息、吃惊、流泪、微笑、大笑、沉思、踌躇、徘徊、跃跃欲试……

在阅读中，人们体味着"人的生活"，小说满足了人们认识和鉴赏自己以及自己生活的愿望，启迪和引导人们思考和重新认识人生，重新认识自己的处境和命运。它是人类把握世界、认识社会、反映生活并对自己的生存状态进行文化反思的特殊形式。同时，小说跨越时间和空间，将人和人的心灵紧紧地联系在一起。正如学者胡尹强说的："小说使我们的心同早被时间之流席卷而去的遥远的祖先的心息息相通……小说也使现在生活在同一地球上，然而却被万水千山阻隔的人们的心，天涯若比邻似的贴在一起。"小说牵动着人们的心灵，它以感情的乐章沟通着人们的心灵，使心灵和心灵靠近，"优秀的小说更是一个民族、一个国家的文化使者"，它具有十分复杂的文化蕴意和非常丰富的思想艺术营养，而这种营养不但在文学作品之外难以获得，也是诗歌等其他文学样式所不能代替的。小说，是人们精神追求不可或缺的组成部分。

第一节　小说概述

一、小说的概念

小说是作者对社会生活进行艺术概括，通过叙述人的语言来描绘生活事件，塑造人物形象，展开作品主题，表达作者思想感情，从而艺术地反映和表现社会生活的一种文学体裁。

小说有三个基本特征：一是通过人物的外貌、对话、行动和心理等描写，塑造人物形象，表现人物性格；二是要有一定的故事情节，通过对社会生活的细致描写，表现复杂的矛盾冲突，叙述故事的发生、发展、高潮和结局，在情节的发展中展现人物性格的变化；三是描写具体的社会环境，以表现人物和事件产生的历史背景、社会条件，用来烘托人物，显示人物的性格特征。因此作者总是通过他笔下的人物形象来反映所处的时代，寄寓他所领悟的生活真理。而读者也只有通过对人物形象的认识去把握作品所反映的生活本质。

小说之所以具有独特的艺术魅力，是因为它塑造了具体感人的典型人物形象。典型的艺术形象是指既具有独特而鲜明的个性，又能反映一定社会的某些本质、具有某种共性的人物形象，即我们常说的个性和共性的统一，如“套中人”别里科夫、“守财奴”葛朗台，以及“祥林嫂”“老栓”等典型艺术形象。

小说塑造人物的手段是多种多样的。既可正面描写，又可侧面烘托；既可进行语言、行动等直接描写，也可通过环境描写、细节描写等来达到同样的目的。人物的性格和人物的行为是统一的，什么样的性格决定了有什么样的行为。所以，我们在分析人物形象时，应该注意人物的行动描写。如“葛朗台与年龄不符的扑金器的行动”等，只有守财奴的他才做得出来。

二、小说三要素

小说构成要素指构成小说这种文学形式并显示其基本特征的主要因素。在小说理论中，构成小说形象的因素主要分为两类：一是小说的内容，包括小说的素材、题材、主题、人物、环境、情节等；一是小说的形式，包括小说的语言、结构、体裁、表现技巧等。在通常情况下，人们又把最能显示小说独特性的人物、情节、环境称为“小说三要素”。

人物形象：人物形象的核心是人物的思想性格，人物描写的角度有正面描写和侧面描写。正面描写（又叫细节描写）包括外貌、语言、动作、神态、心理描写；侧面描写（又叫侧面烘托）指以他人言行来反映人物等。

故事情节：指作品所描写的事件发展、演变的全过程。故事情节的结构：（序幕）——开端——发展——高潮——结局——（尾声），用以展示人物性格，表现作品主题。

环境描写：指对人物活动的环境和事情发生的背景进行的描写。环境描写分为自然环境描写和社会环境描写。自然环境描写是指对人物活动的时间、地点、季节、气候及花草鸟虫的描写；社会环境描写是指对人物活动的具体背景、处所、氛围以及人际关系等的描写。

三、小说的分类

（一）按篇幅分类

1. 短篇小说

平均篇幅在万字左右的小说会被划归为短篇小说。在它的特色中有所谓三一律：一人一地一时，也就是减少角色、缩小舞台、短化故事中流动的时间。另外，虽然它们时常惜墨如金，但一般认为短篇小说仍应符合小说的原始定义，也就是对细节有足够的刻画，绝非长篇故事的节略或纲要。

2. 中篇小说

其容量大小、篇幅长短、人物多寡、情节繁简等均介于长篇小说和短篇小说之间。通常只是截取主人公一个时期或某一段生活的典型事件塑造形象，反映社会生活的某个方面。故事情节完整，线索比较单一，矛盾斗争不如长篇小说复杂，人物较少。一般在 3 万到 10 万字左右。

3. 长篇小说

是篇幅长、容量大、情节复杂、人物众多、结构宏伟的一类小说，适于表现广阔的社会生活和人物的成长历程，并能反映某一时代的重大事件和历史面貌。一般在 10 万字以上。在篇章结构上，一般根据故事情节的发展，分成许多章节；篇幅特别长的，还可以分为若干卷或部、集等。

（二）按题材分类

分为武侠小说、推理小说、历史小说、言情小说、科幻小说、奇幻小说、游戏小说、玄幻小说、探险小说、恐怖小说、冶艳小说、讽刺小说、神怪小说、电影小说、架空历史小说、网游小说、轻小说、军事小说。

（三）按写作手法分类

分为第一人称小说、第二人称小说、第三人称小说、书信体小说、日记体小说、意识流小说。

（四）按流派分类

分为古典主义小说、现实主义小说、浪漫主义小说、形式主义小说、表现主义小说、存在主义小说、意识流小说、黑色幽默小说、新小说派小说、魔幻现实主义小说。

（五）按年代分类

分为古代小说、现代小说、后现代小说。

四、小说的欣赏方式

（一）从解读故事到理解人物

小说的审美特征和表现手段决定了读者在鉴赏小说作品时要遵循独特的鉴赏规律和鉴赏方法。作为叙事性的文学文体，小说世界是由一个个的人物形象、一个个的情节事件、一个个的环境景物有机有序地组合而成。作为借助语言作塑造形象的媒体的文学文体，小说的这些系列形象是在鉴赏者的脑海里通过想象间接生成的。小说作家用一个个的词语、一句句的有序化、个性化的语言来描述小说形象。读者将通过读懂这一个个的词语、理解这一句句的语言，在自己脑海里再现小说作家描述的形象。所以，进行小说鉴赏的第一个前提是鉴赏者要具备一定的语言素养和语言能力。他起码能认识2000个以上的汉字，能根据词意和句意，通过形象思维在自己的大脑里复现小说描述的系列形象，并把小说中的系列形象连接为一个完整的有因果关系的故事。

这是一种在语言素养和语言能力综合作用下的对小说故事的总体直觉感受。中西小说发展的历史证明，小说“寓教于乐”的审美功能常常是通过可读性很强、艺术感染力较大的故事来实现。具备了小说鉴赏能力的读者在进入小说鉴赏过程的第一环节，就是通过总体地阅读小说的文字语言，迅速把握这篇小说的故事的基本轮廓和情节的基本类型。

（二）从体味细节到把握情节

小说鉴赏在完成了上述第一次总体阅读后可以进入第二个环节——“局部解剖”。当开始对小说作品进行第二轮阅读时，读者的审美注意力可以先放在大致区分小说的情节单元上。在对每一个情节单元进行细致品味和分析时，他的艺术感受力可以着重放在每个情节单元的写人细节上。从小说创作方面讲，作家生动、鲜活地刻画一个小说人物的最基本的表现手段就是要选择和提炼一批高质量的写人细节。小说人物产生一般化、概念化的根本原因，就是作家没有掌握和提炼出若干个生动而典型的人物细节。人们一说起小说史上那些脍炙人口的典型小说人物时，往往就能想起若干个体现他的性格特征的细节。小说文体感的产生、小说与其他文学文体的最根本的区别，就在于小说细节的叙述与描写上，所以小说鉴赏在进入到

“局部解剖”时，就应该欣赏作品精彩的写人细节，体味写人细节的高质量与生动性，并为作家提炼了如此富有概括力和表现力的细节以及用如此精妙的艺术表达方法来再现细节而拍案称奇。

如何欣赏小说的人物描写细节呢？可以根据这个写人细节的动作内容和外在形态迅速了解这个细节体现人物的“行为内容”。但鉴赏细节绝不能停留在这肤浅的第一层面上。高质量的写人细节一般会在人物的“行为方式”上展示人物性格的特征。同样是做一件事情，不同性格的人会有不同的做法。小说读者要从这一个写人细节上看出人物不同的“行为方式”，并由此把握人物独特的性格特征。

从小说创作的角度说，把一系列的细节连接起来就构成了一条有机的情节链，小说情节的实质就是一系列展示人物性格的各种细节连贯有序的艺术组合。小说情节有客观的内容因素，也有主观的形式因素。说它是客观的，是因为小说情节的各个细节的内容来源于现实生活；说它又具有主观的形式因素，是因为小说作家并不按照现实生活的原有形态来排列组合，它根据小说作家的创作意图和审美理想加以重新结构。小说情节的艺术时空相对于生活本来的时空来说已进行了新的重建与改造。小说情节与现实生活的这种既联系又区别的特点深刻地影响了小说作家对情节的构造和小说读者对情节的鉴赏。

第二节　中国经典小说赏析

一、小说的起源

中国古代小说的源头不仅只有一个，而是有多个源头，先秦乃至两汉的神话传说、寓言故事、史传、文学等多种因素共同孕育产生了小说，它们都是中国小说的源头。

（一）寓言故事

寓言故事是文学体裁的一种，它篇幅简短，多用借喻手法，把富有教训意义的主题和深刻的道理在简单的故事中体现出来。

如《孟子》《庄子》《韩非子》《战国策》等书中都有不少人物性格鲜明的寓言故事，它们已经带有小说的意味。

（二）史传

史传文学是中国历史文学的一部分，兼有历史科学与文学艺术二种成分，它是以历史事件为题材，运用文学艺术的手段描写历史人物、历史事实的文学作品。

如《左传》《战国策》《史记》《三国志》，描写人物性格，叙述故事情节，或为小说提供了素材，或为小说积累了叙事的经验。

（三）文人笔记

笔记文是一种随笔记录的文体，其渊源可以远溯至东汉。唐代笔记已多，到宋代又有发展。文人笔记大都记载一些轶事、掌故、素材。

（四）民间娱乐休闲类

各朝代都有常驻在茶馆、饭店的说话人、说书人，以话本为基础，每天把故事小小地说一段（小说），以吸引客人每天回来听书，希望保证生意兴隆。

二、小说的发展

中国的小说历经神话小说、汉晋六朝的志人和志怪小说、隋唐的传奇小说、宋元的话本小说、明清的章回小说、现当代的白话小说以及近年来兴起的网络小说约经过三千多个春秋的洗礼。按照小说的历史时期，可划分两大阶段：即新文化运动以前，可称为古典小说阶段；新文化运动以后，可称为现代小说阶段。

古典小说萌芽于先秦时期，发展于两汉，雏形于魏晋南北朝，形成于唐代，繁荣于宋元，鼎盛于明清。

先秦两汉时期，当时社会出现的神话传说、寓言故事、史传文学都孕育着小说艺术的因素，成为古典小说叙事的源头，同时也显露出了中国小说童年时期便已形成志人、志怪两大类别的端倪。

魏晋南北朝时期，出现了志人、志怪小说，严格意义上说这仍然算不上是小说，只能算是小说的雏形。《世说新语》也是这个时期的优秀作品，里面收集了许多短小精悍的小故事。

从后汉至唐代以前，是中国小说的童年时期，或者说是中国小说初步形成的时期。鲁迅先生把唐以前的小说称为“古小说”，这是为了与唐人小说和唐以后的小说区别开来。因为唐人小说是公认的中国文言短篇小说完全成熟的标志，这一时期的小说有一个共同特点，就是强调事物的“真实”而非强调艺术的真实。

唐朝时期，古代小说的发展趋于成熟，形成了独立的文学形式——传奇小说，由此我国的小说脱离历史领域而成为文学创作。唐代三大爱情传奇是元稹的《莺莺传》、白行简的《李娃传》、蒋防的《霍小玉传》，是此时期的标志性作品。“小说亦如诗，至唐而一变”。从中国小说发展史的角度来审视，唐人小说是一次质的飞跃。唐人小说，仅《太平广记》一书收录的单篇就有四十余篇，专集四十余部，约在千篇之数，大体分为两类：一为传奇，一为志怪。

宋元时期，商品经济的发展和市井文化的兴起，给小说创作带来深厚的土壤。小说发展到宋代，发生了根本的变化，这就是话本的产生。话本经过文人加工形成许多话本小说和演义小说。从此，以文言短篇小说为主流的宋以前小说史，从宋代开始，逐渐转为以白话小说为主流的小说史；同时文言短篇小说沿着它的轨迹发展。这样中国小说史自此沿着文言、白话两条线索交互发展，它们既有各自的特点，又相互吸收、相互渗透，千姿百态，美不胜收，高潮迭起。在中国文学史上，小说所占的分量越来越重，地位也越来越高。

明清时期，小说开始走上了文人独立创作之路。这一时期，小说作家主体意识增强。在明清这一段时间内涌现了无数的经典之作流传于世，如明代四大奇书（《西游记》《水浒传》《三国演义》《金瓶梅》）三言二拍（《醒世恒言》《警世通言》《喻世明言》《初刻拍案惊奇》《二刻拍案惊奇》）及清代的《红楼梦》《儒林外史》《老残游记》《聊斋志异》等。《红楼梦》的出现，把中国古代小说发展推向了高峰，达到前所未有的成就。

三、作品赏析

（一）《莺莺传》

《莺莺传》为著名的传奇小说，唐代元稹撰，原题《传奇》。

1. 内容梗概

《莺莺传》写张生与崔莺莺恋爱，后来又将她遗弃的故事。起始张生旅居蒲州普救寺时发生兵乱，出力救护了同寓寺中的远房姨母郑氏一家。在郑氏的答谢宴上，张生对表妹莺莺一见倾心，婢女红娘传书，几经反复，两人终于花好月圆。后来张生赴京应试未中，滞留京师，与莺莺情书来往，互赠信物以表深情。但张生终于变心，认为莺莺是天下之“尤物”，认为自己“德不足以胜妖孽”，只好割爱。一年多后，莺莺另嫁，张生也另娶。一次张生路过莺莺家门，要求以“外兄”相见，遭莺莺拒绝。当时人们还称赞张生“始乱终弃”的行为是“善于补过”，小说显然是站在张生的立场，美化张生，为他的薄幸行为辩护。

2. 人物刻画

（1）崔莺莺——才貌双全的大家闺秀，敢于冲破封建束缚的进步女性，矛盾反复的性格弱点，终被抛弃的悲剧命运。

《莺莺传》一开头，在与张生的初见中，莺莺“久之乃至”，既“双脸销红”，又“凝睇怨绝”，一幅羞涩而不情愿的模样，表现出一个名门少女所特有的端庄、娴静而又娇羞、矜持的性格特点。而且“垂鬟接黛”“颜色艳异”“光辉动人”，令时年23岁却还“未尝近女色”的张生“惊为之礼”，“数日来，行忘止，食忘饱，恐不能逾旦暮”，几欲相思成疾。无论从正面还是从侧面，我们仿佛都可以看到一位貌美的少女。但崔莺莺身上真正吸引张生的，是其内在美，是莺莺的气质和修养以及她的才情。红娘也曾提及说崔莺莺“善属文，往往沉吟章句，怨暮者久之”，而且我们也可以从小说中莺莺的《明月三五夜》以及她后来寄给张生的长信中可以看出，崔莺莺是一位受过良好教育、深明大义的大家闺秀。

从崔莺莺写《明月三五夜》来回应张生的二首《春词》，暗示张生于二月十四日晚逾墙至西厢相会，莺莺就已经迈出了她反抗封建礼教的第一步。但由于她看似义正词严地批判张生的不合理行为，所以她这一步的迈出并不明显。然而，从故事的后续发展中，我们便可以看出，今夜的这番话，完全是言不由衷的，否则，怎么会有接下来断断续续几个月的同居生活。而且，最初的一个月，张崔二人每晚相会于张生住处，是莺莺自荐枕席。这一在古代看来疯狂的举动，确确实实是出自大家闺秀崔莺莺。可见，在她的骨子里，有一种反叛的精神，爱情价更高。为了自己的幸福，她可以冲破封建礼教，不顾所谓的“妇道”，大胆去追求自己的爱情。她的超出那个时代的行为让我们这些现代人也佩服其勇气和魄力。

但崔莺莺毕竟还是要受到她生活的那个封建社会的影响，她还是有其软弱性的，她是一个矛盾而且反复的人。与张生的初次相见，她是被崔母逼迫的，而且席间她总是“凝睇怨绝”“若不胜其体”，而且对张生的“以词导之”总是“不对”。在张生的两首《春词》的暗示下，莺莺做《明月三五夜》作答，暗约张生在西厢见面，但张生如约而来后，却又“端服严容”，大谈了一通“非礼勿动”的道理。她既有青春的骚动，对爱情的渴望，又在道德礼教自抑下一再犹豫徘徊。她对于被抛弃的结局是有预感的。她渴望爱情，又对爱情没把握，从而构成了她在行为上的一再矛盾和反复：一方面，对情爱的渴望导致其对礼教之防十分脆弱；另一方面，对结局的担忧又使她在每次热情迸发之后表现出对张生的冷淡。席间的不理不睬，暗约西厢的斥责之后，崔莺莺终于冲破了自己的心理障碍，她自荐枕席，主动去找张生，不顾封建礼教的束缚，与张生共居一处，但“是后又十余日，杳不复知”。当张生滞留京城，迟迟不肯归之后，她只是寄去长信和信物来表达自己的相思之情，却不能采取实际行动去挽回自己的感情。既然可以放开自己，大胆与张生同居，那当自己的感情出现危机之后，又为什么不能放开自己去京城寻回张生，挽救二人的幸福呢？因为她是一个封建社会的女性，她的思想里仍然有封建思想的桎梏：她可以让自己的爱情冲破封建束缚，在不被人注意的暗处疯狂畸形滋长，但不能让它冲破封建束缚，在阳光下正常生长！正是由于莺莺对自己最后遭抛弃一开始就是有预感的，所以，她对张生也总是若即若离，她依旧不能彻底摆脱社会、出身、教养强加给她的精神枷锁，她认为自由结合是没有好结果的，所以当她被抛弃后，只是认为“始乱之，终弃之，固其宜矣，愚不敢恨”，自怨自艾，听从命运摆布。

（2）张生——俊美多情，正人君子，敢于冲破世俗的进步青年，矛盾反复的性格弱点，始乱终弃的负心汉。

张生是一个俊美的正人君子。小说开头是这样介绍张生的：“性温茂，美风容，内秉坚孤，非礼不可入。”张生“容顺而已，终不能乱”“未尝近女色”，说明他很俊美，而且行为方面，一直合乎“礼”的要求，符合古人谦谦君子的要求。张生同时又是一个多情的人。张生对莺莺一见钟情，而且他大胆、不加掩饰地通过红娘以书信传情，表达自己的爱慕之情，为爱而“行忘止，食忘饱，恐不能逾旦暮”，可见张生最初之痴情。

而且，在那个讲求门第和等级森严的社会，他不顾世俗的眼光，不顾所谓的“门当户对”，不顾与莺莺社会地位的悬殊，大胆而热烈地追求自己的爱情，在当时是相当有反叛精神的。但同时，张生也是一个矛盾而反复的人。他对莺莺一见钟情且情动不可自已地进行追求。当莺莺初次暗约张生相会西厢，义正词严地批判其不合“礼”的行为之后，张生即绝望而归。数夕之后，红娘“敛衾携枕而至”，得知莺莺要来，张生“犹疑梦寐”，但仍“修谨以俟”，也就是说对于莺莺要来同住这件事，他半信半疑，但终不肯对莺莺死心。在他的内心深处，他仍希望这一切都是真的。与莺莺同居数月之后，他虽曾想过对崔夫人坦白二人的关系，但迫于根深蒂固的封建思想的影响，他始终将事实真相隐瞒。而且当面对功名与情人之间的冲突时，他既想追求功名，又不肯放弃与莺莺的感情，两难抉择中，他还是选择了功名。

然而，张生最大的矛盾反复之处，还在于小说结尾处他将崔莺莺无情抛弃。为了功名，他放弃了与之同甘共苦的情人，赴京赶考之后，滞留不归，决心与莺莺断绝来往，而且为了替自己的无耻行径开脱，竟然污蔑莺莺为“妖孽”“尤物”“不妖其身，必妖于人”，张生的形象也由最初的谦谦君子变成了无耻的负心汉。

3.《莺莺传》赏析

《莺莺传》于叙事中注意刻画人物性格和心理，较好地塑造了崔莺莺的形象。崔莺莺是一个在封建家庭的严格闺训中长大的少女。她有强烈的爱情要求，但又在内心隐藏得很深，甚至有时还会在表面上作出完全相反的姿态。本来，通过她的侍婢红娘，张生与她已相互用诗表达了爱情。可是，当张生按照她诗中的约定前来相会时，她却又“端服严容”，正言厉色地数落了张生的“非礼之动”。数日后，当张生已陷于绝望时，她忽然又采取大胆的叛逆行动，主动夜奔张生住所幽会，“曩时端庄，不复同矣”。崔莺莺的这种矛盾和反复，真实地反映了她克服犹豫、动摇而终于背叛封建礼教的曲折过程。但是，她在思想上又始终未能彻底摆脱社会、出身、教养所加给她的精神桎梏。她仍然认为私自恋爱结合是不合法的，“始乱之，终弃之，固其宜矣，愚不敢恨”。因而在她遭到遗弃以后，就只能自怨自艾，听从命运的摆布，这又表现了她思想性格中软弱的一面。作品中对这一形象的刻画，传神写态，有血有肉，异常鲜明。

竟借其口大骂崔莺莺为“尤物”“妖孽”“不妖其身，必妖于人”，这就不仅使得人物形象前后不统一，也造成了主题思想的矛盾。诚如鲁迅《中国小说史略》所说：“篇末文过饰非，遂堕恶趣。”尽管如此，读者从作品的具体描述中却仍然感到崔莺莺令人同情，而张生的负心则令人憎恶。作品的客观艺术效果与作者的主观议论评价是不一致的。

（二）《聊斋志异》

《聊斋志异》简称《聊斋》，俗名《鬼狐传》，是中国清代著名小说家蒲松龄创作的文言短篇小说集。题材广泛，内容丰富，艺术成就很高。作品成功地塑造了众多的艺术典型，人物形象鲜明生动，故事情节曲折离奇，结构布局严谨巧妙，文笔简练、描写细腻，堪称文言短篇小说的巅峰之作。

1. 四大主题

（1）爱情主题

描写爱情主题的作品，在全书中所占比例最大，它们表现了强烈的反封建礼教的精神。如《婴宁》《莲香》《香玉》都是在没有恋爱自由的当时写出了青年男女自由相爱的故事。篇中的男女主角不顾封建礼教的约束，按照自己的感情和意愿，大胆地追求心爱的人，并都获得了幸福的结局。如《香玉》中的黄生在崂山下清宫中爱上了白牡丹花妖香玉，不幸花被他人移去，他日日临穴哭吊，终于感动花神使香玉复生宫中。《莲香》中的女鬼李氏热爱桑生，使桑生害了重病，当她不得不忍痛分手之后，却“愤不归墓，随风漾泊”，终于游至张家，借尸还魂，和桑生结成了美满姻缘。在《小谢》中，作者更写出男女双方经过一段自由接触逐步发展了爱情的故事。女鬼秋容、小谢和陶生开始只是师友相处。后来陶生因事入狱，秋容、小谢为之奔走相救，秋容被城隍祠黑判抢去，也得到陶生的搭救。他们在与黑暗势力的斗争中彼此互助，发展了爱情，才结为夫妇。这在男女被绝对禁止社交的封建社会中，几乎是不可想象的事；描写爱情主题的另一些作品，揭露了封建社会对青年男女爱情生活的种种阻碍，表现了他们的反抗斗争。《鸦头》《细侯》《连城》《宦娘》都是这方面的优秀作品。《鸦头》中的狐女鸦头是一个敢于反抗家长淫威的女性形象。《细侯》则揭露了富商大贾对青年幸福的破坏和妓女细侯的激烈反抗行动。《连城》写乔生和连城争取自由婚姻的斗争，尤为曲折动人。史孝廉征诗择婿，乔生的诗得到女儿连城的喜爱，史却以乔生家贫而不许婚。乔生深感连城知己，后连城病死，乔生前往临吊，一恸而绝。他在阴间找到连城，并在好友顾生的帮助下，被准许还魂。

（2）抨击腐朽的封建科举制度

作者饱含感情地揭露了科举制度埋没人才的罪恶。如《叶生》中的叶生，“文章词赋，冠绝当时”，却屡试不中，郁闷而死。最后只能让自己的鬼魂帮助一个邑令之子考中举人，“借福泽为文章吐气，使天下人知半生沦落，非战之罪也”。作者指出科举埋没人才的原因，即考官都是“乐正师旷、司库和峤”（《于去恶》）之流，不是眼瞎，便是爱钱。《素秋》《神女》《阿宝》等篇都暗示了科举考试的贿赂公行；《司文郎》《于去恶》等篇则有力地抨击了考官的有目无珠。

（3）揭露现实政治的腐败和统治阶级对人民的残酷压迫

《促织》是揭露封建统治阶级压榨人民十分典型的一篇。由于皇帝爱斗蟋蟀以及地方官的媚上邀宠，胥吏的借端勒索，遂至“每责一头，辄倾数家之产”。成名一家便是这无数受害家庭中的一个。成名因为买不起应征的蟋蟀，受尽官府的杖责，奄奄待毙。后来历尽艰辛，捕得一头，却不幸又被儿子不小心弄死：

儿惧，啼告母。母闻之，面包灰死，大骂曰：“业根！死期至矣！而翁归，自与汝覆算耳！”儿涕而出。未几成归，闻妻言，如被冰雪。怒索儿，儿渺然不知所往；既，得其尸于井。因而化怒为悲，抢呼欲绝。夫妻向隅，茅舍无烟，相对默然，不复聊赖。

这就是“天子偶用一物”造成的悲剧。后来成名的儿子复活，魂灵化为一只轻捷善斗的蟋蟀，才挽救了一家被毁灭的命运。这只蟋蟀献入宫中后，得到皇帝欢心，抚臣受名马衣缎之赐，县宰也以“卓异”上闻。这不仅进一步揭露了封建压榨的残酷，也充分说明了那些官僚是怎样飞黄腾达的。

（4）揭露了贪官蠹役、土豪劣绅种种压迫人民的暴行

《潞令》中的潞令“贪暴不仁，催科尤酷”，到任不过百天，便杖杀58人。《梅女》中的典史为了三百钱的贿赂，便诬人为奸，逼出人命。《梦狼》写世上的贪官都是“牙齿谗谗”的老虎，蠹役都是吃人血肉的狼，在他们大吃大嚼下，出现了“白骨如山”的惨相。土豪劣绅也和贪官蠹役一样横行霸道。他们的牛践踏了别人的地，还要串通官府把别人关进监牢（《成仙》）；因为争夺一个妓女，便随便打死人（《向杲》）；他们看上别人的东西，可以“举付健仆，策马竟去”（《石清虚》）；看中了别人的妻子，就公然闯入人家抢劫（《红玉》）。作者通过这一幅幅画面真实地揭露出了封建社会“强梁世界”的本相。

2.《聊斋志异》赏析

《聊斋志异》虽以神鬼怪异为主要内容，却与传统的志怪小说有很大的不同，创作目的并不在张扬神道，也不是单纯博人博己愉悦的游戏之作或消闲之作，而是一部充满现实生活血肉的抒发孤愤之作。蒲松龄在南游时写过一首《感愤》诗，其中有这样的句子：“漫向风尘试壮游，天涯浪迹一孤舟。新闻总入《夷坚志》（一作“鬼狐史”），斗酒难消磊块愁。”《夷坚志》是宋代洪迈写的一部志怪小说集，这里用来借指他当时正在写作的《聊斋志异》。这两句诗的意思是说，他创作《聊斋志异》，是为了抒发和消解胸中郁积的悲愤和不平。他在《聊斋自志》中，就将《聊斋志异》称为一部“孤愤之书”，并且深深地感叹说：“寄托如此，亦足悲矣！”难能可贵的是，蒲松龄在书中所寄托的“孤愤”，并不仅仅是因为他个人怀才不遇、穷困潦倒而产生的不平，而主要是同广大被压迫人民的思想感情息息相通的对黑暗现实的强烈愤懑。

首先，《聊斋志异》在思想内容上正如作者所言“集腋成裘，妄续幽明之录；浮白载笔，仅成孤奋之作；寄托如此，亦足悲矣”，它是一部有所寄托的表达理想和人民愿望的短篇小

说集。从艺术上说，能够把现实主义和浪漫主义手法结合在一起，深刻地表达了现实生活和美好理想之间的矛盾；其次，塑造了一系列的有现实基础和生活环境的鲜明个性的人物，比如行动严谨的青凤，性格开朗、天真烂漫的婴宁，不知乐愁的小谢等；再次，善于描写细节，并把人物性格、语言和生活融为一体。

第三节 中国现当代小说赏析

一、现当代小说的开端

现代小说，从时间上来说是指五四运动以后的新民主主义革命时期的小说；从性质上来说是指小说的内容和形式方面相当于中国古代小说而言，采用白话文形式表现中国人的审美心态和情感方式。

民国时期现代小说其主体是“五四”文学革命中诞生的一种用白话文写作的新体小说。它取法欧洲近代小说，却植根于现实生活的土壤，既不同于中国历来的文言小说，也迥异于传统的白话小说。和中国封建时代许多小说表现帝王将相、才子佳人的内容相对立，现代小说以日常生活中普通的农民、工人、知识分子和市民为重要描写对象，具有现代民主主义的思想色彩，不少作品还体现了科学社会主义思潮的影响。在艺术表现上，性格小说大量出现，心理刻画趋于细密，“全知”式叙述角度有所突破，现实主义创作方法得到遵循，这些也都构成了五四以后新小说与实际生活大为接近的显著特点。尽管章回体小说在现代依然存在，但这些作品也不同程度地吸收了新小说的思想艺术营养，并逐步朝新小说方面转化。中国小说从五四时期起，迈进了一个与世界现代小说有共同“语言”的崭新阶段。

（一）《平凡的世界》

1. 人物形象分析

孙少平——平凡世界的精神斗士。他在我们的年代属于这样的青年：有文化，但没有幸运地进入大学或参加工作，因此似乎没有充分的条件直接参与目前社会发展的主潮之中。而另一方面，又不甘心把自己局限在狭小的生活天地里，因此，往往带着一种悲壮的激情，在一生中最为艰难的道路上进行人生的搏斗。

顾不得高谈阔论或愤世嫉俗地忧患人类的命运，首先得改变自己的生存条件，同时也不放弃最主要的精神追求，既不鄙视普通人的世俗生活，但又竭力是自己对生活的认识达到更深的层次。

孙少安——负重前行的跋涉者。因贫困，孙少安为减轻父亲负担主动辍学回家帮忙。得知姐夫王满银因为贩卖老鼠药被抓起来劳教后，他无能为力。可在家人面前他却假装镇定，并设法稳定家里人的情绪……他放弃了学习的机会，他吃苦耐劳地支撑起这个家。正因为他的牺牲，他的家才能有新的依靠。可以说孙少安牺牲了自己，成就了一个家庭。

孙少安默默地用行动来诠释自己存在的价值，对家人、对集体、对社会他都承担起自己应尽的责任，并把它视为理所当然，视为一种信仰。他虽然只是一个普通的庄稼人，虽然只有小学学历，但他用实际行动很好地诠释了自己的价值。面对灾难、挫折，他从没逆来顺受，而是奋起反抗。他的不幸是悲剧的，但正是这些悲剧才能更好地体现他的壮烈美。

田润叶——悲剧的醒悟者。这是一个好女子，在错误的时间和错误的地点遇见了对的人，注定了她人生悲剧的开始，欣慰的是，她的人生不会以悲剧结束，醒悟虽有痛，至少命运没有抛弃她。

从爱情的角度来讲，润叶是忠贞的，为了爱情可以抛弃所有，不计后果，这样的爱情精神是很多偶像剧追逐的主题。但遗憾的是，少安没有成全这段情缘。于生活，无法去指责少安是一个负心汉，现实生活早已让他们没有交集了，过去的亲密只是一段美好的回忆，生活从来不会怜悯回忆的。现实的碰撞让这段感情支离破碎，情依旧，爱已散，各自面对各自的生活，回忆将束之高阁。

执着的向前遇上同样执着的润叶，悲剧又增一层，这些都是生活的苦难，是一次没有彩排的、无情的考验，当重新找到生活

路　遥

陕西省清涧县人，1949年出生于陕北山区一个贫困的农民家庭，7岁时因为家里困难被过继给延川县农村的伯父。“文革”开始后受影响，直到1969年底才回到家里务农。这段时间里他做过许多临时性的工作，并在农村一小学中教过一年书。1973年进入延安大学中文系学习，其间开始文学创作。大学毕业后，任《陕西文艺》（今为《延河》）编辑。1992年积劳成疾，英年早逝。1980年发表《惊心动魄的一幕》，获得第一届全国优秀中篇小说奖，《人生》《在困难的日子里》也相继获奖。1991年完成长篇小说《平凡的世界》获得第三届茅盾文学奖，他的作品《人生》被改编成电影后，引起巨大的轰动。

方向的润叶回头看看她现实的丈夫的时候，另一个霹雳让生活摇晃地颠簸了一下——向前失去了双腿，无情的现实似乎是想瓦解这个还没有爱的家庭，但润叶又执着地回头了，释怀了曾经刻骨铭心的爱，坚定勇敢地面对现实的生活，在她为自己的爱情失魂落魄时，另一个真心爱他的男人也在失魂落魄的生活中挣扎着，她不能再这样下去了，逝去的已无法再改变，但眼前的却能够珍惜。

田晓霞——男性的精神导师。田晓霞出身于一个干部家庭，殷实的家境使她不必像男主人公孙少平那样为温饱所困，更重要的是，在这样一个家庭的熏陶下，她的思想境界和内在品质都远胜于同龄人。田晓霞在高中时期已有独立思考的能力，“看问题往往和社会一般的看法不一样，甚至完全相反”，孙少平“每次和她交谈，都能使自己的头脑多开一扇窗户”，孙少平已开始自觉接受田晓霞的指教，而田晓霞则慧眼独具地发现孙少平与众不同的“气质”，并有意识地加以引导。

可怜、可爱、拥有无限活力、超脱现实的梦想与爱情，并为之拼搏奋斗了一生的田晓霞，最终没能得到自己企盼的幸福（尽管幸福已经近在咫尺）！

2. 环境描写

作者描绘了一幅黄土高原特有的冬去春来、季节转换的典型的生态环境。“连绵的黄土高原”“枯黑的草木”“铺天盖地的大风”“天空弥漫着尘埃”，充满了浓郁的黄土气息，暗示了主人公孙少平最初入校时灰蒙蒙的心境。但黄风过后，天气转暖，天地一派“桃红柳绿”：柳树抽出了细丝，桃杏树缀满了粉红的花蕾，“树木的枝条开始泛出鲜亮的活色，鼓起了青春的苞蕾”。一切都预示着即将好转，青春的活力即将回到年轻的孙少平的身上。孙少安此时的心情和我们一样，在第六段中写道：“他的心情开朗了许多。”

《平凡的世界》创作背景

从“文化大革命”后期到20世纪80年代改革开放初期，当时的中国社会现实是动荡发展的，改革探索也是在摸索中前进的，沧桑而苦难。由于国家政治生活和经济生活的不稳定，社会许多方面都处在一种非常动荡和混乱的状态中，造成城乡之间巨大的不可逾越的鸿沟。在农村，农民的生活也越来越困难。

新旧两种思想观念和行为方式的大冲撞在书中有着深刻的描述。“孙少平”式的梦想和奋斗精神鼓舞了许多人。作品以黄土高原为背景，是一幅黄土的风情画。文中使用了一些当地的口语。无论从题材、思想，还是从语言上说，本书都可堪称新时期长篇小说的代表作品。

当然社会环境描写，还能表现人物的身份、地位、性格。书中有这样一段描写：“现在没办法拒绝了，少平只好跟着润叶姐起身了。他一路跟着和润叶姐进了县革委会的大门。进了大门后，他两只眼睛紧张地扫视着这个神圣的地方。县革委会一层层窑洞沿着一个个斜坡一行行排上去，最上面蹲着一座大礼堂，给人一种非常壮观的景象。在晚上，要是所有的窑洞都亮起灯火，简直就像一座宏伟的大厦。”

像《红楼梦》里的林黛玉进贾府一样，孙少平跟润叶进县革委会大门到她二爸家，两只眼睛紧张地扫视着这个神圣的地方，县革委会“像一座宏伟的大厦”，非常壮观，这段描写烘托了少平的身份——农家子弟，未见过世面，其特征性格是腼腆、拘谨的。

在做客后，孙少平又是什么样的反应呢，我们来看一下：“城市的四面八方，灯火已经闪闪烁烁，风温和地抚摸着人的脸颊，隐隐地可以嗅到一种泥土和青草芽的新鲜味道。多么好呀，春夜。”

通过孙少平的主观观察，预示着一个下午紧张的心情这时已经开始舒缓，因此，这种司空见惯的夜晚和泥土、青草的味道才会让人感到如此的美好，表现了孙少平在润叶姐的亲切关心下心情舒畅的感觉。

3. 作品语言

路遥小说语言具有自己独特的特色，其中最大的特色是对陕北方言的恰当利用，陕北方言经路遥精心提炼，无论是融于小说人物道白中的方言土语，还是融入小说整个叙事话语系统之中的陕北方言，都体现了路遥小说语言的朴实、平淡。但另一方面，路遥并非一味追求朴实、平淡，由于表达的需要，有些语言也比较幽默诙谐。比如说，在王满银劳改被释放的时候唱的一段信天游：

青线线（那个）蓝线线，蓝格莹莹彩，生下一个兰花花，实实的爱死个人！五谷里（那个）田苗子，惟有高粱高，一十三省的女儿吆，数上（那个）兰花花好……

陕北的信天游令人折服，夸人知道用比兴的手法，直抒胸臆，把王满银对兰花的爱表达得淋漓尽致，真是爱死个人！同时，也表现了“二流子”王满银不记“前罪”，开朗、乐观的性格。兰花听到这个段子，心里自然乐滋滋，“兰花脸涨得通红，跑过去用她那老茧手在王满银的后脑勺上拍了一巴掌”，幸福溢满心田。爱意的表达水到渠成，这段信天游“功不可没”。又如：

> 正月里冻冰呀立春消，二月里鱼儿水上漂，水呀上漂来想起我的哥！想起我的哥哥，想起我的哥哥，想起我的哥哥呀你等一等我……

这段信天游在文中出现了三次：第一次是田润叶和孙少安一起散步时听到的，当时的他们沉浸在明媚的春光中，心情无限美好；第二次是田润叶突然听说孙少安结婚后想到的，想到两个人一块长大，青梅竹马，两小无猜，却不能厮守终生，白头到老，“两行泪水再一次从她的眼睛里涌出来了”；第三次是田润叶自己结婚时自己想到的，在孙少安已结婚、在家人“逼迫”的情况下，自己不得已和李向前结婚，心中充满了悲哀与心酸，歌声是对那已被埋葬的爱情梦想的祭奠，令人心碎！三次信天游的出现，心情各异，渲染有力。

4. 作品主旨

小说反映了从“文革”后期到改革开放初期广阔的社会面。这是一部全景式地表现中国当代城乡社会生活的现实主义长篇小说。小说以孙少安和孙少平两兄弟为中心，以整个社会的变迁、思想的转型为背景，通过复杂的矛盾纠葛，刻画了社会各阶层普通人们的形象，成功地塑造了少安和少平这些为生活默默承受着人生苦难的人们。在这里，人性的自尊、自强与自信，人生的苦难与拼搏、挫折与追求、痛苦与欢乐，日常生活与社会巨大冲突，纷繁地交织在一起。

（二）《白鹿原》

1. 内容梗概

这是一部渭河平原50年变迁的雄奇史诗，一幅中国农村斑斓多彩、触目惊心的长幅画卷。主人公白嘉轩六娶六丧，神秘的序曲预示着不祥。一个家庭两代子孙，为争夺白鹿原的统治争斗不已，上演了惊心动魄的一幕幕：巧取风水地、恶施美人计、孝子为匪、亲翁杀媳、兄弟相煎、情人反目……大革命、日寇入侵、三年内战、白鹿原翻云覆雨、王旗变幻、家仇国恨、交错缠结，冤冤相报代代不已……古老的土地在新生的阵痛中战栗。

小说的前五章写了白鹿原社会群体的常态，从娶妻生子、土地种植一直写到翻修宗祠和兴办学堂，整个白鹿原被纳入旧生活的常规，“洋溢着一种友好、和谐、欢乐的气氛”。从第六章开始，作家就着手设置境遇了。第一个境遇是改朝换代。白嘉轩说：“没有皇帝了，往后的日子咋过呢?”朱先生为这位群体领袖(族长)拟定了一份《乡约》，似乎有了群体规范就可以保证稳定。然而，这《乡约》却约不住外部社会，于是便爆发了“交农事件”。“交农”虽说是群体对外界社会的抗争，但这事件中每个人都为自己今后的命运埋下了种因。事件过后，初级群体在内部蕴蓄着，主要是新的一代在新的形势下成长，兆鹏、兆海、孝文、黑娃、白灵都在与外部社会接触中进一步社会化。从第十一章开始，作家设置了第二个境遇：白腿乌鸦兵围城。在围城事件中，白鹿原社会群体尽管仍作为一体来同外界社会抗争，然而，已经从个人的不同斗争方式上预示了群体的分化。接着是第三个境遇：农民运动及国共分裂。至此，群体已分化出三种势力：国民党、共产党与土匪。白嘉轩作为族长尽管还在不遗余力地恢复群体的稳定，但已经回天乏力了。接着是第四个境遇：年馑与瘟疫。从第十八章到第二十八章是小说最出色的十章，大自然的参与加剧了社会的变动，已经完全成熟了的年轻一代以各自的方式投入行动，群体中每一个人，包括此前被置于后景上的妇女都在灾难的漩涡中打转浮沉。自然灾害过后一片死寂，群体的创作还没来得及恢复就又被卷入社会灾难的漩涡。第五个境遇是抗日战争。大概由于西部未曾沦陷，作家才没有对此展开描写，只是用反讽手法写了朱先生投军与兆海之死。第六个境遇是解放战争。这最后的五章写得也很动人，尤其是卖壮丁与策反保安团，写得有声有色。决定整个民族命运的大决战自然也决定了白鹿原社会群体的命运，每个人物都走向自己的归宿。不难看出，结局中笼罩着悲剧气氛，我认为作家这样写是非常聪明的。朱先生的死、黑娃的死、鹿子霖的疯、白嘉轩的残，以及鹿兆鹏的下落不明，共奏出一曲挽歌，似在挽悼旧的白鹿原的终结。

陈忠实

中国当代著名作家，中国作家协会副主席。《白鹿原》是其成名著作，其他代表作有短篇小说集《乡村》《到老白杨树背后去》，以及文论集《创作感受谈》。中篇小说集《初夏》《四妹子》，《陈忠实小说自选集》，《陈忠实文集》，散文集《告别白鸽》等。1997 年获茅盾文学奖，其中《白鹿原》被教育部列入“大学生必读”系列，被改编成秦腔、话剧、舞剧、电影等多种艺术形式。

《白鹿原》创作背景

20 世纪 80 年代初，文坛兴起了“反思文学”的创作潮流，这种潮流在此后逐步泛化为 80 年代的一种普遍的文学精神。这种精神影响到 90 年代的长篇创作，90 年代的不少长篇创作都在不由自主地向这种精神靠拢，这也使得这期间的长篇创作在对民族历史文化的反思方面达到了一个新的高度。陈忠实正是在这样的文学思潮之中有了对《白鹿原》的创作欲念，并且完成了这部能够代表这种反思新高度的史诗作品。

2. 人物分析

（1）白嘉轩

主角是识字不多、一生敬恭桑梓的一族之长白嘉轩。在《白鹿原》中，白嘉轩便是传统宗法文化的体现者。作者在一开篇便揭示了展现在主角白嘉轩身上的传统文化中根深蒂固的传宗接代意识与封建文化的愚昧因子——迷信风水：父猝死、六个媳妇接连早亡。在接着的章节里，白嘉轩巧觅风水宝地后迁祖坟、迎娶第七个新娘，终获人财两旺。同时，白嘉轩的身上不仅有封建文化落后的一面，更多的是优秀的一面。他坚守“耕读传家”的古训，将封建伦理所倡导的“仁、义、礼、智、信”完全融入日常生活之中。白嘉轩的生命轨迹充分表现了浩然的正气、崇高的精神和不屈的个性，白嘉轩的自律、机敏、果敢、仁义和稳健简直到了无以复加的地步。

（2）鹿子霖

鹿子霖是作品中的一个反面人物。鹿子霖从小就受到父亲的娇纵。父亲不仅鼓励他争强斗狠，还对儿子的恶行放纵、指使。这就决定了鹿子霖的邪恶本性。但鹿子霖并不是坏得十恶不赦，他只是干些吃、喝、嫖、赌勾当，在与白嘉轩的明争暗斗中，他做的往往都是见不得人的勾当。他算计了白嘉轩的儿子，败坏了孝文的名声，自己的儿子也同样不听他的管教。鹿兆鹏不肯与新娶的媳妇同房，参加共产党后，给家里带来无穷灾难。最后，他受这个共产党儿子的连累，被拉上刑场陪同枪毙的死刑犯，结果被吓成精神病，冻死在野外。

（3）白孝文

白孝文是《白鹿原》中命运较为曲折的一位。他最开始被作为族长的接班人来培养，父亲灌输给他的那些道德行为准则于他来说只是保住某种身份的工具，他并没有真正的接受这些道德准则，所以才会经不住田小娥的诱惑步入鹿子霖设好的圈套。由此

白鹿原的生活民俗

老　腔

华阴老腔系明末清初，以当地民间说书艺术为基础发展形成的剧种，长期以来，为华阴县泉店村张家户族的家族戏。

老腔最大的特点就在于它的老辣，其声腔刚直高亢、磅礴豪迈。

蓝田勺勺客

“勺勺客”是关中方言中对厨师的称谓，蓝田素以“厨师之乡”闻名半个中国，明、清两代的宫中御厨就有不少是蓝田人。当时流传这样的口头禅：“要找蓝田乡党，大小衙门厨房。”

《白鹿原》中鹿姓先祖“鹿马勺”在家道衰败后，忍屈受辱，卧薪尝胆，终于学得一手烹饪绝技，不仅使得鹿家家道中兴，也影响了更多的人学习厨业。

他步入了人生的最低谷，成为败家子，成天与小娥腻在一起吸食鸦片，并且落到了讨饭、领救济粮的地步，甚至差点饿死路边。一个偶然的机会，白孝文进入保安团。至此，他走出低谷，完成从封建宗法文化传承者到机会主义者的蜕变。

白鹿原的生活民俗

皮影戏

据《中国影戏史略及现状》记载："中国影戏之发源地为陕西，自秦汉至隋唐当皆以其最盛。"皮影以上等牛皮为原料，经泡制、刮毛、去脂、磨、刻、染、熨、缀等二十余道工序精工细作而成，雕镂制作精细，玲珑剔透，深受民间喜爱。皮影戏的唱腔就其声腔而言，属于板腔体，主要板式有：慢板、慢紧板、紧板、二六板、煽板、二八板、扬句子、滚板、三不齐、单句送等，其腔调分花音、平音、哭音。

(4) 田小娥

她是封建宗法文化所造就的一个冤死鬼。她的一生充满着血和泪的控诉，但由于个人力量的渺小，至死也没有翻身。她一开始就以一个悲剧式的人物形象出场，最初是郭举人的小妾，实际地位却"连狗都不如"，她不是用来生娃的，而是专门给郭巨人泡枣的，"她其实是一种锦衣玉食的性奴隶"。在她身上，没有展现出丝毫的人格地位，后来与黑娃的偷情，是"她人性之花的绽放"，而当她一旦与黑娃两心相知，便交付身心，准备一心一意的跟定黑娃，她不求名利，不贪富贵，只想本本分分安安心心的过日子，可是就连这一点小小的心愿也被白嘉轩的传统道德观念所斩绝了。不准她进祠堂，因而也不被白鹿原所承认，当黑娃出逃后，她便像羊掉进了狼窝一样，在政治上、肉体上、人格上倍受惩罚和蹂躏，以致小娥最后走上了毁灭。

皮 影

3. 作品赏析

《白鹿原》通过陕西关中地区白鹿原上白、鹿两家几代人的人生、命运和复杂的纠葛，揭示了中国社会错综复杂的矛盾与中华民族赖以生存的源远流长的文化。

作家站在人类文明史的高度，对中国现代历史进行了全新的体验和认识，在家族矛盾与政治斗争中，展现了一段纷纭变化的世事风云，使小说真正成为"一个民族的秘史"。在陈忠实笔下，历史不再仅是一部单一线条的阶级对抗史，同时也是一部在对抗中相互依存、相互融合的历史，同时也是一部经济史、文化史和心灵史。

在人物塑造上，作品打破了以往同类题材两元对立的创作模式，成功地塑造了最后一位好族长（白嘉轩），最后一个好长工（鹿三），最后一个好先生（朱先生），通过他们组成了中国农业文明最后的光环。在作家笔下，无论是白嘉轩，还是鹿三、朱先生，都远远超出了自身阶级的界限，而具有了更为浓厚的文化的意蕴。

作品还成功地对作为民族禁忌的性生活及其在文化网络中的重要地位作出了展示，在作品中，较多地涉及了与两性相关的生活内容。这部作品还具有浓郁的关中地方特色和乡土色彩。小说所描写的白鹿原位于陕西关中地区。作品相当详尽地描写了关中地区的山川风物，风土人情。不论是婚丧嫁娶，还是节日里的喜庆；不论是田间的劳作、平时的吃食，还是房屋、家具、衣着打扮；以及赶集、走亲戚等等，都充满浓郁的关中特色，而作品所使用的语言更是朴实精当，抒情、状物都十分传神。

二、红色经典小说赏析

“红色小说”就是以革命抗战为背景的革命小说，主要写老一辈人革命艰苦奋斗、毫不屈服的历程。“红色”是指流贯在作品血脉中的革命精神和英雄主义的思想风貌。

“红色小说”又称“革命历史小说”，在当代中国的文学史中，专指 1942 年《在延安文艺座谈会上的讲话》以后创作的，以 1921 年中共建党至 1949 年中华人民共和国成立的这段历史为题材的小说作品。

《青春之歌》

1. 内容梗概

小说主人公林道静为了寻找个人出路，逃避为男人当“玩物”和“花瓶”的命运，踏上流亡之路。她逃离家庭，到北戴河附近的杨家村小学投亲不遇，做了代课教师。然而，校长余敬唐却阴谋地把她嫁给当地的权贵，走投无路之下她投海自尽，被一直注意着她的北大学生余永泽搭救。“诗人兼骑士”的余永泽，唤醒了林道静对生活的热情，在余永泽爱情的感动下，她答应和他共建爱巢，从小孤苦无依的林道静暂时享受到了家庭的温馨。但她不甘心被人供养，先是寻找工作受挫，后接触到北大的爱国学生，思想上受到触动。当遇到共产党人卢嘉川之后，她开始接触到革命思想。余永泽一再拦阻她参加革命活动，并导致卢嘉川被捕。林道静在惨痛的事实面前如梦方醒，决心离开庸俗、自私而平庸的余永泽，投身到抗日救亡的洪流中去。从此她在革命者的指引下，一步步克服软弱，最终成为一名成熟的无产阶级革命战士。

2. 人物分析

随着红色浪潮席卷整个中国，觉醒后的女性和男性一样，怀着一腔热情也投入到火热的革命中，一方面说明女性开始和男性有着平等的独立地位，有着个体的理想追求。但另一方面，她们也出现和面临着几种不同的人生道路选择，这里，女性的自我意识和精神追求主要表现在她们对待革命的态度及她们在爱情的体认、抉择、取舍上。有淡化爱情投身革命的女英雄，也有牺牲爱情皈依革命的知识女性，而林道静是一个在革命道路上成长的女战士。

林道静的成长是在一次次的选择中渐渐完成的，然而他的选择并不仅仅是人生道路的选择，还有爱情的选择，她的人生选择决定了她的爱情选择。

《青春之歌》中，“爱情选择”和“人生选择”是“双声并置”又相互交织的两条叙事线索，二者同构并形成一种奇妙的互文或隐喻。林道静和她的三个男人（余永泽、卢嘉川、江华）的爱情叙事是革命意识形态与个人人生阅历抵牾和角斗的基本立脚点，两种声音碰撞后的结果和走向是林道静成长的支点。

第一阶段：林道静由反抗封建家庭的包办婚姻，到独立谋生的幻想破灭后投海自杀，被北大学生余永泽搭救，并相爱同居，是她人生成长的第一阶段。林道静与余永泽的结合表明中国知识分子在走向革命的旅途中，首先选择的是来自西方以个性解放为核心的人道主义。

人生：选择自由主义思想

爱情：选择多情的骑士，有才学的青年——余永泽

背景：受18世纪欧洲启蒙运动的影响，1915年由陈独秀、胡适等启蒙家领导了一场反对封建旧文化、建立新文化的新文化运动。自由主义是这场运动中最有效的武器之一。西方文艺复兴以来的自由主义学说得到了最广泛的传播，自由主义成为部分中国

杨　沫

（1914～1995），当代女作家，原名杨成业，笔名杨君默、杨默，祖籍湖南湘阴，生于北京。曾就读于温泉女中，因家庭破产而失学，当过小学教员、家庭教师和书店店员。

1934年开始文学创作和发表作品，多是些反映抗日战争的散文和短篇小说。抗战爆发后到冀中参加中国共产党领导的游击战争，做妇女、宣传工作。1943年起任《黎明报》《晋察冀日报》等报纸的编辑、副刊主编。其作品还有中篇小说《苇塘纪事》，短篇小说《红红的山丹花》，长篇小说《东方欲晓》《芳菲之歌》《英华之歌》，长篇报告文学《不是日记的日记》《自白——我的日记》，以及《杨沫文集》《杨沫散文选》等。

《青春之歌》书影

知识分子的核心价值观念。余永泽就是这类自由主义的代表。余永泽与林道静谈托尔斯泰、雨果、海涅、拜伦，甚至谈到反抗传统道德和妇女解放：林，你一定读过易卜生的《娜拉》；冯沅君写过一本《隔绝》你读过没有？这些作品的主题全是反抗传统的道德，提倡女性的独立的。可是我觉得你比她们还更勇敢、更坚决。你才 18 岁是不是？林，你真是有前途的、了不得的人……这些都是当时由西方启蒙思想运动传入中国的自由主义启蒙思想的一部分。对于痛恨旧社会，急于找出路又感到无助的林道静而言，余永泽的资产阶级自由思想无疑是一股春风，一株急于握住的救命稻草。这是林道静，这个从旧的封建家庭中出走的中国式的“娜拉”对生活的又一次希望的寄托，也是中国“五四”时期知识分子与自由主义思想的结合。

第二阶段：林道静在感情上移恋卢嘉川以及她与余永泽的最终决裂，构成林道静成长经历的第二阶段，即中国革命知识分子选择接受马克思主义、向往革命人生的阶段。

人生：对马克思主义的选择

爱情：选择了成为她走向革命道路的引路人——卢嘉川

背景：1917 年俄国十月革命给我们送来了马克思列宁主义。中国于 1919 年发生了“五四”爱国民主运动和思想启蒙运动。陈独秀由民主主义者转型为马克思主义者，他与李大钊等一批马克思主义者成为这次社会主义启蒙运动的领导人，号召广大人民群众奋起斗争，争取“人民主权”和“自由平等”，来推翻封建制度和殖民帝国的统治，建立新中国。胡适反对马克思主义、社会主义，他崇尚的是自由主义、改良主义。这样，“在中国未来理想蓝图的构建上，就出现了自由主义和社会主义两种方案”。小说所讲述的是发生在 1931 年到 1935 年的事。此时是抗日救亡时期，“中国的民族主义（救亡）与社会主义的亲和推进了社会主义式的启蒙”。两种启蒙思想的交锋在此时有了结果，自由主义启蒙思想日趋衰微。

第三阶段：另一个共产党人江华的介入构成了林道静成长经历中的第三个阶段。在江华的领导下，林道静开始了在伟大的人民革命斗争中锻炼成长的阶段。

人生：对与工农相结合革命道路的选择

爱情：选择成熟稳重的革命英雄——江华

背景：卢嘉川只为林道静指引了一条道路，但共产主义这条路在中国究竟应该怎样走，林道静并不得知。共产主义社会毕竟是无产阶级追寻的终极目标，是“乌托邦”式的，它与中国革命道路相结合的同时，还需要有理论联系实际的过程。此时，江华继任卢嘉川未竟的事业。当江华问林：“你认为中国的革命将要沿着什么样的道路发展下去呢?”林道静“抿着嘴来回摆弄一条白手绢，半天还是答不上来”。对于这个问题的解答也就是林道静成为一名真正的共产党人需要解决的问题。

在江华的指引下，林道静明白了要夺取革命的胜利，共产党要夺取绝对的领导权，要将共产主义理论与革命斗争相结合，要走与工农联合的道路。通过参加深泽县的农民斗争，并经历了一系列严酷的考验之后，林道静终于加入中国共产党，实现了梦寐以求的理想。与工农相结合的道路也是中国知识分子成长的必经之路。

江华是一个工人革命者，有革命战争的实践经验与体验，沉着、老练的党地下县委书记身份的他让林道静了解了党对抗日战争的绝对领导、抗战全面爆发的国内外革命形式、开展学生运动的经验与技巧、工农结合的艰难历程等。“平日，道静自以为读的大部头不少。辩证法三原则、资本主义的范畴和阶段，以及帝国主义的灭亡、共产主义的必然胜利的理论，她读的不少。可是当江华突然问到这些中国革命的具体问题……她却蒙住了。”在江华富有实践经验的“布道”和“说教”的感受下，林道静的成长转变思想也越来越清晰。

总结：林道静成长道路上所遇到的这三个男性，他们不同的身份、出身和政治立场，可以看成是中国现代知识分子不同人生道路选择的象征。林道静与余永泽的恋爱及结合，表明知识分子在走向革命的历程中首先选择的是来自西方的以个性解放为核心的人道主义，而她后来对卢嘉川产生感情并与余永泽最终决裂，则表明中国知识分子接受了马克思主义，开始了由启蒙向革命的转变。“余永泽的失败、卢嘉川的成功标志着革命阶段性的转折，即现代革命已经超越了五四革命而进入一个新阶段。”

3. 作品赏析

小说生动地描绘了林道静由一个小资产阶级知识分子逐步成长为一名无产阶级革命战士所经历的曲曲折折、反反复复的人生历程，从中透视出整整一代革命知识分子所走过的艰苦道路。除林道静之外，小说还塑造了卢嘉川、林红、余永泽、王晓燕等一大批具有鲜明时代特征的人物形象，其中有为民族解放英勇献身的革命烈士，有投机钻营以求平步青云的统治阶级的奴才，也有叛徒、特务以及自甘堕落的青年，形形色色人物的精神面貌得到了展示，这又使得小说包含了广阔、丰富的时代内涵。

在艺术特色上，整部作品结构宏伟，情节曲折复杂，在处理人物形象时作者避免了简单片面的处理，而是以细腻的笔触伸入到主人公的内心世界中，真实地刻画人物的心理，较为全面地把握了人物的多重侧面，因而具有极强的艺术感染力。

三、经典武侠小说赏析

武侠小说是中国旧通俗小说的一种重要类型，多以侠客和义士为主人公，描写他们身怀绝技、见义勇为和叛逆造反行为。

中国最早出现的长篇武侠小说为清代古典名著《三侠五义》。后世武侠小说有广义和狭义之分，广义上是指传统武侠、浪子异侠、历史武侠、谐趣武侠、古典仙侠，但从武侠小说的狭义层次上来说就只指传统武侠、浪子异侠、历史武侠、谐趣武侠这四类。

金庸

当代著名作家、新闻学家、企业家、社会活动家、政治评论家。本名查良镛，1924年3月10日生于浙江省海宁县袁花镇。作为新派武侠小说最杰出的代表作家，被誉为武侠小说家的“泰山北斗”，“金大侠”或“查大侠”，是《香港特别行政区基本法》主要起草人之一，曾荣获香港“大紫荆勋章”。

金庸一支笔写武侠，一支笔纵论时局，享誉香江；少年游侠，中年游艺，老年游仙；为文可以风行一世，为商可以富比陶朱，为政可以参国论要。金庸一生的传奇，可谓多姿多彩之至。

《射雕英雄传》

1. 内容梗概

《射雕英雄传》是一部描写江湖间恩怨情仇的武侠小说，开篇一首《满江红》，荡尽无数炎黄子孙的侠骨柔肠，抒发了一种强烈的民族悲愤。靖康之耻犹未雪，转眼之间，蒙古铁骑奔突，兵锋直指南宋，“臣子恨，何时灭?”历史的结局不见得总遂人愿。《射雕英雄传》描写的人物共有97人，其中个性鲜明的有：憨厚笨拙的郭靖、机智狡黠的黄蓉、愤世嫉俗的黄药师、无恶不作的欧阳锋、蔼然可亲的一灯大师、一身正气的洪七公、天真烂漫的周伯通、采花淫贼欧阳克、认贼作父的杨康、痴情不改的穆念慈等等，以及全真七子、江南七怪、渔樵耕读、黑风双煞、黄河四鬼……诸多人物，纷至沓来，而以主人公郭靖最为突出，贯穿小说的始终。《射雕英雄传》多抒发爱民之心、丧国之耻、乱世之苦、英雄之思，这种胸怀意蕴，洋溢在故事情节中，浮沉于字里行间，使人读之，忧思愤懑，顿生慷慨之气，为之击节悲歌不已。

《射雕英雄传》连环画

2. 人物分析

(1) 郭靖——侠之大者，为民为国

《射雕英雄传》是一本极成功的小说，郭靖是个极成功的人物。他与陈家洛、袁承志的贵公子形象相反，是个出身农家的朴实少年，而且生性质朴，说话木讷。郭靖写得成功，是因为他的性格清楚稳定，他似乎是正统道德观念及传统侠义精神的化身，他的一举一动无不发自自然内心，读者或者不同意他的看法和做法，但绝不会不明白他，或对他有所怀疑，“郭靖”这个人物的真实感，大部分来自他朴实而真诚这个特质。

郭靖最重要的是他的人格，武功犹在其次，他自小人生目标便十分明确：做个好男儿，为父亲报仇。“报仇”这个观念，在现代现实社会当然不容许，但在武侠小说的幻想世界来说，却是基本的道德责任。在看武侠小说时，我认为不应以现实眼光看“报仇”，而是要从象征的观点看，把“报仇”了解为世俗社会指定的道德责任及权利。郭靖“报父仇”的目标，根本就是“做个好男儿”，履行社会义务的一部分。

郭靖的道德观念不是从高深理论所得来的，而是基于一些十分平常的信念，例如尊长的吩咐必须遵从，答应了人的事一定要做，对朋友要忠心，不能贪生怕死，不可欺骗人，不可贪人钱财等等。“为国为民”，就是从这些简单平常道德观念而来的理想，没有什么难懂之处。郭靖的不平凡，在于他由始至终毫不犹豫地忠于自己从小培养成的道德信念。

郭靖的政治醒觉，跟他的武功一样，全是经他努力，一点一滴积聚至充盈处，终于水到渠成。起初，他最大的责任不过是为父亲报仇，为七位师父争面子，好好打赢杨康；但是随着经历与见识的增长，他渐渐体会到正邪之间的斗争，国家大事及民间疾苦需要有人承担与解救。

渐渐，报仇及争天下第一名衔这些私事变为次要，在岳飞的遗书之中，他陡然发现到自己的真正抱负和理想。郭靖在意外情形之下领导了蒙古人抗金战事，经过这番经历，随后又经过极艰难的反省，郭靖不再是“傻小子”，他终于确立了“为国为民”为终生目标，他的领袖地位是主动承担的。

（2）黄蓉——古灵精怪

黄蓉这个人可以算是个半完美的人。如果女人能做到黄蓉这样，也不枉此生。聪明绝顶的她是郭靖的贤内助：如果没有黄蓉，郭靖定不会成为九指神丐洪七的徒弟，不会练就《九阴真经》，更不会成为天下第一，受成吉思汗的赏识率兵灭金！

厨艺高超的黄蓉，也是洪七的好徒弟：在荒岛之上，黄蓉耐心地照顾病危的洪七，欧阳克多次想杀洪七，都被她巧妙地化险为夷了；洪七将丐帮帮主之位传授于她，也是弘扬了丐帮。

不过，古灵精怪的黄蓉也害了不少人：欧阳克被黄蓉推下的大石头而砸中双腿，失去了行走的能力；欧阳锋也因练黄蓉传授于他的《九阴真经》而走火入魔，把自己的影子当成敌人。

话又说回来，黄蓉也不过是个女人，她也有女人软弱、嫉妒心强的一面：她为了让郭靖一心只爱她一个女人，便隐瞒了华筝在世的事实。不过这也是可以令人理解的，换成是大家，不也会这么做吗？你难道希望你爱的人只能与他人成婚吗？这也充分证明了黄蓉对郭靖的爱很深！

黄蓉还有一点值得欣赏的便是：她从不背信弃义，她答应了李萍和华筝公主帮郭靖攻城之后便再也不见郭靖，她真的可以做到。她不忍心因自己的自私而断送了华筝的幸福。凡此种种，也可以说黄蓉是一个半完美的人。

（3）杨康——百般伶俐、七窍玲珑

他中了蛇毒，即将死去，好心的郭靖不计旧恶、慈善为怀，去叫来了因对杨康认贼作父、坑人害命而绝望离去的穆念慈，满足他最后的愿望。当穆念慈终于心软而来时，却只见杨康神色如常、一脸坏笑。

“你为什么又骗我？”

“我骗你，只是想见见你。”杨康的唇边一缕微笑，看来仍旧那么迷人，又仍旧那么让人憎恨。

穆念慈忿而离去，杨康立刻吐血而奄奄一息。

过了片刻，穆念慈感觉不对回来，杨康无奈地说：“你为什么要回来？像刚才那样告别，多好。”

这就是杨康——百般伶俐、七窍玲珑。就连死，他也不肯老老实实、自自然然的。他的聪明敏锐，足以与黄蓉一较高下。他可以在一瞬间杀人害命，也可以在一分钟之内想出几十个圆谎的绝妙借口。杨康是幸福的，也是痛苦的。他生为金国小王爷，受完颜洪烈万般恩宠长大。凭一句“你是汉人，是忠良之后杨铁心

武侠小说之游侠时期

司马迁撰《史记·游侠列传》、六朝时期干宝的《搜神记》、刘义庆《世说新语》中都有记载侠客的篇章。

武侠小说随着唐传奇的发展而成型。唐传奇中的武侠类，其成就很高，如李公佐的《谢小娥传》，裴铏的《昆仑奴》《聂隐娘》。宋元说话艺术的内部分化，使武侠小说作为一种特殊的文学样式从小说中独立出来，如《李从吉》《十条龙》。明代章回小说中的武侠内容，如《水浒传》《封神演义》等等成就很高。至晚清，自石玉昆的《三侠五义》之后，各种文人长篇武侠竞相出现，如无名氏的《小五义》，文康的《儿女英雄传》，标志着中国武侠小说形成了稳定、独立的存在形式。

不同版本的《射雕英雄传》

的儿子”一句话就让他改头换面，正义凛然？未免天真。何况完颜洪烈视他为亲子，许他荣华富贵，试问这种种因由，如何能说舍就舍？如果真就变成了汉人，离开了生他养他的大金国和疼爱他的父王，难道不也是一种背叛？

杨康非常重情重义，可是却只会用对方所不能接受的方式去爱。比如对穆念慈，他万般珍惜、千般怜爱，却仍然不能弃恶从善。为了某种不可理解对他而言却又无法割舍的欲念，他可以禽兽不如，杀人如麻，这是杨康最致命的悲哀，也注定了他寿夭的命运。他清醒地看着自己做坏人、行恶事，清醒地放弃清白和从容，然后清醒地失去最爱的人，清醒地把自己送到了死亡的口中。自作孽，不可活。他明白，可是，这就是他自己的选择。

3. 作品赏析

（1）厚重的历史文化

“怒发冲冠，凭栏处，潇潇雨歇……”，一首《满江红》荡尽无数炎黄子孙的侠骨柔肠。它是伟大的中华民族坚强不屈、敢于抗争精神的集中代表。《射雕英雄传》基本上是以这种浓烈的民族悲愤、正气与豪情为背景而叙述的。

争夺岳飞的《武穆遗书》与郭靖拒绝为成吉思汗攻打南宋，可以说都是小说的小高潮。这些关键的情节都是与民族大义相关。更不用说，在这过程中，为了民族的正气而献出生命的人们。

小说的时间限制基本在南宋。我们不能以现代人的眼光，去苛求小说人物应该有着更宽广的民族观念，这样会导致泛民族主义和虚无的无政府主义。无论在何时何地，那些抵抗外族的侵略，为自己的人民和民族抛头颅、洒热血的人们，总是值得人们尊敬的。

中国武侠小说的合理性与合法性，一个根本点就在于其人民性与民族性。因而，在武侠小说中，违背这一点的人和事，不仅会导致道德评判上的低下，更会遭受在文本叙事中的毁灭与惩罚。杨康之死，很大程度上与此有关。

靖康之耻犹未雪，转眼又是蒙古族灭掉了南宋。一代又一代的人又在不断地分化成郭靖和杨康。“臣子恨，何时灭？”历史的结局不见得总遂人愿。但武侠文字的意义在于，它能展现历史进程中，那一面“壮志饥餐胡虏肉，笑谈渴饮匈奴血”的壮怀激烈，那份民族的豪情。这是一种看不见的力量，但又是一个有希望的民族必须具备的力量。《射雕英雄传》给予人们的就是这样的一种力量。

（2）天马行空的武功

武功描写对于武侠小说的意义不言而喻。它是侠士能超越法律的范围，惩恶扬善，主持公道人心的最重要筹码。正所谓："侠者以武犯禁。"如果说，封建的衙门和现代的法庭是以国家机器的权力去规范社会秩序，那么，武侠世界则是以武力为后盾、以道德伦理观念去改造世界。

大侠士一般都有非凡的武功。在优秀的武侠小说作品中，武功不单是一种游走江湖、行侠仗义的工具，还是一个侠士身份的标记。使用什么样的武功，成就了什么样的侠客。或者说，武功的设计往往要符合人物的特点。好比，如果让老实敦厚的郭靖练的是阴毒的"九阴白骨爪"，而娇小可人的黄蓉练的是丑陋不堪的"蛤蟆功"，恐怕对正面人物的塑造会有损。并且，主要人物的武功名目和特点往往也是小说基调的重要组成部分。或者说，武功往往直接或间接地参与了小说风格的建设。如古龙的《小李飞刀》中，飞刀小巧内秀，而且易折，这与李寻欢的多情、敏感、忧郁、自伤的气质是相辅相成的：小李飞刀，刀无虚发。刀刀看似飞向对手，而实际上是刺向自己的心窝。整部小说处在一种感伤的氛围之中，这与李寻欢的飞刀不无关系。又如《天涯明月刀》中的傅红雪用的快刀。没有人能看到他出刀，除了死人。刀与他的生命是连成一体的。快刀是他与世界保持距离，不被别人窥探的保护色。快刀自闭、孤僻、神秘符合人物性格，也增强了小说诡异的色彩。

这一点在金庸先生的小说中，也是如此。具体到《射雕英雄传》中，郭靖使用的"降龙十八掌"，就具有这种参与小说风格建设的功效。金庸善于转化传统文化资源，其招式名目就是《易经》与佛学的结合。

小说在描写降龙十八掌时，"亢龙有悔"是给予笔墨最多的。即使到华山论剑的结局时，郭靖与洪七公的比试，在关键时刻，双方也都是用这一式。可以说"亢龙有悔"代表着降龙十八掌的精髓。"亢龙有悔"出自乾卦的"上九"。亢龙有悔的意思，一般为两种："盈不可以久"，好比强弓可以拉到最顶点，不可以持久，要有张有弛。然而，潜在的意思却是知其不可而为之。在关键时刻，奋力一击。还有一种解释是："贵而无位，高而无民，贤人在下位而无辅，是以动而有悔也。"通俗的理解是说英雄处于逆境时的无奈，但背后隐含着要奋发图强才能得救的意思。这里有一种厚重博大的精神在其中。当然，对于《易经》的解释是很复杂。但不可否认，降龙十八掌很多招式出自乾卦。而乾卦的象辞就是一句我们常用的话：天行健，君子自强不息。

可以说，整个降龙十八掌的设计，是对一种自强不息，在挫折中不畏缩，知其不可而为之，成就英雄事业的精神的塑造。这与郭靖本身敦厚踏实的性格、宽广的胸怀、为国为民的思想与坎坷的经历是相辅相成的。降龙十八掌使得郭靖的形象更为饱满，同时也与整部小说那种“靖康耻，犹未雪”悲壮豪迈的感情基调相合，也响应了大题目《射雕英雄传》那种开阔的气势。并且，从读者接受心理的角度产生相应的感受，因为，降龙十八掌出现的时候，往往是危机要被消除，正义战胜邪恶的时候。

或许有的读者不知道“降龙”罗汉的故事，也不知道《周易》，但这并不妨碍他们对这种武功所呈现出来的精神的把握。因为汉字的自身魅力和中国传统文化的积淀熏陶，读者一般会很自然地把降龙十八掌与浩然正气、一往无前的英雄品质联系在一起。

可以说，没有降龙十八掌的《射雕英雄传》，就不是我们心中的《射雕英雄传》了。

（3）谁是英雄？

1945 年 10 月 7 日，毛泽东写下了“一代天骄，成吉思汗，只识弯弓射大雕。俱往矣，数风流人物，还看今朝”的豪壮词句。30 年后，金庸在《射雕英雄传》附录《成吉思汗家族》中写道：“《射雕英雄传》所颂扬的英雄，是质朴厚道的平民郭靖，而不是灭国无数的成吉思汗。”关于成吉思汗，关于英雄，这是一个不老的话题。小说给我们展现出了一个丰满的成吉思汗形象。他既勤政爱民，又不乏作为军事家、政治家的谋略与魄力；既当过奴隶，经受过坎坷与挫折，被外族欺凌，同样他也欺凌和屠杀过外族的人民。他是在草原上成长起来的一代枭雄。是非功过，难以评说。

文学化的情节，透露出了两位能弯弓射雕英雄的对于“英雄”的不同理解。对于成吉思汗来说，拓展疆土，不断地征服，统一中国，建功立业，是其心中英雄的梦想。尽管他也说过，让老百姓有房子住，有衣服穿，有饭吃，但这只不过是一个善良的愿望罢了。爱民总是有所指称的范围，否则，他就不会有屠城的举动。郭靖是平民英雄的代表，他认为“侠之大者，为国为民”。侠在这里与英雄是等义。他考虑问题的出发点永远是人民，而不是自己，所以他没有过多的心计。因为，他想到的始终是别人。所谓的“仁者无敌”，郭靖是也。

中国文化中所褒美的英雄的形象主要是道德的楷模。所以，尧、舜、禹、文、武、周公也就成了中国人的文化偶像。相反，那些只图自己的成就，而无道德口碑的人，他成就的事业再大，再有英雄的气质，也不被称为英雄。当然，道德的口碑主要是指称儒家的伦理纲常，忠君、爱国、爱民是其应有之义。或者说，中国英雄的价值重心在民族和国家，以民本主义为中心。

这也是为什么刘邦建立了汉朝，曹操英勇盖世，吕布武艺超群，但是，一般不称之为英雄。

如何才是英雄？很难讲。但我们无法否认的是，小说中的成吉思汗和郭靖都算得上是举世无上的英雄。那种弯弓射雕、英勇顽强、纵横捭阖的气势，还有那有血有肉、爱憎分明的个性，足以成就他们英雄的名字。

（4）桃花为谁开?

不管是《桃花扇》中“纵有春风无路入，长门关住碧桃花”，还是崔护诗歌中“人面不知何处去，桃花依旧笑春风”，桃花都是一个充满着情欲与暧昧的词句。从东方神秘的桃花岛，到白雪皑皑的西域，从辽阔的大草原到遥远的大理国，从偏僻的牛家村到浮华奢侈的金王府，都上演着永不褪色的爱情。真爱、痴情、私欲、占有、怨恨、等待、决裂在这里找到了最好的注脚。

无论是桃花岛主对爱妻的痴心，梅超风和陈玄风之间“恶人的爱情”，还是欧阳锋与欧阳克叔侄关系背后的暧昧，一灯大师、瑛姑、周伯通之间的孽缘，杨铁心、包惜弱、完颜洪烈的三角关系，情感成为彼此生命中最不可言说、最为隐痛却又最值得吟咏的一页。更不用说年轻一代，郭靖、杨康等的爱情了。

或者说，在生命的旅途中，象征着爱情的桃花是永不凋零的花朵。人们往往通过对一代一代人的爱恨情仇来触摸远去的历史，去体味世事沧桑。武侠小说中抒写的爱情，给我们提供的就是这样的一个窗口。

爱与不爱，这是一个问题。我们在歌颂爱情的美好、真诚、热烈、融洽与和谐的同时，往往会忽略那些在爱情面前同样真诚，但受挫了的人凄凉的身影。华筝公主就是这样的一个形象。她爱郭靖与黄蓉爱郭靖相比，绝不逊色，甚而说更胜一筹。

华筝的现实中挫败不在于爱，而在于郭靖。因为，爱情毕竟是两个人的事情。华筝并没有因为失去郭靖而失去了爱情，因为对爱的追求和执着是深埋在心底的。真爱已然表达，爱情已经存在，还有什么可以苛求的呢?

对于华筝，是一种什么样的力量，使得她决定用一生的时间去等待而无怨无悔呢？作为草原长大的姑娘，可以肯定的是，她不是因为忠于某种伦理观念，而是真正爱郭靖这个人。

我们只能说，在这个世界上，有一种爱情，是不屈服于现实时空逻辑的。对于那些不以占有为目的，而痴心去对待自己的感情的人，不管是男人，还是女人，总是值得人们给予最尊贵的眼泪与最真诚的祝福的。

四、经典言情小说赏析

言情小说是中国旧体小说的一种，又称狭邪小说或才子佳人小说。以讲述异性或同性之间相爱为中心，通过完整的故事情节和具体的环境描写来反映爱情的心理、状态、事物等社会生活的一种文学体裁。

林凤眠　霸王别姬　布面油画　60×60cm

《半生缘》

《半生缘》是张爱玲第一部完整的长篇小说，原名《十八春》，1951年结稿，后来张爱玲旅美期间，进行改写，删掉了一些略带政治色彩的结尾，改名为《半生缘》。

1. 内容梗概

几个平凡的众生男女，世钧、曼桢、叔惠、翠芝，一群随处可见的都市年轻人，把那一点点并不离奇的痴爱怨情，缠来绞去地在一张翻不出去的网里演了那么多年，也就不年轻了。而同时翻天覆地的中国近代社会种种变事：九・一八、一二・八、抗战胜利、国民党接管、上海解放、支持东北，只是作了他们的背景，隐隐约约给他们的故事刷上一笔动乱的底色。让读者荡气回肠为之嗟叹的，只是乱世里这几个男女的故事，一点点的痴，一缕缕的怨，脆弱的爱，捂住面孔的无奈。

张爱玲

1920年9月30日出生于上海，原名张煐。1930年改名张爱玲，1939年考进香港大学，1941年太平洋战争爆发，投入文学创作。两年后，发表《倾城之恋》和《金锁记》等作品，并结识周瘦鹃、柯灵、苏青和胡兰成。1944年与胡兰成结婚，1945年自编《倾城之恋》在上海公演；同年，抗战胜利。1947年与胡兰成离婚，1952年移居香港，1955年离港赴美并拜访胡适。1956年结识剧作家赖雅，同年8月，在纽约与赖雅结婚。1967年赖雅去世，1973年定居洛杉矶；两年后，完成英译清代长篇小说《海上花列传》。1995年9月逝于洛杉矶公寓，享年74岁。

《半生缘》把张爱玲那种精妙绝伦、回味无穷的语言表露无疑，就像一窗精巧细致的窗棂格纹，少了每一格都不成，只是放在眼里便透着美，但到底美在哪里却又一时道不明。洗尽铅华、略带感伤的笔调，正好用来缓缓叙述这一段漫长的不了情。曼桢与世均注定的情深缘浅，世均与翠芝两个不相爱的人结了婚。叔惠去了后方，翠芝对叔惠情深几许，却是“汉之广矣，谁可泳之”。曼桢怀着自杀般的心情嫁了祝鸿才，流年似水滔滔逝去，那些曾经刻骨铭心的爱，慢慢淡去；那些曾经撕心裂肺的痛，已然远去；而那些曾经摧肝裂胆的恨，也变得轻如飞絮。

2. 人物分析

（1）沈世钧

叹他性格之懦弱，对爱情还是不够坚定、执着！若是他足够强烈地爱着顾曼桢，那么他就不应当那样轻信曼璐的那些欺骗他的话。即使他真的信了，他也应当一定要与曼桢见上一面。试想，曼桢曾经那样对待他，怎么可能连见他一面都不肯，而把戒指给她姐姐，如此绝情呢？因为沈世钧性格不够坚强，所以才轻易放弃了继续寻找曼桢的决心，而又那么快的与别人结了婚。他与曼桢的爱情，哪怕是要终结，也一定要亲自见面说明白才行。如果沈世钧脑子稍想一想，就应该发现在他找不到曼桢的那段时间，一定是有事情发生。可惜他放弃了！沈世钧还有一个缺点，那就是此人有点小心眼，比如他吃张豫瑾的醋便可说明。这原本可以是一个成大事的人，如果他与曼桢在一起的话，他会找到自己的目标和理想，会努力拼搏。可是没想到，那个年代的大学毕业生，居然会这样的平凡、没有抱负，最后只是成了普普通通的市井之民，娶了一个自己不爱的没有任何感觉的老婆。而且这个老婆的心里还藏着另外一个男人——他的好朋友叔惠，真是可笑。

鸳鸯蝴蝶派

中国近代小说流派，始于20世纪初，盛行于辛亥革命后，得名于清之狭邪小说《花月痕》中的诗句“卅六鸳鸯同命鸟，一双蝴蝶可怜虫”。又因鸳蝴派刊物中以《礼拜六》影响最大，故又称“礼拜六派”。其内容多写才子佳人情爱，主要作家有包天笑、徐枕亚、周瘦鹃、李涵秋、李定夷等。主要刊物有《礼拜六》《小说时报》《眉语》等。代表作有徐枕亚的《玉梨魂》、李涵秋的《广陵潮》。他们的文学主张，是把文学作为游戏、消遣的工具，以言情小说为骨干、情调和风格偏于世俗、媚俗。这股文学思潮存在时间较长，到1949年才基本消失。

（2）顾曼璐

叹此人命苦，是一个典型的大上海时代的悲剧。她为了家人，放弃了自己的爱人，去做了舞女，这一点的确显出了她的奉献、刚烈精神。但是，为了留住自己的丈夫，试图牺牲自己一手培养的妹妹。如果说她一手造成妹妹的悲剧，那又是谁造成她的悲剧呢？社会？家庭？还是她自己？这个极具矛盾的人物，留给读者深思。

林风眠　美猴王　镜框　纸上水墨　67.3×64.8cm

（3）顾曼桢

叹她的悲剧人生，也叹她的软弱无助。这个人是可以让人真正同情的一个人！她对爱情的执着要远胜于沈世钧。她有性格刚强的一面，但仍然摆脱不了作为女人的软弱的一面。她不应该那样随便地将沈世钧给的戒指轻易当着他的面脱下来。我认为，曼桢与世均之间应该多沟通，其实当初吵架的事根本不会弄那么僵，只是当初没有人肯体谅对方。

3. 作品赏析

张爱玲的小说总是从各个角度述说着别人无法看到的真实，她站在文字的背后用看似平淡的心和清冷的眼光在看透这一切，这些简单的文字构成了最宏大的场景，上演了一幕又一幕的过去和如今，恍然一回头，感觉自己好像也走过了一遭似的，从心底渗出一丝悲哀，年轻的时候总是会把爱情和人生规划得太过完美，以为遇见了就不会分开了，以为相爱了就会在一起了，以为缘分来了就已是注定的了。可我们总是单纯地忘记了现实，忘记了那些我们不曾看到和体会过人生的突变，没有什么是可以天长地久的，缘分也是有半份的，前半份用来回忆，后半份用来感叹。

曼桢和世钧就是这样的，他们深深相爱了，却又在现实中无奈地分开了，18年后的再次重逢，早已物是人非，即使再相爱又能如何，又或许真的是相见不如怀念，因为看着岁月在对方身上刻下的印痕，思念的容颜早已苍老，看着一年又一年季节无情地走过，却再也无法回到18年前的那一天，看着因为曾经的年少轻狂要面对的现状，内心的痛苦与后悔是最折磨人的，就连仅存的那一点希望和梦想也无情地被毁灭，我们不过是一颗无能为力的砝码，所有心碎和遗憾都不过如此，终究是敌不过现实的惨烈与人性的黑暗，宿命面前这一切都是那么苍白而又无力，只能让心麻木，强颜欢笑，把眼泪和心碎留给别人看不到的自己，用所有爱的回忆去祭奠这一场爱的盛宴！

小说中的曼桢她是那么的坚强，贫困的家庭，失意的爱情，姐姐的陷害，母亲的不解，姐夫的残害，命运的安排，所

言情三大家

琼　瑶

本名陈喆，1938年生于四川，1949年随父母迁居台湾。自幼受古典诗词熏陶，文笔流畅优美，文心细腻别致。一九六三年以首部长篇小说《窗外》跃登文坛。

著有60多部言情小说，本本畅销，赚尽海内外华人的爱与泪，人称“有华人的地方就有琼瑶”。

张爱玲

中国女作家，生于上海。1943年开始发表作品，代表作有中篇小说《倾城之恋》《金锁记》短篇小说《红玫瑰与白玫瑰》和散文《烬余录》等。中国文学评论家夏志清说：张爱玲是今日中国最优秀、最重要的作家之一，凡是中国人都应当阅读张爱玲的作品。

张恨水

中国现代作家。原名张心远，笔名愁花恨水生、恨水，取南唐李煜词《乌夜啼》“自是人生长恨水长东”之意。生于江西广信。1919年以处女作《南国相思豆》登上文坛。20世纪二三十年代，其代表作《春明外史》《金粉世家》《啼笑因缘》等风靡全国，倾倒无数男女。在长达五十多年的写作生涯中，张恨水创作了一百多部世情小说，总计近3000万字，是当之无愧的“民国第一流行小说作家”。其作品被改编成影视剧的数量和次数均列现代作家之首，长红不衰，至今仍有大量粉丝和读者。

有的一切都是那么无情打击着她，我难以想象那么单纯柔弱的她是如何在面对，在小说的最后她应该是心凉了，为了生活她只能选择和祝鸿才这个毁了她所有幸福的恶人在一起，就是这样的选择才让人看了更心痛，事情的结局越出了人们的可以想象的范围，而张爱玲的目的也就在于此，用最冷静的文字告诉人们，这才是现实和生活的本质。

所有华美与热烈的场景到最后也不过都是这样，全是失望和失意者的身影，小说中的每一个人都没有得到自己理想中的生活，包括翠芝，包括豫瑾，也包括叔惠，所有人离自己的幸福都差了那么一点，可能这个距离只是很短，可是却成了一生的无法改变的命运，一颗棋子又怎么能挣脱宿命应有的安排呢？

第四节 国外经典小说赏析

一、国外小说的发展

国外西方小说属于古希腊、希伯来、日耳曼文化圈，西方人把小说作为一种艺术形式，认为“是史诗和戏剧这两种伟大文学形式的共同后裔”，小说远远出现在诗歌、戏剧两种文学体裁之后。其中最早的作品是古罗马作家佩特罗马乌斯创作的《萨蒂利孔》和阿普列尤斯创作的《金驴记》，但这两部作品只不过是一些散文虚构故事而已，尚未具备人物、情节、环境三要素。直到中世纪，在英雄史诗、骑士传奇和民间故事中，才能见到欧洲近代小说的萌芽。

（一）人文主义小说

文艺复兴时期人文主义小说的作品很多，代表作有卜迦丘的《十日淡》、拉伯雷的《巨人传》、塞万提斯的《堂吉诃德》。

卜迦丘是意大利人文主义作家，他的《十日谈》把眼光从神界移到了人间，从现实生活取材，将100个故事镶嵌在10个男女逃难的大故事之中，每一故事既独立成篇又构成统一的整体。反映了意大 利当时的社会现实，宣扬了人文主义精神。文笔繁简有度精练优美，被认为是欧洲近代文学史上第一部现实主义作品，也为作者赢得了“欧洲短篇小说之父”的美名。

法国作家拉伯雷的小说《巨人传》，是一部寓庄于谐的“奇书”，从而揭示一个歌颂人的力量和价值的“巨人主题”。小说《堂吉诃德》通过堂吉诃德和他的侍从桑丘·潘沙的“游侠史”，以幽默、讽刺、滑稽、夸张的手法，把悲剧和喜剧、严肃与滑稽巧妙地结合起来，以

亦庄亦谐意 的情节、犀利的语言，鞭笞了16到17世纪西班牙的社会现实，给骑士文学以致命打击。

（二）启蒙主义小说

18世纪，小说这种文学样式得到正式确立，其中英国、法国、德国的小说创作取得了令人瞩目的成绩。

在英国，笛福的《鲁滨孙漂流记》以逼真的手法描绘了一个虚构的故事，其强烈的现实感和在行动中刻画人物性格的技巧，显示出一种全新的创作方法；菲尔丁的《汤姆·琼斯》被认为代表了18世纪英国现实主义小说的最高成就。在法国，孟德斯鸠、伏尔泰、狄德罗打开了哲学与小说的通道，开创了哲理小说的新形式. 卢梭的《爱弥尔》《忏悔录》《新爱洛伊斯》则分别开教育小说、自传体小说和书信体小说的先河。在德国，歌德的《少年维特之烦恼》把抒情诗的成分引入小说之中，成为德国文学中第一部引起世界轰动的小说。

（三）浪漫主义、批判现实主义和自然主义

到19世纪，欧洲小说进入发展的高峰期，出现了浪漫主义、批判现实主义和自然主义三大流派。

浪漫主义小说的代表人物是法国的维克多·雨果，他创作了《悲惨世界》《巴黎圣母院》等传世名作，他善于运用对照手法，为后世文学开辟了一条新路，是浪漫主义手法的集大成者。

此时现实主义文学的发展取得了辉煌成就，产生了一大批文学巨匠。巴尔扎克是法国19世纪的批判现实主义大师。他创作的《人间喜剧》分风俗研究、哲理研究、分析研究三部分，由近90部作品组成。恩格斯称《人间喜剧》“提供了一部法国‘社会’特别是巴黎‘上流社会’的卓越的现实主义历史”。《人间喜剧》是人类文化的瑰宝。

列夫·托尔斯泰是19世纪俄国最杰出的现实主义作家。他和巴尔扎克一起被人们称为现实主义文学中的两座最辉煌的高峰。代表作有《战争与和平》《安娜·卡列尼娜》和《复活》等。

马克·吐温是美国文学史上杰出的小说家，是第一个用纯粹的美国口语进行写作的作家，福克纳称他为“美国文学之父”，代表作有《哈克贝利·费恩历险记》等。

尼古拉－果戈理是俄国著名的戏剧家和小说家，他创作的社会讽刺小说《死魂灵》，深刻地揭露了农奴制度的反动和腐朽，被公认为是“自然派”的奠基之作。

这一时期还有很多著名作家作品，如司各特的《艾凡赫》，缪塞的《一个世纪儿的忏悔》，乔治·桑的《魔沼》，梅里美的《高龙巴》《嘉尔曼》，霍桑的《红字》，司汤达的《红与黑》，福楼拜的《包法利夫人》，左拉的《萌芽》，莫泊桑的《俊友》《羊脂球》，狄更斯的《艰难时世》《双城记》《大卫·科波菲尔》，萨克雷的《名利场》，夏洛蒂·勃朗特的《简爱》，艾米丽·勃朗特的《呼啸山庄》，哈代的《德伯家的苔丝》，屠格涅夫《贵族之家》《猎人笔记》等等。

(四) 多元发展

20 世纪，西方小说空前繁荣，名家辈出，并朝着多元化方向发展。

传统现实主义文学的著名作家、作品有：罗曼·罗兰的《约翰·克利斯朵夫》，德莱赛的《嘉利妹妹》《美国的悲剧》，杰克·伦敦的《马丁·伊登》，斯坦贝克的《愤怒的葡萄》，海明威的《老人与海》《太阳照样升起》等。此期，前苏联文学的创始人高尔基创作的《母亲》，揭开了无产阶级文学的历史新纪元；《克里姆·萨姆金的一生》则是一部内容博大精深、艺术形式多样的现实主义杰作，是作家一生创作经历的总结。还有奥斯特洛夫斯基的《钢铁是怎样炼成的》、肖霍洛夫的《静静的顿河》、帕斯捷尔纳克的《日瓦戈医生》、瓦西里耶夫的《这里的黎明静悄悄》等。

这一时期，西方现代主义文学也出现了许多流派，所谓的“文体爆炸”时代。第一次和第二次世界大战的爆发，动摇了传统理性主义，造成了人们对人类本性的怀疑和对人类未来命运与前途的焦虑。现代主义文学摒弃了传统的表现手法，注重真实地展示人们主观内心世界，展现现代人在荒诞世界中的异化现象。在表现方式上，大量运用象征、时空倒错、内心独白、意识流等手法。追求“有意味的形式”。

现代派小说的主要流派有：后期象征主义、未来主义、表现主义、意识流、存在主义、新小说派、黑色幽默和魔幻现实主义等。

二、国外经典小说作品赏析

(一)《战争与和平》

1. 内容梗概

1812 年，俄、法两国再度交战，安德烈·保尔康斯基在战役中身受重伤，而俄军节节败退，眼见莫斯科将陷于敌人之手。罗斯托夫将原本用来搬运家产的马车，改去运送伤兵，娜达莎于伤兵中发现将要死去的安德烈·保尔康斯基。她向他谢罪并热诚看护他，但一切都是徒劳了，安德烈·保尔康斯基仍然逃不过死亡之神而去世了。彼尔化装成农夫，想伺机刺杀拿破仑，但却被法军逮捕而成为俘虏。其妻爱伦于战火中，仍继续其放荡行为，最后，因误服堕胎药而死亡。几番奋战后，俄国终于赢得胜利，彼尔于莫斯科巧遇娜达莎，结为夫妇，而安德烈·保尔康斯基的妹妹玛莉亚也与娜达莎之兄尼克拉结婚。

［俄］列宾　托尔斯泰在耕地

2. 人物分析

（1）安德烈·保尔康斯基公爵

《战争与和平》最初八页开始出现的人物。他26岁，在受到朝廷宠遇的宫廷女官舍雷尔沙龙里的客人中间显得郁郁寡欢、不随流俗。“那些客厅里的人对他来讲不都是些熟人，但他讨厌他们，甚至看他们一眼，听他们说句话都感到腻味。”安德烈公爵为自己不得不和这个上流社会保持联系而痛苦，在他看来，这个上流社会是虚伪的、欺骗的、寡廉鲜耻的。他对皮埃尔讲：“这就是我在这里过的生活——我很不适应。”

托尔斯泰

（1828～1910），19世纪末20世纪初俄国最伟大的文学家，也是世界文学史上最杰出的作家之一。他的文学作品在世界文学中占有重要的地位，代表作有长篇小说《战争与和平》《安娜·卡列尼娜》《复活》，其他作品还有《一个地主的早晨》《哥萨克》《塞瓦斯托波尔故事集》等。他也创作了大量童话。他以自己一生的辛勤创作，登上了当时欧洲批判现实主义文学的高峰。他还以自己有力的笔触和卓越的艺术技巧辛勤创作了“世界文学中第一流的作品”，因此被列宁称颂为具有“最清醒的现实主义”的“天才艺术家”。

（2）皮埃尔·别祖霍夫

皮埃尔和安德烈有两个共同的特点：一是对现有制度抱有批判和否定的态度，并随着他们思想性格的发展，越来越尖锐、深刻；二是不看重自己的贵族地位，不安于自己豪华富有的生活，却认真探索人生的目的和意义，把解决农民的痛苦、祖国的前途当成自己的最终目标。当然，他们追求真理、走向人民的途径是不相同的，安德烈由于自身的一些优越条件，主要是通过在政府和军队的工作，认识了专制农奴制度的腐败性，了解人民的疾苦；而皮埃尔主要是通过直接接触人民的各种生活，使他在思想性格上得到成长。

（3）娜塔莎·罗斯托娃

娜塔莎·罗斯托娃是《战争与和平》中最动人的女性形象。

在托尔斯泰的心目中，她是生命和幸福的化身。在小说的提要中，她被形容成一个“可爱而富于诗意的淘气鬼”。父亲提起她来时常说她是“火药”，母亲亲切地称她为“我的哥萨克”。皮埃尔说她简直令人销魂。但托尔斯泰笔下，她“一点也算不上漂亮”。她的面孔的全部特点是不吸引人的，眼睛小，额头窄，鼻子不坏，但脸的下部、下巴和嘴都是太大，嘴唇又是不成比例的，显得厚了一点。你把她端详后，就简直闹不明白，她为什么讨人喜欢。但娜塔莎一说话：“小姑娘的声音是这样柔软和富于变化，就像她的全部外貌一样，她所做的一切，都好像应该那么做，只有那么做才恰如其分的。”这段话是把握娜塔沙的外貌，同时也是揭示她的内心世界的一把钥匙。在这种基调——罕见的活泼、性格的多变加上天性的优雅——之上形成了这个“迷人精”的动人形象。

（4）库图佐夫

托尔斯泰遵循平凡与伟大、普通与英雄紧密结合的原则，塑造了1812年卫国战争的领导者库图佐夫的形象。托尔斯泰认为，任何天才的历史人物，在历史的进程中都应服从人民群众的愿望和要求，是广大军民伟大的精神力量产生卓越的统帅。库图佐夫力量的源泉来自人民的爱国主义，在他的活动中体现了人民的思想和愿望。托尔斯泰称赞他为“民族战争的代表”和“真正伟大的人物”。

（5）拿破仑

《战争与和平》中拿破仑的形象和库图佐夫的形象形成了鲜明的对比，在作家笔下，拿破仑是这次战争的罪魁祸首，是个唯我独尊的个人野心家，他娇柔做作，自高自大，爱好虚荣，贪图权势。拿破仑认为个人的意志可以决定历史的进程，他为实现个人的野心，不惜牺牲千百万人的生命去进行掠夺战争。托尔斯泰一反欧洲历史学家的观点，把他们称道的赫赫一世的“英雄”，描写成一个渺小可耻的利己主义者，并加以辛辣的嘲讽，显然，这表现了艺术家托尔斯泰进步的观点和爱国主义立场，虽然作者没有全面正确估计拿破仑的一生的功过，但却入木三分地揭示了拿破仑的大资产阶级的侵略本质。

3. 对比创作手法

（1）宫廷贵族与庄园贵族的对比

小说中我们可以看到，在国家危急的关头，宫廷贵族库拉金之流漠视国家命运，畏惧敌人，远离人民，一味追求利禄和沉醉于荒淫的生活之中，寻欢作乐，积聚私产。如库拉金是官痞，儿子阿纳托尔是恶少，女儿爱伦则是荡妇。而京城外的庄园贵族罗斯托夫家族和包尔康斯基家族身上仍保留着醇厚的古风，他们有一颗热爱祖国的心，与人民相接近，关注祖国命运。这里宫廷贵族库拉金之流的卑劣行径与具有崇高精神为人民为国献身的庄园贵族形成强烈的反差。

（2）战争与和平的对比

1805 年，拿破仑率兵征服欧洲之后，法国和俄国之间如绷紧的弦气氛紧张，酝酿着激烈的战争，而在圣彼得堡上层社会仍然是一派和平的景象，人们的生活依旧恬静悠闲，社交舞会照常进行。

（3）战场与大自然的对比

作品中有大量的战争描写，如申格拉本和奥斯特里茨会战、斯摩棱斯克大火、波罗金诺大会战、法军进入莫斯科、莫斯科大火、法军全面溃退等广泛细致的描写；同时作品中作者用优美深刻的笔触描绘的大自然洋溢着和谐迷人的诗意，如奥斯特里茨的天空、春天的白桦林、圣诞夜的大自然气氛的描绘和冬猎场景等。

（4）人物形象的对比

塑造了体现人民意志的俄军统帅库图佐夫的形象，正义为民，按照人民的意愿、民族的需要而担当起指挥作战；而违背人民意愿的侵略者拿破仑和俄皇亚历山大一世的罪恶行径，不得人心，这是战争统帅者的鲜明对比。同时这也是两次战役的对比：1806 年的战事，法国皇帝拿破仑和俄国沙皇亚历山大为争夺欧洲土地和财富而进行的战争，是一场抢占殖民地的战争，俄国人民和军队根本不明白为什么而战，战争失败是理所当然的；但是 1812 年的卫国战争的战争性质则不同，是拿破仑侵略攻打俄国，全体人民表现出巨大的爱国热忱和英勇的斗争精神，他们明白奋起抗战是保卫祖国，捍卫祖国尊严，虽兵力与武器装备比不上法军，最后获得反抗侵略斗争彻底胜利。这两次战役的对比揭示了人民意志的重要性。

托尔斯泰在主人公安德烈和彼埃尔身上探讨了他对贵族出路的看法，这两个探索型的青年贵族在性格和生活道路上形成了鲜明的对比。安德烈性格内向，意志坚强，有较强的社会活动能力，他后来投身军队和参与社会活动，在严酷的事实面前逐步认识到上层统治阶级的腐败和群众的力量。而彼埃尔心直口快，易动感情，缺少实际活动能力，更侧重于对理想的追求。

娜塔莎是小说中最为动人的女性形象，她热爱祖国人民、热爱生命生活，充满活力，又勇于牺牲自己，娜塔莎的形象与宫廷贵族妇女爱伦之流形成鲜明的对照。

（二）《悲惨世界》

1. 内容梗概

长篇小说《悲惨世界》是雨果最重要的作品。在这部小说中，雨果刻画了从拿破仑在滑铁卢的失败直到反对七月王朝的人民起义这一阶段的历史面貌，绘制了一幅规模庞大的社会和政治生活的图画。书中描述了在逃犯冉·阿让和流落街头的妇女芳汀，还有她的女儿珂赛特三位中心人物的悲惨遭遇，深刻揭示了资本主义社会中善良纯朴的劳动人民注定要陷入受压迫、受歧视、受凌辱境地的必然命运，愤怒地谴责和控诉了造成这一切不合理和不公平现象的原因。

维克多·雨果

（1802 ~ 1885），19 世纪法国浪漫主义代表作家。法国文学史上卓越的资产阶级民主作家，被人们称为“法兰西的莎士比亚”。一生经历了从保王主义、波拿巴主义到自由主义、民主共和主义的过程，一生写过多部诗歌、小说、剧本、各种散文和文艺评论及政论文章，在法国及世界有着广泛的影响力。雨果的创作超过历程 60 年，代表作包括诗集《东方诗集》，长篇小说《巴黎圣母院》《悲惨世界》《九三年》等。

主人公冉阿让原是个诚实的工人，一直帮助穷困的姐姐抚养七个可怜的孩子，有一年冬天找不到工作，为了不让孩子饿死而偷了一块面包，被判五年徒刑；又因不堪忍受狱中之苦四次逃跑，刑期加到十九年；出狱之后，苦役犯的罪名永远地附在他的身上，他找不到工作，连住宿的地方都没有。后来他受到一位主教的感化决心去恶从善；改名换姓埋头工作，终于当上了市长，成了大富翁后，他乐善好施，兴办福利，救助孤寡；然而法律去滥判无辜，他为了不嫁祸于人毅然上法庭承认自己的真实姓名，并为救助孤女而逃出法律的魔爪。然而法律不容他，社会不容他，连他辛辛苦苦带大的孤女也误解他，他多年舍己救人，最后却在孤寂中走向死亡，这是悲惨世界中的悲惨典型。作品中还通过一个不幸女子芳汀的一生和她的私生女柯赛特的遭遇来揭示社会逼良为娼、儿童身心受虐，从而全面地展开对社会的批判。

《悲惨世界》电影剧照

2. 人物介绍

（1）冉阿让

因为偷一块面包救济 7 个外甥而坐牢十九年的囚犯，原本只判五年徒刑，但由于他并不信任法律，屡屡越狱以致罪刑加重。他倔强不惧强权的个性使探长沙威对他深恶痛绝，他过人的气力也使沙威对他印象深刻，两人遂结下一生相互追逐之缘。假释后他受神父启发向上，改名当上市长，为人慈悲，帮助女工芳汀抚养女儿珂赛特，救了女儿的情人——革命青年马吕斯，在女儿有了好归宿之后，带着赎罪的爱离开了人间。

（2）芳汀

冉阿让工厂里的一名女工，她有段坎坷的青春，在怀了男友的骨肉之后却被恶意遗弃，为了女儿的生活，只好忍下心把她寄养在蒙佛梅一位酒馆老板的家里，自己来到巴黎谋生并定时寄钱回去，但由于她有私生女的事被同事揭发，被赶出工厂，只好卖了首饰、长发，甚至肉体，不幸沦为一名妓女。幸好遇见冉阿让，托付了女儿的未来才安心地逝去。

（3）珂赛特

芳汀可怜的女儿，当初虽然被母亲恳求般地托付给酒馆一家，却没有享受到一天童年的无忧生活，反而被当成女佣一般，成天埋头做杂活，母亲攒下的钱几乎全用来栽培酒馆老板的亲生女儿。不过她苦命的日子比起母亲是少了许多，冉阿让把她视如己出，使她忘却童年回忆，后来她和青年马吕斯恋爱，有情人终成眷属。

（4）沙威

正义的坚持者，也是正义的顽固者，他相信慈悲是罪犯的根苗，特别是像冉阿让这样的人。所以他穷其一生誓将他抓回牢狱，却发现冉阿让的本性是多么善良，这对一个抱持人性本恶论的警探而言，是非常残酷的一件事，因此他在下水道放走背负马吕斯的冉阿让之后，由于无法再面对自己持守多年的信念，选择跳河结束他充满殉道意味的一生。

（5）德纳第夫妇

小镇蒙佛梅一家酒馆的老板，典型的中下阶级人物，贪财、自私、卑鄙，个性倒也十分逗趣，夫妇俩可谓天造地设，互相挖苦，对珂赛特一致的欺压，对女儿艾潘妮一致的溺爱，后来德纳第先生沦为丐帮帮主，在义勇军后方搜括死亡者身上的值钱物品，最后两人还在珂赛特的婚礼上着实耍宝了一阵，真是不改其性。

（6）艾潘妮

汤家的大女儿，自小备受宠爱，小时候是瞧不起珂赛特的。但也许是受教育的缘故，她比父母有良知多了，虽然暗恋对象马吕斯并不爱她，她仍然愿意为他打听珂赛特的消息、为他送情书，又为要和他共存亡而跑回战区，中弹在马吕斯怀中断了气，也算得上是为她的父母赎罪吧。

（7）马吕斯

《悲惨世界》中的主要人物，英俊帅气，是19世纪标准革命青年。父亲是拿破仑的上校并被封为男爵，被身为保王派的外祖父抚养成人，一直厌恶身为波拿巴派的父亲。但当深爱他的父亲去世后，他对革命对共和逐渐有所领悟，抛弃外祖父家的巨大物质享受，继承了父亲的"军衔"与"爵位"，成为一个坚定的共和派。他为理想热血奔腾，为珂赛特纯情洋溢，在起义中负伤昏迷，被冉阿让所救，虽说同伴大多牺牲令人无限感伤，但最终如愿娶得珂赛特，也是美事一桩。

3. 作品赏析

《悲惨世界》的主题是写人类与邪恶之间不懈的斗争，人类本性是纯洁善良的，将一同走向幸福，但要经过苦难的历程。书中穿插当时法国革命动乱的背景和拿破仑滑铁卢战役的描写，以及当时法国社会的很多细节都有论及，比如俚语，下水道和女修道院等情况。故事情节错综复杂，设计巧妙，跌宕起伏。借主人公之口说道"最高的法律是良心"。小说将近半个世纪历史过程中广阔的社会生活画面都一一展现了出来：外省偏僻的小城，滨海的新兴工业城镇，可怕的法庭，黑暗的监狱，巴黎悲惨的贫民窟，阴暗的修道院……其细部也真切入微，形象鲜明突出，色彩浓重瑰丽，气势磅礴浩大，堪称文学史上现实主义与浪漫主义结合的典范。

小说主人公冉阿让一生的道路坎坷，几乎具有了各种非凡的活力，他是一个浪漫主义色彩浓厚的传奇性的主人公。这个人物的浪漫主义色彩，更重要的是表现在他的道德精神方面，他的精神历程也像史诗一样可歌可泣。他本是一个本性善良的劳动者，社会的残害、法律的惩罚、现实的冷酷使他"逐渐成了猛兽"，盲目向社会进行报复，以致犯下了真正使他终身悔恨的错事，而这种悔恨却又导致一种更深刻的觉悟，成为他精神发展的起点，促使他的精神人格上升到了崇高的境界。

冉阿让并不是一个抽象的人。从出身、经历、品德、习性各方面来说，他都是一个劳动者。他体现了劳动人民各种优秀的品质，他是被压迫、被损害、被侮辱的劳苦人民的代表。他的全部经历与命运，都具有一种崇高的悲怆性，这种有社会代表意义的悲怆性，使得《悲惨世界》成为劳苦大众在黑暗社会里挣扎与奋斗的悲怆的史诗。

第五章
经典戏剧阅读

第一节　戏剧概况

一、戏剧的定义和产生

戏剧指以语言、动作、舞蹈、音乐、木偶等形式达到叙事目的的舞台表演艺术的总称。文学上的戏剧概念是指为戏剧表演所创作的脚本，即剧本。戏剧的表演形式多种多样，常见的包括话剧、歌剧、舞剧、音乐剧、木偶戏等。戏剧是由演员扮演角色在舞台上当众表演故事的一种综合艺术。

戏剧由原始巫术仪式演变而来，逐渐发展成一种有合唱歌队伴奏，有演员表演并依靠幕布、背景、面具等塑造环境的艺术样式，以模仿为主。古希腊戏剧为例，大都取材于神话、英雄传说和史诗，题材通常都很严肃，是传统戏剧的原始形式。

随着人类文明的进化，人类的精神领域不断扩大，意识活动不断丰富，原始巫术仪式逐渐向宗教仪式演变。仪式中更多出现了扮演故事或神话角色的活动。这种有意识的扮演也就成为戏剧生成的一个重要标志。仪式中的歌、舞、诗及面具、服装、道具等各种因素的综合运用，并随扮演而出现的一些故事性的情节，戏剧的种子便萌生了。这些活动一旦脱离其原始宗教目的，随其审美意义逐渐取代使用目的，于是，戏剧作为一种独立的艺术也就诞生了。

二、戏剧的形态分类

戏剧的文化形态主要有：

话剧。是当今中国舞台剧最主要的形式，以对话、动作为主要表现形式，中国的话剧借鉴和植入了西方近代写实主义戏剧。

歌剧。由主要角色的独唱（宣叙调 、咏叹调）、重唱、合唱、序曲、间奏曲，有时也用说白和朗诵，并伴有乐队伴奏、舞蹈场面、舞台布景等要素的一种舞台表演艺术形式。欧洲歌剧分为正歌剧、大歌剧、喜歌剧、轻歌剧、乐剧、清唱剧。

舞剧。以舞蹈作为主要手段，综合音乐、舞台美术以及哑剧表演等因素，表现一定的剧情构造的舞台艺术形式。

音乐剧。集音乐、戏剧、舞蹈于一身的现代戏剧样式，其根本特性是自由性、通俗性、多元性、娱乐性、商业性。

戏曲。具有总体性或高度综合性，即保持着歌舞诗三位一体，浑然不分的上古“总体艺术”的特色，且能随时自如地把其他各种艺术因素融汇进自己的演出体制之中。还具有虚拟性、写意性、剧场性。

（二）戏剧的媒体形态

广场剧、木偶剧和皮影戏、舞台剧、广播剧、影视剧。

在古代希腊，艺术被划分为音乐、绘画、雕塑、建筑与诗，戏剧被划归诗的范畴。但是，真正的戏剧艺术应该包容诗（文学）、音乐、绘画、雕塑、建筑以及舞蹈等多种艺术成分，因而被称为综合艺术。

三、戏剧的艺术要素

每一种艺术都有特殊的表现手段，从而构成形象的外在形态。作为一种综合艺术，戏剧融合了多种艺术的表现手段：

文学。主要指剧本。

造型艺术。主要指布景、灯光、道具、服装、化妆。

音乐。主要指戏剧演出中的音响、插曲、配乐等，在戏曲、歌剧中，还包括曲调、演唱等。

舞蹈。主要指舞剧、戏曲艺术中包含的舞蹈成分，在话剧中转化为演员的表演艺术——动作艺术。

戏剧中的多种艺术因素分别起着不同的作用，它们在综合整体中的地位不是对等的。在戏剧综合体中，演员的表演艺术居于中心、主导地位，它是戏剧艺术的本体。表演艺术的手段——形体动作和台词，是戏剧艺术的基本手段。其他艺术因素，都被本体融化。剧本是戏剧演出的基础，直接决定了戏剧的艺术性和思想性，它作为一种文学形式，虽然可以像小说那样供人阅读，但它的基本价值在于可演性，不能演出的剧本，不是好的戏剧作品。戏剧演出中的音乐成分，无论是插曲、配乐还是音响，其价值主要在于对演员塑造舞台形象的协同作用。戏剧演出中的造型艺术成分，如布景、灯光、道具、服装、化妆，也是从不同的角度为演员塑造舞台形象起特定辅助作用的。以演员表演艺术为本体，对多种艺术成分进行吸收与融化，构成了戏剧艺术的外在形态。

四、中西戏剧发展概况

（一）中国戏剧的历史

1. 古代戏剧

自先秦古老的乐舞开始，经过长期的民间的孕育、裂变与聚合，逐渐形成为一种集诗、歌、舞为一体的戏剧形态样式。中国戏曲根植于古老的越文化的传统当中，它源自于上古原始巫术仪式性质的乐舞，即古乐。中国戏曲的萌芽在先秦巫乐当中既已经成形，而后，得以在中国乐文化传统中长期孕育生成，并在历经长期的艺术积累之后，最终形成了中国戏曲独特的艺术形态，特别是到了元、明、清，成为戏曲发展的全盛时期，出现了南戏、杂剧和传奇等最有代表性的戏曲形态样式。到宋元以降，戏曲正式形成一种娱乐文化，属于典型的俗乐文化，南戏就是在这个时期形成的。而在宋宫本杂剧和金院本的基础上发展出了元杂剧，篇幅短小，结构严紧。到明清时期，南戏延续成了明清传奇。可以说，中国戏曲经宋元南戏、杂剧发展到明清传奇，其戏剧文学取得了辉煌的成就，同时也获得了独立的品格，而至清代康熙、乾隆年间，中国戏剧文化开始出现重大的转变，呈现出“花雅争胜”的局面，昆曲衰落，地方戏曲大量涌现。一方面中国戏曲更广泛地深入民间，另一方面也迫使它改变原有传统，形成了以表演艺术为中心的新的戏剧传统。因此，延传了数百年的以戏剧文学为中心的杂剧传奇体制，逐渐演变成了以表演艺术为中心的近代戏曲体制。而乐文化作为中国戏曲的艺术母体，贯穿于形成及发展的始终。

2. 古代与现当代并行的发展期

中国的戏剧，古今差别很大。古代戏曲以“戏”和“曲”为主要因素，通称为“戏曲”，主要包括宋元南戏、元杂剧、明清传奇以及各种地方戏。现代戏剧主要指20世纪以来由我国作家创作和从西方传入的话剧、歌剧、舞剧等，其中以话剧为主体。元杂剧、明清传奇和清中叶以后的地方戏是我国古代戏曲的三个辉煌的代表剧种。

元杂剧的发展与繁荣，是中国戏曲史上第一个黄金时代，成为当时最富表现力的艺术形式。元杂剧最基本的结构形式是四折一楔子。关汉卿是元杂剧艺术的奠基人，他一生共创作67种杂剧，《窦娥冤》是其中最重要的代表作。马致远是元代著名杂剧作家和散曲作家，他一生共创作杂剧15种，《汉宫秋》是其代表作。王实甫是元杂剧的著名作家，著有杂剧13种，《西厢记》是其代表作。从嘉靖到崇祯年间，明人传奇创作盛极一时，涌现出汤显祖、凌濛初、冯梦龙等一大批作家，其中汤显祖的《牡丹亭》最为著名。

清代剧坛上有“北孔南洪”的说法，所谓“北孔”即指《桃花扇》的作者孔尚任；“南洪”指的是《长生殿》的作者洪升。人们把《桃花扇》与《长生殿》誉为明清传奇的压卷之作。中国话剧是中国现代戏剧的代表和主体。话剧是一种以对话和动作为主要表现手段的戏剧。中国话剧诞生于20世纪初，在当时称“新剧”或“文明戏”，后受西欧戏剧影响，又称“爱美剧”或“白话剧”，1928年由洪深提议定名为话剧。田汉是中国现代话剧的一代宗师。曹禺是中国现代戏剧史上最杰出的戏剧艺术大师，是中国现代话剧成熟的标志人物。田汉创作了大量戏剧，如《名优之死》《苏州夜话》《江村小景》《回春之曲》《获虎之夜》等；曹禺一生创作剧本十多部，主要有《雷雨》《日出》《原野》《北京人》等。曹禺的话剧创作把我国的话剧艺术推向了一个新高潮。

3. 古代与现当代衔接、融合期

剧本创作与舞台演出之间的全面融合，作品在思想上更趋重于政治与道德主题、在内容上对现实题材前所未有的注重，都体现出20世纪戏剧创作的明显特色，戏剧作品整体风格上的女性化趋势也是值得注意的现象。20世纪的戏剧发展还呈现出开放的特点，导致了戏剧观念的演变与现代剧场制度的引进这些深刻影响中国戏剧发展方向的变化。对经典剧目、保留剧目的复排、重演占据相当比例，原创剧目的创演逐渐显示实力，小剧场戏剧演出仍将继续，并呈现流行化、多元化态势。在现代语境下，探索人性、反映现实的戏剧仍是发展主流，而职业、非职业的民营剧团的出现，丰富了戏剧演出市场，带来了流行化、商业化、娱乐化的趣味，如何保护与引导仍是尚待探讨的问题。

（二）西方戏剧传统的流变

古希腊戏剧、古罗马戏剧、欧洲中世纪戏剧、欧洲文艺复兴时期戏剧、古典主义戏剧、浪漫主义与现实主义戏剧以及现代欧美戏剧，构成了一条源远流长的西方戏剧文化发展的历史场合和丰富多样的艺术景观。

1. 古希腊时期

西方戏剧传统源于古希腊的悲剧和喜剧，其特点是以神话故事为主题进行展开。欧洲中世纪戏剧是以与基督教有关的宗教演剧为主要形态，源自基督教的宣教与步道重的礼拜意识和圣歌咏唱表演，多以《圣经》为题材。到了中世纪的后期，戏剧从宗教演剧发展到民间戏剧。文艺复兴开创了欧洲戏剧的一个新时代。它一方面促进了欧洲近代戏剧形态的确立，另一方面，在戏剧精神上则带来了古希腊罗马文化和中世纪基督教文化的某种程度上的融合，增强了戏剧舞台本身的表现力。

2. 从古典主义到浪漫主义

古典主义是法国特定历史条件下的产物。它是法国君主专制对戏剧的意识形态控制的结果。古典主义戏剧在树立起自己的戏剧原则的同时，也确实在某种程度上丰富和提炼了戏剧的表现手段与技巧，而成为西方戏剧发展的一个重要里程碑。启蒙主义戏剧，在表现手法上，鲜明地体现出欧洲启蒙运动反封建反宗教的立场倾向，力图打破古典主义戏剧的清规戒律，取消戏剧在体裁方面的严格的悲剧和戏剧的划分，创造出“悲喜剧”等新的喜剧类型。维克多·雨果的《序言》和《欧那尼》的演出，标志着浪漫主义戏剧从此在法国占了统治地位。英国的浪漫主义戏剧则主要体现在拜伦和雪莱两大浪漫诗人的创作中。浪漫主义戏剧是一种表现感情强烈和具有明确道德倾向的戏剧，主要在于要求戏剧突破规则，强调创作自由，张扬个人感情。

3. 现实主义的鼎盛

19 世纪，以法国为中心出现了以巴尔扎克、福楼拜为代表的现实主义文学运动。强调从现实而不是从理想出发，客观地再现现实，反映人的现实的社会关系，揭露现实的丑恶。现实主义戏剧不仅使西方戏剧的发展达到了一个新的高峰，而且也成为现代戏剧的一个明显的开端。

五、戏剧鉴赏方法

（一）了解主要矛盾冲突

理清矛盾冲突的线索（如何产生矛盾冲突——产生了何种性质的矛盾冲突——矛盾冲突

发展进程如何），就能完整地鉴赏了戏剧文学的主要情节。

（二）鉴赏戏剧语言

戏剧语言是构建剧本的基础，主要包括人物语言和舞台说明。人物语言也称台词，包括对话、独白、旁白等，这是人物心理活动与行为动作的外观，由此展开戏剧冲突，塑造人物形象，揭示戏剧主题；舞台说明是一种叙述性质的语言，主要用来说明人物的动作、心理、剧情发展的布景、环境、人物之间的关系等，能直接展示人物的性格和戏剧的情节。尽管舞台说明是戏剧文学中不可或缺的组成部分，但同人物语言相比，它起辅助说明的作用，因此，鉴赏戏剧文学，更要紧的是品味人物语言。品味人物语言，应关注以下三方面：

第一，品味个性化的人物语言，因为个性化的语言能准确表达人物的思想感情。所谓个性化，是指受人物的年龄、身份、经历、教养、环境等影响而形成的个性特点。戏剧文学中人物语言的个性化尤其重要。优秀的戏剧人物语言往往三言两语就能把人物个性展示出来。

第二，品味富有动作性的人物语言，即戏剧冲突中人物之间的动作冲突或人物内心活动。我们常说的“行由心指”“言为心声”，就是说人物的内心世界必定通过言、行表达出来，这种显示动作性的语言，出自人物内心，因而能展示人物丰富的心理境界。

第三，品味人物语言中蕴涵的丰富的潜台词，也就是“言外之意”“话外之音”。这是话语字面意思以外的一种深层意义。优秀的台词往往意蕴丰富，耐人寻味，给人以深广的想象空间，能起到一石多鸟之效。

（三）对戏剧人物形象的鉴赏

第一，欣赏戏剧中的人物形象，首先要关注人物的主要性格特征。同一个人物的性格是多侧面的，不同的人物有不同的性格特征，因此，在欣赏人物形象时，首要的是抓住其主要性格特征。

第二，要揣摩人物的语言。戏剧中人物的语言是刻画人物形象的重要手段，是塑造人物形象的最重要载体。

第三，要顺着剧情发展的线索，理清人物性格发展变化的心路历程。理清人物性格发展变化的心路历程，才称得上对戏剧人物形象比较全面的鉴赏。

第二节　国内经典戏剧赏析

话剧在中国已经走过了一个多世纪的风雨历程，作为一个舶来品，它已在中华大地上生根发芽。通过戏剧文学为舞台演出蓝本，古为今用，直面现实，再现生活独特的艺术形式，创作出了众多的优秀作品，塑造了无数生动的形象，完美地与中国的民族精髓、历史渊源以及现实生活的中国传统文化融为一体。它不仅成为表达中国民众心声、具有强烈的感染力和战斗力的艺术形式，更在舞台格局多元化的当代，成为一种兼具时尚与魅力的艺术品种，为振奋民族精神、推动革命和建设事业发挥了积极的作用。

一、话剧的百年历史

话剧是 19 世纪末 20 世纪初移植到中国的外来戏剧样式。为了与传统舞台剧、戏曲相区别，被称为话剧。中国话剧大体经历了以下五个发展阶段：

（一）新剧时期

1906 年，受日本“新派”剧启示，留日学生曾孝谷、李叔同等组织春柳社。1907 年在日本东京演出《茶花女》《黑奴吁天录》。同年，王钟声等在上海组织“春阳社”，演出《黑奴吁天录》，这就是“话剧在中国的开场”。这种以对话为主要手段的舞台剧被称为新剧，后又称文明戏。以后 10 年间，上海、北京、天津、南京、武汉先后出现文艺新剧场、进化团、南开新剧团、新剧同志会等一批新剧团体，演出《热血》《共和万岁》《社会钟》等剧目，受到民众热烈欢迎。辛亥革命失败后，新剧逐渐衰落。这时期的代表人物是欧阳予倩。

推荐剧本：春柳社《黑奴吁天录》。

（二）爱美剧时期

1919 年“五四”新文化运动的重要人物胡适、陈独秀、傅斯年等人对新剧启发民众觉悟的力量给予特别的关注，推崇介绍易卜生的社会问题剧。1919 年胡适发表的独幕剧《终身大事》是他们主张的代表。同时，陈大悲、欧阳予倩等人响亮地提出“爱美剧”——非职业戏剧的口号，先后成立民众剧社、辛酉剧社、南国社等戏剧团体；《获虎之夜》《名优之死》（田汉），《三个叛逆的女性》（郭沫若）、《一片爱国心》（熊佛西）、《泼妇》（欧阳予倩）、《一只马蜂》（丁西林）等一批优秀剧目诞生，为中国话剧建立了重要的文学基础。1922 年留美专攻戏剧的洪深回国参加戏剧协社，针对文明戏的不良习气，从剧本、舞台纪律、导演制建立等方面大胆改革，推行男女合演，从而形成完整的话剧艺术体制。1925 年北京艺术专门学校戏剧系成立，为话剧人才的培养提供了一块阵地。田汉主持领导的南国艺术运动，最能体现 20 世纪 20 年代新兴话剧的精神。1924 ~ 1930 年先后上演了不少反帝反封建剧目，培养了陈凝秋、陈白尘、赵铭彝、郑君里、张曙、吴作人等一批艺术骨干。1929～1931 年欧阳予倩主办广东戏剧研究所，出版《戏剧》刊物，组织演出《怒吼吧，中国》等几十个剧目。欧阳予倩、洪深、田汉被公认为中国话剧的奠基人。1928 年洪深创意将英文 Drama 译为“话剧”，区别已陈腐的“新剧”，中国话剧从此定名。

推荐剧本：田汉《获虎之夜》，丁西林《一只马蜂》《压迫》《三块钱国币》。

（三）左翼戏剧时期

在中国共产党领导下，1929 年上海艺术剧社成立，并提出“无产阶级戏剧”的口号。1931 年 1 月中国左翼戏剧家联盟成立，从此中国话剧进入以左翼戏剧运动为主的发展阶段。左翼“剧联”总盟设在上海，领导北平（今北京）、南京、广州、杭州等分盟，建立五十多个左翼剧团，演出《血衣》《乱钟》《怒吼吧，中国》《香稻米》《回春之曲》等大量进步话剧，涌现出夏衍、于伶、陈白尘、宋之的等一批新剧作家以及章泯、金山、赵丹、舒绣文等舞台艺术家。1935 年上海业余剧人协会成立，演出《娜拉》《钦差大臣》《大雷雨》《武则天》《太平天国》，20 世纪 40 年代剧社演出《赛金花》等大型剧目，舞台艺术水平大大提高。1934～1937 年青年剧作家曹禺的著名剧作《雷雨》《日出》《原野》问世；1933 年中国第一个营业性剧团中国旅行剧团诞生并坚持 14 年之久；1932～1937 年河北定县农民戏剧实验在做话剧尝试；“红色戏剧”在江西、湖北、湖南、广东、福建等革命根据地十分活跃，演出《二七惨案》《八一南昌起义》《我——红军》等几百个剧目，极大地鼓舞了根据地军民的战斗士气。1935 年在南京成立国立戏剧学校，以后 14 年中培养学生千余名，演出独幕、多幕剧近 180 出，活动遍及苏、湘、鄂、川等省，产生了广泛深远的影响。

推荐剧本：曹禺《雷雨》《日出》《原野》和夏衍《上海屋檐下》。

（四）抗日战争与解放战争时期

抗日战争爆发后，中国话剧开始了大普及、大发展、大繁荣的阶段。1937 年七七事变后，戏剧工作者 8 月 7 日在上海上演《保卫卢沟桥》，并迅速组成 13 个救亡演剧队奔赴各地宣传抗战。1937 年 12 月 31 日中华全国戏剧界抗敌协会在武汉成立。1938 年夏在国民政府军事委员会政治部第三厅领导下，汇聚武汉的进步戏剧工作者组成 10 个抗敌演剧队、4 个抗敌宣传队、1 个孩子剧团，分赴各战区，与各地自发组织的演剧组织及抗日根据地的话剧演出相结合，宣传演出遍及全国城镇乡村，形成空前大普及的壮阔局面。1938 年 10 月第一届戏剧节上演曹禺、宋之的编剧的《全民总动员》，轰动一时，可谓这时期剧目的代表。1939 年后，话剧运动重心开始转入城市，中国万岁剧团、中电剧团、中央青年剧社等有影响的专业剧团在重庆成立，话剧演出剧场化。《一年间》（夏衍）、《国家至上》（老舍、宋之的）、《夜上海》（于伶）、《雾重庆》（宋之的）等一批优秀剧目诞生。1941 年成立的中华剧艺社、1943 年成立的中国艺术剧社带来营业演出的新特点。从 1941 ~ 1945 年重庆各剧团连续演出《屈原》（郭沫若）、《北京人》（曹禺）、《天国春秋》（阳翰笙）、《法西斯细菌》（夏衍）、《戏剧春秋》（夏衍、于伶、宋之的）等剧目 150 余台。1944 年 2 ~ 4 月，广西桂林举办了规模宏大的西南第一届戏剧展览，28 个文艺团体演出话剧 27 台，是一次话剧艺术的大展览、大检阅。在抗日根据地成立了鲁迅艺术学院戏剧系、延安青年艺术剧院、西北战地服务团和大量的文工团、怎么，给个拒绝的理由也好呀宣传队活跃在农村、部队，《流寇队长》（王震之）、《同志，你走错了路》（姚仲明等）、《李国瑞》（杜烽）等剧目，突出表现了中国话剧的战斗传统。解放战争时期，话剧活动处于低潮。《清明前后》（茅盾）、《升官图》（陈白尘）、《丽人行》（田汉）的上演是这时期的重要收获。

推荐剧本：夏衍《法西斯细菌》；曹禺《北京人》《家》；陈白尘《升官图》；吴祖光《风雪夜归人》；郭沫若《屈原》《虎符》。

（五）中华人民共和国成立后

1949 年 7 月中国戏剧工作者协会（后改名中国戏剧家协会）在北京成立，中国话剧开始了新的发展阶段。党和政府重视话剧事业的发展，先后成立了中国青年艺术剧院、北京人民艺术剧院、中央戏剧学院、上海戏剧学院、中国人民解放军总政治部话剧团以及各省、自治区、大军区的专业话剧团。《龙须沟》《茶馆》（老舍）、《蔡文姬》（郭沫若）、《关汉卿》（田汉）、《万水千山》（陈其通）、《马兰花》（任德耀）等优秀剧目大量涌现；焦菊隐导演的《蔡文姬》《茶馆》显示了话剧的民族化追求，黄佐临导演的《大胆妈妈和她的孩子们》介绍了布莱希特的演剧思想；在文化基础薄弱的少数民族地区，50 年代后也出现维吾尔族等少数民族语言的话剧演出，扩展了话剧艺术领域。随着文艺界“双百”方针的讨论与贯彻，1962 年后出现了《霓虹灯下的哨兵》（沈西蒙）、《年青的一代》（陈耘）等优秀剧目。中国共产党十一届三中全会后，中国话剧进入发展的新时期。在突破旧舞台局限、革新戏剧观念、丰富话剧艺术表现力方面，进行了广泛而深入的探索。戏剧创作上的无场次结构、意念化形象塑造、时空跳跃情节、模糊主题等尝试，舞台艺术上的运用面具、中性服装、几何图形布景道具、激光灯光以及打破第四堵墙、缩短与观众的距离、四面观众等形式革新，引起戏剧理论界的关注，出现了一场戏剧观念与形式革新的讨论，对中国话剧的发展起到良好的作用。新时期话剧对外开放与交流也更为宽广，自1986年后成功地举办了莎士比亚戏剧节、奥尼尔戏剧节。北京人艺的《茶馆》多次在欧、美、日、港演出，中央戏剧学院的《俄狄浦斯王》出访希腊演出，均获得很大成功，是中国话剧走向世界的良好开端。

推荐剧本：老舍《茶馆》；田汉《关汉卿》高行健《绝对信号》；锦云《狗儿爷涅槃》。

二、戏剧要素

戏剧是综合的艺术，由剧本、表演、导演、舞台美术与音乐、音响等基本手段共同搭建戏剧的美。

（一）剧本

剧本是一种文学形式，是戏剧艺术创作的文本基础，编导与演员根据剧本进行演出。与剧本类似的词汇还包括脚本、剧作等等。它以代言体方式为主，表现故事情节的文学样式。它是戏剧演出的文学依据，是导演和演员二次创作的出发点。在文学领域里，它是一种独特的文体；在艺术领域里，它又接近文学；在戏剧领域里，它是一切戏剧活动的根本出发点。

剧本的存在形式可分为两部分：舞台指示和台词。舞台提示一般指出人物说话的语气、说话时的动作、或人物上下场、指出场景或其他效果变换等。

剧本主要由剧中人物的对话、独白、旁白和舞台指示组成。对话、独白、旁白都采用代言体，在戏曲、歌剧中则常用唱词来表现。剧本中的舞台指示是以剧作者的口气来写的叙述性的文字说明，包括对剧情发生的时间、地点的交代，对剧中人物的形象特征、形体动作及内心活动的描述，对场景、气氛的说明，以及对布景、灯光、音响效果等方面的要求。在戏剧发展史上，剧本的出现，大致在戏剧正式形成并成熟之际。古希腊悲剧从原始的酒神祭礼发展为一种完整的表演艺术，就是以一批悲剧剧本的出现为根本标志的；中国的宋元戏文和杂剧剧本，是中国戏剧成熟的最确实的证据；印度和日本古典戏剧的成熟，也是以一批传世的剧本来标明的。但是，也有一些比较成熟的戏剧形态是没有剧本的，例如古代希腊、罗马的某些滑稽剧，意大利的初期即兴喜剧，日本歌舞伎中的一些口头剧目，中国唐代的歌舞小戏和滑稽短剧以及现代的哑剧等等。

剧本的写作，最重要的是能够被搬上舞台演出，戏剧文本不算是艺术的完成，只能说完成了一半，直到舞台演出之后（即“演出文本”）才是最终艺术的呈现。历代文人中，也有人创作过不适合舞台演出，甚至根本不能演出的剧本。这类的戏剧文本则称为案头戏（也叫书斋剧）。比较著名的如王尔德的《莎乐美》等。而好的剧本，能够具备适合阅读，也能创造杰出舞台表演的双重价值。

一部可以在舞台上搬演的剧本原著，还是需要在每一次不同舞台、不同表演者的需求下，做适度的修改，以符合实际的需要，因此，舞台工作者会修改出一份不同于原著，有详细注脚、标出在剧本中某个段落应该如何演出的工作用的剧本，这样的剧本叫“提词簿”或“演出本”“台本”。此外，剧本是完整的演出脚本，有另外一种简单的舞台演出脚本只有简短的剧情大纲，实际的对白与演出多靠演员在场上临场发挥，而这一种脚本则称为“幕表”。

一部较长的剧本，往往会由许多不同的段落所组成，而在不同种类的戏剧中，会使用不同的单位区分段落。在西方的戏剧中，普遍使用“幕”（Act）作为大的单位，在“幕”之下再区分成许多小的“景”（Scene）。中国的元杂剧以“折”为单位，南戏则是以“出”为单位，代表的是演员的出入场顺序，而在明代文人的创造后，将“出”改为较为复杂的“出”。

剧本的结构一般可分为开端、发展、转折、高潮、再高潮、结局。当然根据编剧技巧的不同，结构还会变化，如“佳构剧”。

（二）表演

动作与规定情境动作是表演艺术的基础，离开动作就谈不上什么表演。舞台、银幕上的人物总是处于不间断的动作之中，演员是通过鲜明、准确的动作来体现人物形象的。动作，包含心理动作和形体（当然，还有语言动作），两者是紧密结合、有机统一的。前面说过，人的形体活动总是同一定的思想活动、一定的心理状态相联系的。形体动作是在思想活动、心理状态的支配下产生的；思想活动、心理状态也总要通过一定的外在形式表现出来，没有思想的动作和没有动作的思想都是不存在的。有的演员一提到动作就单纯认为是外在的形体动作，岂不知思想活动也是动作——内心动作，或是把内心活动与形体动作割裂开，彼此孤立起来，都是不对的。

戏剧表演艺术的创作过程分为三个阶段：一是角色分析阶段；二是角色构思阶段；三是角色体现阶段。

（三）导演

戏剧导演的创作过程分为四个阶段：一是剧本分析阶段；二是导演构思阶段；三是导演

计划阶段；四是排演阶段，又分为初排（粗排）、细排、连排与彩排、演出。

（四）舞台美术与音乐、音响

1. 舞台美术

戏剧演出中除演员以外的一切造型因素的总称，包括舞台布景、灯光、服装、化妆、绘景、道具等。它们的综合设计称为舞台设计。

舞台美术兼有时间艺术和空间艺术的性质，是四维时空交错的艺术，具有很强的技术性和对物质条件的依赖性。它在艺术创作上属二度创造，具有从属（演员表演）的性质。在演出中它具有多方面的功能：通过人物造型和景物造型塑造人物形象；创造和组织戏剧动作空间；表现动作发生的环境和地点；创造剧情所需的情调和气氛；通过形象的创造帮助演员揭示人物的内心世界和剧本所表现的思想内容等。

舞台美术的这些功能，是历史发展的产物和结果。最早出现于演出中的是和演员直接有关的化妆、服装和随身小道具，后来才逐渐有了布景，演出进入室内后又逐渐有了灯光照明。在很长的历史时间，它主要是在演出中发挥“实用”性功能。随着各种演出技术条件的日趋完善，艺术造型手段逐渐增多，它的艺术作用也逐渐加强，艺术创作的价值和品位也愈来愈高，遂成为戏剧综合艺术中重要的有机成分。在现代的戏剧演出中，舞台美术成了决定和左右演出艺术形式的重要的、甚至是决定性的因素。

2. 戏剧音乐、音响

戏剧音乐、音响是戏剧综合艺术的一个重要组成部分，已经在舞台上被越来越多地运用在戏剧创作中。它主要的运用手段一般分为有源运用和无源运用（有源指声源是客观存在的，如打枪、开录音机等。无源指虚构的，在舞台上不能确切地定义声音的客观实体，如大部分音乐的运用。在一定条件下，两者可以进行转换）。一般有这几种表现手法：

一是环境的描写。如在舞台上表现市场的嘈杂声、火车通过的声音等，这种环境在舞台上用其他形式很难表现，用音响表现的这种虚拟环境，可以使观众进入舞台演出规定的特定情境中来。

二是气氛的烘托，产生特殊的戏剧效果，如钟摆的“嘀哒”声，就更能够衬托出夜的寂静。用教堂钟声隐喻死亡，用鞭炮烘托喜庆。

此外，心理描写也是戏剧音乐、音响独到的处理方法，用放大的心跳揭示人物内心的恐惧和不安，用抒情的音乐表示人们对亲人的思念等等。

例如，《六个寻找作者的剧中人》描写在某个剧本里的六个人物，被作者抛弃，他们闯进一家剧团的排演场，向演员述说自己的艰难身世，随着剧情的进展，戏中戏与戏融为一体，6个剧中人的遭遇变成舞台上表现的真实事件。皮兰德娄借此剧揭示人们置身于其中的客观世界和人内心的自我世界，都不是单纯如一的，现实生活是由一系列幻影组成，变幻莫测，人的“自我”同样是一系列幻影，人就生活在这种紊乱之中。在此剧中，幻觉与现实、过去和现在的时空界限消失了，通过夸张的令人难以置信的情节来表现充满哲理的思想。

此剧结尾的一段效果性音乐，它运用了不和谐合弦，充满神离和嘲弄的笑声，警世的惊雷和沉重的脚步对该剧的主题进行了深刻细致的刻画和揭示，不和谐旋律暗示人的内心世界和客观世界的紊乱，合成器音响像警世的惊雷，敲击我们清醒地认知自我、呆滞的节奏隐喻人脚步的沉重、而充满神秘的笑声则是对虚伪人生的嘲弄和自嘲，配合舞台上的四面镜子，使人们重新思考镜子里的人——外在的我和镜子里的人——内在的我的矛盾和统一。

3. 戏剧综合构成要素

戏剧艺术本身具备语言、美术、音乐、舞蹈等各种艺术形式要素。由于这种综合性，戏剧艺术要遵循极为复杂的、互相制约的许多艺术门类的特征，它本身具备着多方面的审美价值。戏剧体现的就是以表演为主导的综合性，以情景为核心的戏剧性，形体、言语、静止的动作性和时空、情景、手段的假设性。

例如，话剧人物活动于固定空间的舞台上，可以使观众觉得是在观赏动的画面。而中国戏曲则是以表演自身构成虚拟的背景见长，人物形象更接近雕塑（亮相）。演员的独白虽然不等于诗朗诵，但就一定意义来说，与富于表现力的诗朗诵可谓异曲同工。中国戏曲演员的唱工艺术，可以作为歌唱艺术来独立欣赏……戏剧艺术的综合性，不是许多艺术门类的简单拼凑，而是使它们有机地结合起来，从属于戏剧性。

从反映对象来说，构成戏剧内容的基本特征是行动中人物的冲突。戏剧家、哲学家和美学家都认为，戏剧的本质特征在于直接、集中地反映社会的矛盾冲突，没有冲突就没有戏剧。由于戏剧艺术在再现现实的尖锐斗争时，其形象具有高度的集中性和完整性，即使出现了电影之后，它在艺术上仍然不丧失其对观众的强烈的吸引力。从反映形式来看，戏剧艺术当然要利用其他艺术门类的某些艺术媒介，但戏剧本身也有自己特殊的艺术媒介。例如，动作和对话在话剧艺术中居于支配的地位，而其他艺术媒介如绘画（舞台美术）都从属于前者，为行动中的、有思想的、特定的人物性格和冲突的再现服务。

作为统一整体的戏剧艺术，一般地可分为两个相互制约、相互区别的部分，即戏剧文学和舞台艺术。戏剧的表演的创造性基于剧本的规定性，演员和导演的再创造所依据的是剧本的文学内容。但光有剧本的文学性不能构成完整的戏剧；戏剧需要演员在特定的空间，用形体动作以及对白等表演手段，把剧本的内容通过演出者的感受和理解具体地表现出来。舞台艺术作为戏剧艺术的不可分割的一部分，对戏剧文学又提出了特定的要求，例如语言的动作性（而不是思想性），使戏剧文学不同于其他体裁的文学。

剧本文学的特点在于，通过角色本身的言行集中地反映社会生活的矛盾冲突，而不在于一般的客观描述和脱离角色行动的主观抒情。戏剧所反映的冲突，不应当是抽象的实践原则的冲突，而应当是与人物的个性紧密相联系的，它自身就带有行动性。这样的戏剧冲突是有“个性”的，而不是一般化的。在西方戏剧史上，对剧本文学的特征曾经发生“情节论”和“性格论”的争论。古代希腊戏剧崇尚情节。随着西方社会生活的发展，戏剧艺术进一步发展，人物性格成为剧本文学的中心。其实，性格与情节是不可分的，在成熟的戏剧里人物性格是在情节的发展中展示出来的。如果角色没有性格，戏剧也就不会有特定的情节发展；同时，如果戏剧没有特定的情节，人物性格在戏剧里也就没有特定的表现形式。人们通常评论剧本“有戏”或“没戏”，指的就是作品是否通过富于戏剧性的矛盾冲突、曲折起伏的情节，集中表现出鲜明、独特的人物性格。戏剧艺术另一个组成部分是舞台艺术。它包括表演、舞台美术、灯光效果等一系列复杂的因素。其中表演艺术是整个舞台艺术的中心。演员服从于剧本是一种再创造。这种再创造是在剧本所创造的角色的性格、关系规定性的基础之上进行的。演员的再创造，不仅要对角色进行理解、想象和体验，而且要有相应的、符合戏剧表演特性的表演技巧。

三、经典戏剧赏析

（一）夏衍《上海屋檐下》

1. 创作背景

1937 年 4 月至 5 月间，夏衍开始以现实生活为题材创作了三幕剧《上海屋檐下》。当时正是西安事变之后不久，抗日统一战线处在酝酿之中，国民党政府被迫有条件地释放一批长期关押的共产党人和其他政治犯。一些革命者经营救陆续出狱，他们中间有些悲欢离合的故事触动了作者，使他写出了这部一度名为《重逢》的剧作——《上海屋檐下》。在这个剧本中，作者认真地“用严谨的现实主义去写作”，有意识地在人物性格刻画和环境描写等方面下功夫，力图“从小人物的生活中反映这个大的时代，让当时的观众听到些将要到来的时代的脚步声音”。

作品有意识地用阴晴不定、沉闷压抑的黄梅天气影射当时的政治环境，反映了西安事变以后、民族危亡之时，小人物在动荡不安的处境中的苦闷、悲伤和希望。剧情从郁闷烦躁的黄梅天开始，至传来“轰轰然的远雷之声”结束，其间烦人的雨声出现三十多次，蕴含着“天色黑暗到了一定程度，一定要落雨，雨下到一定程度，一定要天晴”的政治寓意。在情节的开展中，又多次出现灿然阳光的“一亮”“一闪”，隐约地表达了剧作者理想的光芒。剧中虽然没有写政治性的事件，甚至连“国民党的压迫”“日寇的侵略”之类的词句都没有出现，但却于平凡的生活中表现出强烈的时代气息和鲜明的政治倾向。主人公匡复的入狱，点出了国民党反动派对革命者的镇压。他的出狱归家，则暗示了形势的变化。林志成所在的工厂的工人闹事，从侧面展现了大波大浪的时代风云。老报贩李陵碑的独生儿子的牺牲，使人联想到“一·二八”战火给中国人民带来的苦难。小姑娘葆珍反复教唱的儿歌：“强盗来，打不打？打打打，一个不够有大家！我们都是勇敢的小娃娃，大家联合起来救国家。”更是显露了全民奋起抗日救亡的时代气息。

夏　衍

（1900～1995），作家、剧作家，他是抗战前期影响较大的剧作家之一，原名乃熙，字端先，浙江杭州人。1915年入浙江甲种工业学校。1919年，参与创办并编辑《浙江新潮》，开始走上文学道路。1920年毕业后赴日本留学，接受马克思主义，参加日本左翼运动。1927年“四·一二”政变后，在上海从事工人运动及翻译工作，译有高尔基的《母亲》等名著。

新中国成立后曾任文化部副部长、中国文联副主席、中国电影家协会主席等职。改编创作《祝福》《林家铺子》等电影剧本，著有《写电影剧本的几个理论问题》等理论专著。1994年被国务院授予“有杰出贡献的电影艺术家”荣誉称号。

2. 剧情简介

剧本描写了被捕入狱8年的匡复被释放了。他到好友林志成家来探寻自己妻子彩玉和女儿葆珍的下落，却得知妻子已与志成同居，因为他们早就听说匡复已死，于是三个人都陷入难以解脱的内心矛盾和痛苦之中。彩玉想和匡复追寻过去的幸福，但林志成负疚欲走时，两人八年患难与共之情，又突然迸发，难以分手。匡复理解、原谅了他们，在孩子们向上精神的启发下，克服了自己一时的软弱与伤感，留言出走。全剧除了这条主要情节线之外，还有几组人物：失业的大学生，被迫出卖自己的女人，勉强糊口的小学教员，儿子战死的老报贩，这些人都拥挤在一个“屋檐下”，合奏着“小人物”的生活交响曲。

剧本通过一座弄堂房子里五户人家的一天经历，十分真实地表现了抗战爆发前夕上海小市民的痛苦生活。在这黄梅天一样晴雨不定、郁闷阴晦的政治气候中，家家都有一本难念的经。沦落风尘的弃妇施小宝，被流氓逼迫去卖淫，她想挣扎，然而四顾无援，终于跳不出邪恶势力的魔掌。老报贩“李陵碑”孑然一身，他的独生子在“一·二八”战事中参军牺牲，使他孤苦无依，精神错乱，成天哼着“盼娇儿，不由人，珠泪双流……”，酗酒解愁。失业的洋行职员黄家楣，正陷于贫病交困中，偏巧这时辛辛苦苦培植他到大学毕业的老父亲从乡下来了。老父亲满以为这个自幼就被看为“天才”的儿子，早在上海有了“出息”，实际上“天才在亭子间里面”。儿子和儿媳企图用借债、典当把窘状隐瞒过去，强颜欢笑，谁知老父亲耳聋心不聋，私下发觉了实情，立刻托故回乡，临走还把自己最后一点血汗钱，偷偷留给了小孙子。小学教师赵振宇安贫乐命，与世无争，可他的妻子却愁穷哭苦，唠唠叨叨，为讨菜贩的一点小便宜竟至连蒙带唬，关门抵拒。“回身摸袋，故意迟疑，好容易将两个铜板交给卖菜的，当卖菜的挑起箩正要走的时候，她就很快地从他的箩里面拿了一支茭白。”作为剧中主线的，是二房东林志成、杨彩玉一家的故事。

林志成是一个工厂中的下级职员，他不仅由于做着亦“牛”亦“狗”的工作而整天担忧、赌气，更由于被监禁10年、久无消息的匡复的突然归来，使他禁不住良心的谴责。匡复是革命者，是林志成的好友，是杨彩玉的丈夫和葆珍的生身之父。匡复在被捕时托付志成照顾其妻女，后来匡复数年音讯杳无，志成与彩玉在患难中相爱同居。现在匡复意外地出现，志成哑然如遭雷击，慌然不知所措，只从牙缝里挤出“你，你。”两个字，冲到匡复身边“差不多抱住了他，但是一瞬间后，面色又惨变了”。他想以倒茶找烟来掩饰自己的窘态，却欲盖弥彰。匡复探问妻女的下落，他欲说不能；匡复听说妻女很好而感激他的救助，更使他羞愧难言。而妻子与朋友同居，这对满怀喜悦来找寻妻女的匡复来说，更不啻当头一棒。他内心异常混乱，随即颓然坐下，只茫然地、“学语似地”说：“同——居了！”长期的牢狱生活损害了他身体的健康，而眼前的尴尬局面又给了他意外的苦楚和酸辛。彩玉过去是同情革命的少女，为同匡复结合而脱离家庭，可匡复被捕后，孤苦、贫穷的磨难逼得她退却了，她在误以为匡复已经遭难的情况下与林志成结合，变成一个小心翼翼随顺夫权的家庭主妇、生活的奴隶，尽管她的感情还在前夫与后夫之间痛苦地挣扎着，剧本借助于戏剧冲突所表现的人物这种生活处境和精神面貌，无一不是与那个社会密切相关的，无一不是那个黄梅天一样压得人透不过气来的政治气候带来的结果。正是通过人物的不幸命运，对当时的黑暗社会和国民党反动统治提出了深沉强烈的控诉。

作者对这群人物的未来还是抱着希望和信心的。他把希望寄托在葆珍等“小先生”身上。孩子们高唱《勇敢的小娃娃》歌，朝气蓬勃，表达了“大家联合起来救国家”的决心。这歌声促使匡复重新振作起来，毅然出走。他声称，这“决不是消极的逃避”，并鼓励朋友们“勇敢地活下去”！他终究是一个革命者，用革命的理想克服了个人生活上的伤痛，走上“救国家”的人生大道。舞台上从远处轰轰然响起惊雷之声，预示着令人沉闷的黄梅天即将过去。

3. 艺术结构

（1）善于刻画人物性格。外貌描写也叫肖像描写，是通过对人物的容貌、神情、衣着、姿态、语调、外貌特征的描写，来揭示人物性格的一种方法。我们要知道人物的外貌是和人物内心世界密切联系的。言与行中见个性——语言描写与动作描写，语言描写有对话和独白两种。对话是两个人或几个人的谈话；独白是人物的自言自语。语言是人物内心世界的直接表露，对表现人物的思想性格起重要作用。心理描写是指人物内心的活动，是无声的语言。人物内心世界，指人物内心的喜、哀、乐、忧伤、犹豫、嫉妒、向往等复杂的感情。在写人的文章中，恰当地描写人物心理，可以更有效地刻画人物，突出中心思想。

（2）情节曲折生动，波澜起伏，具有生动性和丰富性。情节一般包括开端、发展、高潮、结局四部分，有的包括序幕、尾声。故事情节是指作品所描写的事件发展，演变的全过程，故事情节的一般结构：序幕—开端—发展—高潮—结局—（尾声）。故事情节来源于生活，它是现实生活的提炼，它比现实生活更集中，更有代表性。现实生活中的事件和矛盾是有始有终，有起有伏，并有一定发展过程的，因而戏剧情节的展开，也是有段落，有过程的。在作品中，情节的安排决定于作者的艺术构思，并不一定按照现实生活中的事件发生、发展的自然顺序，有时可以省略某一部分，有时也可颠倒或交错。

（3）综合运用戏剧的创作因素。曹禺曾经说：“作为一个戏剧创作人员，多年来，我倾心于人物。我总是觉得写戏主要是写人；用心思就是用在如何刻画人物这个问题。而刻画人物，重要的又在于揭示人物的内心世界——思想和感情。人物的动作、发展、结局，都是来源于这一点。”（看话剧《丹心谱》）在戏剧中对于人物的心理描写既不能像小说那样借助于作者抒写或内心剖析，也不能完全指望人物的独白，而是主要通过人物的语言动作来揭示其内心活动。以下几点是可以考虑的：善于把人物投入感情的旋涡，构成人物性格自身的冲突。比如郭沫若的历史剧《蔡文姬》，作者将蔡文姬置于归国途中，承受着感情的煎熬。善于配置多方面的错综复杂的人物关系，是揭示人物丰富内心世界不可缺少的条件。

通过次要人物来烘托主要人物，精心安排戏剧结构。戏剧结构是由情节、幕场等戏剧要素构成的戏剧存在形态。主要包括情节的安排、分幕分场的处理等内容。戏剧由于受时间、空间的严格限制，所以剧本的艺术结构与其他文学样式相比尤显得重要。

林风眠　憩息图

妙语佳句摘选：

这是一个郁闷得使人不舒服的黄梅时节。从开幕到终场，细雨始终不曾停过。雨大的时候，可以听到檐漏的声音，但是说不定一分钟之后，又会透出不爽朗的太阳。空气很重，这种低气压也就影响了这些住户们的心境。从他们的举动谈话里面，都可以知道他们一样地都很忧郁、焦躁、性急，所以有一点很小的机会，就会爆发出必要以上的积愤。

剧本巧妙地截取了上海弄堂房子的一个横断面，在一天的时间里，同时展现了经历不同、性格各异的五家住户的命运，生动地刻画了一群生活在半殖民地半封建社会的都市中心的小市民和小资产阶级知识分子形象。这五家是林志成家、黄家楣家、李陵碑家、施小宝家和赵振宇家。五户之间，既无血缘联系，又无历史的恩怨，各户有各户人物的生活经历和故事。这些故事，时而齐头并进，时而交叉进行，在时断时续中有条不紊地展开着，但它们之间又并非毫无主次。情节基本以林志成一家为主，以匡复、彩玉和志成三人之间复杂的经历和爱情纠葛贯串全剧，将失业的大学毕业生黄家楣、痛失爱子的孤老头李陵碑、被迫卖身的施小宝三家的苦难命运交织其间，并以乐天派中学教师赵振宇夫妇的苦中作乐的生活为穿插转换的交叉点，使丰富多彩、悲喜交集的剧情在严密的布局中，井然有序、波澜起伏地走向高潮，展现出未来的曙光。全剧宛如一幅自然和谐的真实社会风俗画，散发着浓厚的生活气息，显示了作者现实主义的独特风格。

这是生活在同一屋檐下的五户人家的凡人琐事，是失落了生之欢乐的小人物的苦痛与挣扎。在日复一日的平常景象里，夏衍潜心挖掘着人生内在的悲剧与喜剧。困扰林家的是一场别样的感情纠葛，置身其中的每个人都承受着痛苦和煎熬。匡复出狱时强烈的团聚热望，被阻隔在妻子他属的现实面前；当妻子想要回到他的身边时，他疑虑“残兵败卒”的自己能否给她幸福；知道妻子和好友志成的同居不单是“为了生活”，他不忍把痛苦加在别人身上，终于决定丢开私人的恩怨，告别一切，再次投奔革命。林志成的苦痛在于与受自己照顾的好友之妻同居，使他始终背负心灵的责难，他没有一日不觉得愧疚和负罪。匡复出现后，他慌乱、无措，却也感到解脱；尽管他还留恋着家庭的温暖和幸福，但更多的良知和自责，使他也选择了出走的路。屡屡遭遇变故的杨彩玉更是去留两难。生活的逼迫，命运的无常，使她个性中被激发出来的勇气退却了，她渐渐地安于妇职，而匡复的归来又搅乱她的心，何去何从成为一个繁难的问题。她既眷恋着匡复，渴望破镜重回，又不忍伤害在困难时给予她救助的林志成，不忍看见他的痛苦和不幸，她的心给这同样真诚炽烈的感情牵扯着，她的痛苦是这样震撼人心。生活铸成了错，却要无辜的人来承担恶果，在悲凉艰辛的境遇中，为别人着想，为所爱的人着想，这些人性中美好纯净的一面依然存留了下来，也将永世不灭。

除去作为主线的林家，余者各家皆有烦恼与不幸。在小人物的生活中，在他们的苦闷、悲伤和希望中，人们窥见到了这个大的时代的迷茫和光亮。

就艺术创作的角度看，《上海屋檐下》的情节凝炼而明快，交错而不失序，“用淡墨画出了这些人物的灵魂。细致而不落痕迹，浑成而不嫌模糊，真正的感情深沉地隐藏在画面的背后，不闻呼号而自有一种袭人的力量”。

（二）《智取威虎山》

1.《智取威虎山》的由来

八大革命样板戏之一的《智取威虎山》，源自曲波所著小说《林海雪原》。因为曲波曾亲身参加剿匪，所以书中很多描写与历史具有很高重合度，主要人物也大多存在原型，如代号“203”的团参谋长少剑波的原型正是曲波本人，而在现代中国成为英雄代名词的杨子荣更是原名原姓登场。

国共内战时期，整个东北除了长春、沈阳、锦州外都被共产党的解放军所控制。但山中仍有部分和共产党对抗的武装力量，解放军遂派出小股力量进行剿匪。亲身参与了剿匪斗争的曲波撰写了小说《林海雪原》。1958 年，上海京剧院根据《林海雪原》中“智取威虎山”的一段故事并参考同名话剧改编，并于 1958 年夏由上海剧院首创。

2. 主要故事情节

电影序幕拉开，一幅风雪漫卷、山舞银蛇的壮丽景色呈现在我们面前。剿匪小分队高举红旗疾驰而上，使人深深感受到中国人民解放军不畏艰险、乘胜前进的革命英雄主义精神和维护祖国锦绣河山的钢铁意志。

《智取威虎山》电影海报　徐克导演

1946 年冬，我人民解放军在东北战场取得辉煌胜利，为落实毛主席“建立巩固的根据地”的指示，某部团参谋长少剑波率一支部队进入深山，以便消灭逃进威虎山的座山雕土匪武装。

座山雕从前是土匪，还和日本人合作过，现在受封于国民党的国民革命军保安第五旅旅长。威虎山地势险要，易守难攻。

侦察排长杨子荣主动请命乔扮土匪胡彪，以献土匪许大马棒的潜伏特务的联络图为名，进入座山雕的根据地威虎山。少剑波自己则率领部队进驻夹皮沟，发动群众恢复生产，组织民兵。

杨子荣凭借丰富的战斗经验，多次战胜凶恶狡猾的座山雕的盘问与试探，取得了座山雕等人的信任，被封为威虎山老九。他利用“九爷”的身份，以“练兵”为名，送出情报。

借为座山雕祝寿之机，杨子荣计划将全部匪徒集中在威虎厅用酒灌醉，以便全歼匪徒。然而，当部队得到情报整装待发时，被我方逮捕的土匪栾平在被押送途中逃到威虎山，给杨子荣造成了严重威胁。在庆祝座山雕的六十大寿的百鸡宴前夕，土匪栾平识破了杨子荣的身份。他在座山雕面前指控杨子荣。杨子荣充分发挥革命军人的大智大勇，临危不惧，机智沉着，抓住栾平的弱点主动进攻，最后战胜了栾平，并把这个顽匪置于死地。

在“百鸡宴”上，杨子荣把匪徒灌醉，与参谋长率领的小分队里应外合，全歼匪徒。

3. 经典人物形象

（1）杨子荣

一个钢铁铸浇的无产阶级革命的英雄形象。在威虎山剿匪一役中，他既表现出了革命军人不畏艰苦、奋勇抗敌的顽强精神，又有革命军人的大智大勇。“深入敌营刺探军情”“智斗栾平”“里应外合，全歼匪徒”等无一不表现出革命军人的威武豪壮的英雄气魄和阳刚之气。虽天妒英才，英年早逝，但革命的英魂值得我们后辈学习和膜拜。

（2）少剑波

少剑波是东北民主联军牡丹江军分区独立二团团参谋长，青少年时代在胶东半岛生活战斗，日本投降后到东北牡丹江地区的林海雪原率领一支小分队剿匪，立下了无数奇功。少剑波是最早从事地下活动。在日本投降后，参加了东北的剿匪战斗，消灭了座山雕、许大马棒、蝴蝶迷等土匪。剿匪胜利后，该部补充编入东北民主联军主力野战部队。

（3）常宝

常猎户之女。在整个威虎山剿匪一役中扮演着不可替代的作用。奶头山一役中，杨子荣在其父女的帮助下，成功擒获土匪栾平，并且缴获了座山雕垂涎已久的秘密联络图和得知威虎山的山路地形，加快了剿匪的进程。在此一役中，常宝巾帼不让须眉的表现赢得了杨子荣和革命军人的赞扬，同时也向人们展现了“谁说女子不如儿郎”的飒爽英姿。

（4）座山雕

威虎山头号匪徒。黑脸膛、长着一副鹰钩鼻子、留着一把山羊胡子的猥琐的瘦小老头儿的形象。为人奸诈狡猾，老谋深算，且在匪徒之中颇有声望。在杨子荣乔装进了威虎山之后，他设下了三道关卡来试探杨子荣，可见其狡猾异常。最终在其六十大寿的“百鸡宴”上，被参谋长少剑波率领的小分队与杨子荣里应外合一举擒获，最后死在了监狱之中。

（5）栾平

人称“小炉匠”，在奶头山一役中被擒。他为非作歹，残害百姓，对“国军”异常忠心。在剧中杨子荣唱道：“为非作歹几十年，血债累累最滔天。代表祖国处决你，要为人民报仇冤。”最后被杨子荣枪毙在威虎厅中，长埋于威虎山麓。“在自己的地盘却死于敌人的手中”，永远睁着一双悲愤的眼。

4. 经典选段分析

（1）“只盼着深山出太阳，管叫山河换新装”

“誓把反动派一扫光，把剥削根子全拔掉。共产党，迎来春色换人间，甘洒热血写春秋。”寥寥几句，不仅表现出了山区穷苦人家不堪剥削、无力反抗的悲惨命运，重要的是期望人民解放军能够消灭剥削，“翻身当家做主人”。一个“盼”字就表现出了人民的殷切期望。“太阳”是老百姓心中的太阳，是他们的希望，是中国共产党和人民解放军带给他们的曙光。

“迎来春色换人间”是指共产党的到来让他们看到了胜利的希望，让他们感觉到了春回大地的温暖。因此他们“甘洒热血写春秋”。谱写的不仅仅是个人的“春秋”，还有消灭土匪和反动派，给祖国带来美好生活的“春秋”。

（2）杨子荣打虎

剿匪小分队侦察员杨子荣假扮土匪胡彪，骑着土匪许大马棒的马，奔向匪巢威虎山。他正在桦树林中喂马，马忽然一阵乱声嘶叫。杨子荣感到有情况，急忙隐蔽在一棵大树后面，紧握着步枪，向周围瞭望。

只听一声巨吼，灌木丛中一只大个的东北虎，露着利爪，竖着尾巴，一冲一冲地向马扑来。虎尾扫击着灌木丛，刷刷乱响，震得雪粉四溅。

马又一次惊恐地嘶叫起来，拼命地挣了两下缰绳，但没有挣脱。接着它四腿打弯，颤抖得站立不住，眼看就要倒下去。马被吓得不刨也不踢了，垂着头两眼死盯着扑来的凶恶敌人，鼻子里发出低沉的哀鸣。这突如其来的惊恐，使杨子荣喘息急促，心砰砰地乱跳，手中的枪也随着他的心微微颤抖。

一打：“有意思，要去威虎山，半路上又过了个景阳冈。”想着，杨子荣把身体贴紧树干，抽出匕首用力向树上一插，把步枪架在匕首上，克制住了枪身的抖动，屏住了紧张的呼吸，从虎的侧面，瞄准了虎头。他满有把握地一扣扳机，糟了，一颗臭子儿，没打响。二打：杨子荣惊出一身冷汗，刷的一声抽出大肚匣子，向老虎点射了几发子弹。老虎只是一惊，在地上打了个滚，显然又没打着。当它发现了树背后的杨子荣，便来了一阵凶狂的示威，吼声震得全山回响，尾巴像条巨大的鞭子，打得地上雪花乱飞。三打：杨子荣趁着它示威的一刹那，用步枪再射一枪，这一枪总算打响了，可是没打着老虎，子弹在离它三四步的距离着地。四打：他赶忙推弹上膛，向着扑过来的猛虎又是一枪。可是又没打着，老虎连蹦两个高，显得更凶恶，向杨子荣扑过来。五打：“打虎不中，会被虎伤。这几枪是怎么打的！”杨子荣扔掉步枪，全身绷紧得像石头，“再用大肚匣子射它一枪，愈近愈有把握，沉着，沉着……”他一面紧张呼吸，一面盯着这个扑过来的凶恶敌人，只有十步距离了，老虎把前爪向地上一按，准备它最后的一扑。“好机会！”杨子荣“当”的一枪，打中了老虎的一条前腿。六打：老虎一受伤，就没有扑到杨子荣跟前，可是离杨子荣也只有两三步远。老虎一声狂吼，立起两条后腿，张开血盆似的大嘴，直向杨子荣扑去。就在这一瞬间，杨子荣枪口对准了虎嘴，把枪内的子弹全打了出去，子弹通过老虎的口腔，从脑盖骨穿过；老虎扑到在雪地上，尾巴乱绞了一阵，死了！

（3）杨子荣智斗栾平

解放军剿匪小分队侦察排长杨子荣设计捕获了东北土匪联络官栾平。从对栾平的审讯中得知奶头山匪首许大马棒手下有一个叫胡彪的副官已在奶头山剿匪战中被打死，此人是栾平的拜把子兄弟，威虎山匪首只闻其名未见其人；另外从栾平身上搜到了一张令威虎山匪首座山雕垂涎已久的“联络图”——国民党东北潜伏特务的分布图。

经过精心准备以后，杨子荣装扮成匪徒胡彪，携带联络图打入了威虎山匪巢，被座山雕委任为“上校团副”，杨子荣与小分队约定，除夕之夜趁座山雕六十大寿大摆“百鸡宴”之时，里应外合全歼威虎山匪帮。

大年三十，“胡副官”任总值日官，把所有匪徒都安排到威虎厅喝酒，只等小分队的到来。

就在这时，一件意想不到的事情发生了，栾平从小分队逃了出来，上了威虎山。在威虎厅上，杨子荣与栾平四目相视，身份拆穿事小，剿匪计划落空事大。就在众匪拔枪相向，空气紧张得如同凝固一般的时候，大智大勇的杨子荣面对栾平“他是共军”的号叫怒目而视，“你说我是共军，就算我是共军，那么，当着三爷和各位兄弟的面，请你把我这个共军的来历谈一谈。”只见栾平一会儿说“三爷，他真是共军”，一会儿说“胡彪兄弟，看在多年兄弟份上”……始终无法说个明白。最后，匪首座山雕认定他是诬陷“胡彪”，冷笑三声，杨子荣把栾平拉出威虎厅枪毙了。接着小分队赶到，全歼了这股土匪。

为什么栾平会出尔反尔，首鼠两端呢？这是因为：如果他说出自己因为被杨子荣所抓，那么他深知座山雕的规矩“凡被共军抓过的杀毋论”，这是栾平想躲避的；但不说出这个真相，则是对“胡彪”的诬陷，对座山彪眼前的红人“上校团副”诬陷没有好果子吃，这也是栾平想躲避的。两个都想避，可避得了“被抓”就避不了“诬陷”，避得了“诬陷”就避不了“被抓”，于是一会儿“他真是共军”，一会儿“胡彪兄弟”，最后置自己于死地。

5.《智取威虎山》的影响和意义

《智取威虎山》剧情跌宕起伏，人物性格鲜明，唱腔高亢激越，各个行当齐全，戏中唱段安排巧妙合理，每句台词都精雕细琢，几乎每段唱腔都能获得观众的满堂彩。有评论认为，《智取威虎山》在戏曲艺术造诣上拥有极高成就，是一座难以逾越的艺术巅峰，将载入京剧发展的史册。

侦察排长杨子荣豪爽刚毅，参谋长少剑波足智多谋，两大英雄人物一刚一柔。性格鲜明的人物、扣人心弦的情节、雄浑开阔的画面，使该剧洋溢着一种威武豪壮的阳刚之美。该剧已经先后演出数千场，堪称经久不衰的红色经典。剧中光彩照人的孤胆英雄杨子荣被几代人传颂，独具韵味的曲调和唱词至今仍被人频频唱起。

在我们欣赏样板戏的同时，不仅欣赏的是革命样板戏，而且是从这些唱段中可以看到我们党领导中国人民进行艰苦卓绝的斗争，战胜国内外敌人可歌可泣的历史画卷。历史告诉我们，只要我们党和人民永远心连心，我们的军队永远和人民心连心，任何艰难险阻都能战胜，我们的事业就会无往而不胜，从而激励我们永远忠于党，把我们的国家建设得更加美好！

6.《智取威虎山》的艺术特点

《智取威虎山》：英雄形象、舞蹈和音乐的糅合。革命样板戏中，杨子荣的英雄形象的构建主要是以舞蹈和音乐双管齐下的方式来完成。舞蹈是通过人物的外在形象，包括造型、表情、动作等乃至于场面调度的配合，以展现英雄人物的内心世界。换言之，英雄人物的内心世界是外在形态的主宰，其外在形态为内心世界的体现。至于场面调度方面，主要是以“三突出”为重点。

而“三突出”其重点是所有的人物突出正面人物，正面人物中突出英雄人物，英雄人物中突出主要英雄人物。也就是说，在塑造正面人物时，必须从英雄人物出发，所有的正面人物犹如绿叶陪衬红花般去烘托英雄人物，特别是主要的英雄人物，这样就形成了以多层次的烘托突出主要英雄人物的局面。

为进一步解释音乐的叙事功能和如何活化英雄人物的建构，则需要通过特殊方式来呈现出来，那就是剧中音乐。

《智取威虎山》的戏曲便是剧中音乐。可分为声乐和器乐：声乐即唱腔，指有唱词的歌曲；器乐则为伴奏音乐，属于配乐的性质，起辅助和烘托作用。唱腔以剧中音乐的形式出现，使得歌曲可以被直接

“革命样板戏”

“文革”时期，有一些被树立为文艺榜样的，以戏剧作品为主，加上少量音乐作品的大中型舞台艺术作品，统称为“革命样板戏”或“革命样板作品”，俗称“样板戏”。

当时俗称的“八个革命样板戏”有：京剧《红灯记》《智取威虎山》《沙家浜》《海港》《奇袭白虎团》，芭蕾舞剧《红色娘子军》《白毛女》，交响音乐《沙家浜》。

纳入叙事中，让剧中人物（特别是英雄人物）不仅演出他们的角色，更直接由演员长处他们的感受。

如“百鸡宴”擒顽匪一幕，有风、雪、马等景物形象的音调，也有刻画杨子荣英雄形象的音调，但是自始至终都是以杨子荣为主体。在音乐布局上，器乐与声乐互为宾主关系，声乐为主，器乐为次。

在剧中情节的高潮处，我们就能够更好地体会到无产阶级革命人物的英雄形象。第四场（定计）的叙事基点以英雄人物杨子荣为首要的，其核心唱段“坚决要求上战场，心潮澎湃，飞速前进”明确地表达了奔赴革命斗争的坚强意志。此时，杨子荣的唱腔成为叙事的主体，器乐进一步彰显了情感的诉求。同时，音乐不啻强化了革命的精神，也营造了引致阅听人情感洋溢。

第三节　国外经典戏剧赏析

古希腊戏剧、古罗马戏剧、欧洲中世纪戏剧、欧洲文艺复兴时期戏剧、古典主义戏剧、浪漫主义与现实主义戏剧以及现代欧美戏剧，构成了一条源远流长的西方戏剧文化发展的历史场合和丰富多样的艺术景观。

一、国外戏剧历史简述

（一）古希腊罗马时期

古希腊戏剧大致繁荣于西元前6世纪末至西元前4世纪初之间的古希腊世界的戏剧。彼时古希腊的政治和军事中心雅典城同时也是古希腊戏剧的中心。雅典的悲剧和喜剧也包括在全世界范围内出现最早的戏剧形式之中。古希腊的剧场和剧作对西方戏剧和文化的发展产生了持续而深远的影响。

它来自于民间滑稽剧和祭祀酒神的狂欢歌，在希腊最流行的是春秋两季为祭祀丰收而举行的酒神祭祀。这时人们排成盛大的行列，组成合唱队，合唱酒神的赞美歌。表演根据酒神的事迹所编演的故事，西方学者从《诗学》归纳出古希腊戏剧的特点于三一律，即时间的一致，地点的一致和表演的一致。古希腊戏剧的情节通常只发生在一天之内，地点也不变换。在情节上也往往只有一条主线，不允许其他支线情节存在。亚里士多德提出“三一律”理论的初衷在于描述一种客观的形式，而非规定一种理想状态。并非所有的古希腊戏剧都遵循刻板的“三一律”，但这一理论适用于绝大多数情况。亚里士多德在诗学中还提到剧场的六大元素，分别为情节（plot）、角色（character）、思想（thought）、语言（language）、音乐（music）、与景观（spectacle）。

（二）文艺复兴时期

文艺复兴是欧洲戏剧发展史上的黄金时代。借助大量古典作品的翻译，文艺复兴戏剧家不仅从内容、形式上模仿古典戏剧，而且通过研究古典戏剧理论，创造出四种新的戏剧类型。同时，在创作过程中，戏剧家把人本精神和对现实生活的感受融入剧作中，使作品更多地反映人的天性及社会生活，具有鲜明的时代特色，文艺复兴戏剧因之超越了古典戏剧成就，为近代欧洲戏剧发展奠定了基础。

文艺复兴时期喜剧的繁荣是以 N. 马基雅维利（1469～1527）、L. 阿里奥斯托（1474～1533）和 P. 阿雷蒂诺（1492～1556）的创作为标志的。马基雅维利的代表作《曼德拉草根》（约 1518）是第一部意大利语喜剧，该剧抨击教会的虚伪和堕落，谴责以金钱为基础的家庭关系，歌颂爱情和享乐主义。剧中人物的性格得到生动的刻画。阿里奥斯托的喜剧继承古罗马喜剧的传统，以爱情和家庭生活为题材，颂扬平民百姓，揶揄贵族富人，反映了社会的世态习俗。阿雷蒂诺的喜剧塑造了从王公侯爵至仆人、妓女等三教九流的人物形象，形式自由，语言通俗，具有强烈的喜剧效果。

悲剧在文艺复兴时期也获得发展。意大利第一部悲剧是 G. G. 特里西诺（1478～1550）的《索福尼斯巴》（1514/1515～1562）。该剧取材于古罗马历史，讴歌爱国主义。吉拉尔迪·钦齐奥（1504～1573）是“恐惧悲剧”的代表，他的《奥尔比凯》借恐怖、残忍的事件来刺激观众，进行道德教谕。阿雷蒂诺的《奥拉齐娅》（1546）以壮丽的场面描写个人同国家利益的冲突，

经典戏剧推荐

古希腊时期
埃斯库罗斯《被缚的普罗米修斯》
索福克勒斯《俄狄浦斯王》
欧里庇得斯《美狄亚》

古罗马时期
普劳图斯《一坛金子》

文艺复兴时期
莎士比亚《哈姆雷特》《麦克白》《李尔王》《威尼斯商人》

古典主义时期
高乃依《熙德》、莫里哀《伪君子》《吝啬鬼》

18 世纪
哥尔多尼《一仆二主》博马舍《费加罗的婚姻》

19～20 世纪
皮兰德娄《六个寻找戏剧作家的角色》和怪诞戏剧《面具与脸》

是文艺复兴时期最出色的悲剧。

15世纪末出现了一种新型的戏剧——田园剧。这些剧大都应贵族的要求而作，在各城邦的宫廷演出，以古代神话传说为题材，通常用韵律丰富的诗体写成，演出时配以悦耳的音乐和优美的服饰与布景，表现一些抒情的场面，但脱离现实生活。

文艺复兴时期，戏剧家把人本精神和对现实生活的感受融入剧作中，使作品更多地反映人的天性及社会生活，具有鲜明的时代特色。

（三）古典主义戏剧

古典主义戏剧在欧洲17世纪盛行的古典主义文艺思潮影响下形成；17世纪法国发展得最为完备，在欧洲戏剧界曾占支配地位，到19世纪浪漫主义戏剧兴起后逐渐消失。

古典主义戏剧崇尚理性；模仿古人；主张类型化人物——要求“人物”在理性前提下；提倡“典雅”风格；选择戏剧场面；强调“三一律”。

古典主义戏剧创作的繁荣，促进了古典主义表演艺术的发展，古典主义戏剧流派由于适应了君主专制、中央集权的政治需要，受到这种政权的保护、鼓励与培植，因此得以在欧洲剧坛延续达200年之久。直到资产阶级革命开始，浪漫主义戏剧兴起后，古典主义戏剧流派才逐渐消失。

（四）18世纪戏剧

18世纪下半叶，随着资本主义经济的发展，民族意识逐步觉醒，日益庸俗、僵化的即兴喜剧已不能适应历史的要求，于是启蒙主义戏剧应运而生。C. 哥尔多尼对流行于意大利舞台200多年的即兴喜剧进行大胆的改革，创立具有时代、民族特色的“风俗喜剧”或称“性格喜剧”。哥尔多尼从民主主义立场出发，让平民成为舞台的主人公，对他们的聪明才智、纯真善良的品格予以热烈的礼赞，对封建贵族的骄横恣肆、腐败堕落予以尖锐的抨击。他的批评锋芒也指向资产阶级，揭露他们同封建旧思想的联系，同时，又塑造了理想化的、开明的资产者的形象。哥尔多尼的喜剧展示了意大利18世纪丰富多姿的社会生活，表达了民族复兴运动前夕资产阶级改革社会政治的要求，奠定了近代意大利现实主义喜剧的基础。

与此同时，在西方，工业革命风起英伦，启蒙运动激荡全欧。这一切，都使18世纪戏剧创作的伦理学向度发生了重要的转型。一方面，传统的伦理准则显然不能适应发展中的资本主义的需要；另一方面，正在崛起的资产阶级则亟待确立自己的社会伦理和道德规范。为此，他们凭借清教主义的艺术伦理，首先在舞台上发起了一个道德清洗运动，进而集中思考人与社会、人与人、人与自然之间的关系，初步确立了带有典型资产阶级特征的戏剧伦理学。

（五）19～20世纪戏剧

在19世纪，欧洲戏剧分为两大流派：浪漫主义戏剧与现实主义戏剧。浪漫主义戏剧以强调表现主观的内心生活、强调创作自由为原则，代表性作家有法国的雨果、维尼、缪塞、大仲马，德国的克莱斯特，俄国的普希金等。在19世纪30年代以后发展起来的现实主义戏剧，则更重视客观性及细节真实，它强调再现完整的人，重视人的个性特征。在欧洲，现实主义剧作家有挪威的易卜生，法国的小仲马，英国的萧伯纳、高尔斯华绥，俄国的果戈理、奥斯特洛夫斯基、托尔斯泰、契诃夫、高尔基等。

在外国戏剧史上，20世纪是一个发展迅速、成就卓著的时期，也是一个流派纷呈、变化多端的时期。前一个时期那种一个阶段一种主潮的状况已经打破，新的思潮流派不断出现，形成一个多元共存、互相碰撞又互相吸收的局面。其实，上述新情况从19世纪末期已初露端倪。那时，西方资本主义国家从自由资本主义进入垄断资本主义阶段，其内部的社会矛盾和各资本主义国家之间的矛盾空前激化，思想界、文化界、文艺界也变得十分活跃、十分复杂。传统的东西已经失去其稳固的地位，新起的尼采超人哲学、叔本华生命哲学、弗洛伊德精神分析学等反传统反理性的思想应运而生。文学方面，有自然主义、唯美主义、象征主义蓬勃兴起，冲击着现实主义。在欧洲，还出现了一个“新戏剧”运动。这个运动打破了前一阶段以情节取胜而内容平庸的“佳构剧”的统治，改变了戏剧舞台死气沉沉的局面。许多戏剧家更在已经取得的成果的基础上进行新的探索，使戏剧跨上了一个新的历程。

到了这个时期，传统与现代主义的分界较明朗。与非理性的潮流相反，德国优秀的戏剧家布莱希特将哲学、社会学、美学结合起来，创建了叙事式戏剧理论，突出理性的价值，他丰富卓越的戏剧创作对20世纪的戏剧产生了相当深远的影响。

二、国外经典戏剧赏析

（一）莎士比亚戏剧《哈姆雷特》

你是坟墓以外的一座纪念碑，

你仍然活着，只要你的书还在，

只要我会读书，会说出赞词。

你诗人之星，照耀吧！用你的激情申斥，

或灵感之流鼓舞，衰落的剧坛；

自从你高飞而去，它就像黑夜般哀伤，

盼不到白昼，要不是有你这卷著作的光芒。

——本·琼生吟赞莎翁

《哈姆雷特》是莎士比亚悲剧中的代表作品。在思想内容上达到了前所未有的深度和广度，深刻的揭示出封建末期社会的罪恶与本质特征。

就人物性格的内在表现来看，《哈姆雷特》是最令人觉得扑朔迷离的，或者说是最富于哲学意味的。其中如父王为恶叔所弑，王位被篡，母后与凶手乱伦而婚，王储试图复仇而装疯卖傻等情节，均可见于古老的北欧传说，特别是丹麦历史学家所著的《丹麦史》中。这些尘封已久的原始资料，本来只记载着一些粗略的情节和苍白的姓名，毫无性格于动作可言，但是在莎士比亚的笔下，读者却发现自己生活在一群鲜活的人群中间，几乎和他们休憩相关，祸福与共。特别不可思议的是，其中出现了一个几百年来令世人叹为观止而有莫测高深的光辉典型。围绕这个主人公，可以提出很多问题。例如哈姆雷特是真疯还是假疯？这个性格的典型意义在哪里？这些问题都不是单凭剧情就可以解决的。

要充分认识和正确评析本剧的中心人物，必须全面照顾他的性格和环境相矛盾的复杂性，认识他从“时代脱臼了，真糟糕，天生我要把它板正过来”这句豪言壮语，到“生存还是毁灭，这是一个值得考虑的问题”这句绝望的叹息的全部心里背景。实际上，哈姆雷特的尴尬在于以一个纤弱而又明达的心灵肩负着与其行为能力不相称的重任。用歌德的说法：“这是一株橡树给我栽在一个只应开放娇嫩的花朵的花瓶里。”哈姆雷特，一个纯洁，高尚，有道德，有知识，有决心，只能以思想代替行为，不可能成为英雄的人，就是那个“花瓶”；那项他承担不起，几乎连渺茫的希望都没有，但又决不可推卸的复仇重任，就是那株“橡树”。一旦“橡树”的根须膨胀开来，“花瓶”就非给挤破不可，这就是悲剧。在哈姆雷特身上，人的脆弱性和环境的残暴性是如此的相反而又相成，以至这个独特的性格在内涵方面显得致密而厚重，在外延方面也显得博大而深广。正是这样，有的专家便声称，哈姆雷特并不是一个客观的过时的角色，而是我们每个人自己。

莎士比亚不属于一个时代而属于全世纪，他的戏剧就象灿烂星空中的北斗，为人们指引着方向。

“生存还是毁灭，这是一个值得考虑的问题”他提出这个问题正是哲学的基本命题。因为刚刚发生在他身上的这些事引发了他对人生哲理的思考，在他的人生中诸事顺逆的时候，他是不会考虑到这个问题的，那时他看到的只是人生的光亮面，那时的生活无疑是美好的，而现在，突如其来的这场悲剧迫使他正视生活阴暗的一面和人性丑陋的一面。

莎士比亚悲剧的特点

鲜明的人文主义思想，悲剧全部以主人公的名字命名；巧妙的多线索组织，悲剧冲突都是建立在性格冲突的基础上。性格产生了行动，行动导致了冲突，冲突导致了流血，终至造成悲剧；悲剧冲突的两方，不管是善还是恶，害人者或是被害者，最后都是同归毁灭；偶然性与必然性的统一。

可以说，哈姆雷特对人生中阴暗的那一面还是有比较深刻的了解的。过去他对这一切只是视而不见而已。如今残酷的现实迫使他面对这一切。他预感到，自己已经被不可避免的拖入到一个悲剧的命运中。如果他父亲真是被害死的，那么为父报仇就成了他一生中不可推卸的使命。而他的敌人又是当今的国王，要想杀死他，肯定不是一件容易的事，但无论多么困难，杀父之仇是不能不报的，而他当前的任务是要想出一个巧妙的办法来核实他的叔父是否杀害了他的父亲。阴谋，暗算与残杀，这些是违背哈姆雷特善良纯真的本性的，但又是他复仇的使命所必须的。处在人生中花样年华的哈姆雷特背上了沉重的复仇使命，心中整日充满仇恨，使他内心阴暗而沉重，他陷入了无法自拔的痛苦的深渊。

［法］米勒　铁匠和他的新娘

对于死亡的“重重的顾虑使我们全变成了懦夫，决心的赤热的光彩，被审慎的思维盖上了一层灰色，伟大的事业在这一种考虑之下，也会逆流而退的。失去了行动的意义”。哈姆雷特在生死问题上的疑惑也预示着他在未来复仇行动上的犹豫不决，放过了一个轻而易举的复仇机会。那仅仅因为在复仇祈祷的时候，杀死他有可能使他进入天堂，那就太便宜了他。这一段心理活动的描写表现了他对人生无法解答的根本问题哲理的思考，这个问题可以说对整个人类，都具有普遍的意义。

哈姆雷特一直在装疯装傻来蒙蔽叔父让他放掉戒心，同时他的疯话无时无刻不在尖锐地讽刺着、批判着、指责着，他的疯话往往能点出社会缺失的地方。

王后：哈姆雷特，你把你父亲大大得罪了（你把现在的父王给得罪了，惹他不高兴了）

哈姆雷特：母亲，你把我父亲大大的得罪了（母亲的改嫁把我真正的父亲给得罪了，是对不起先王的）。

王后：好了，好了，你的回答真是瞎扯（就是简单的没有其他含义的指责）

哈姆雷特：得了得了，你的问话别有居心（母亲是受叔父的旨意来探我的话的吧）

王后：怎么了，哈姆雷特

哈姆雷特：什么又怎么了

王后：你忘了是我

哈姆雷特：我没有忘，没有！你是皇后，你丈夫弟弟的妻子。我真但愿你不是我的母亲。（你丈夫弟弟的妻子就是很严厉很讽刺地指责母亲，希望做了这对不起先王事情的人不是自己的母亲，他甚至以母亲为羞）

王后：好，我去叫会说话的跟你说（谁是会说话的？我不太懂）

哈姆雷特：来来，你坐下来，你不许动。我要在你面前竖一面镜子叫你看一看你的内心的最深处。（表面拿面镜子照亮母亲内心，实质是想让母亲在镜子面前看到最真实的自己，去反省自己的所作所为是不是对得起"美德"王后，接着就下面的文章跟母亲摊牌）

欧洲文艺复兴的人文主义思想构建了莎士比亚戏剧的精神内核。莎士比亚所处的时代正逢都铎王朝末世君主伊丽莎白女王的相对开朗的所谓"盛世"向詹姆斯一世强化王权专制统治的斯图亚特王朝的"混世"的过度时期。而哈姆莱特是莎士比亚想说明的过渡时期的人物典型，他只能提出现实世界是不合理的，但他不能解决这个问题。出于时代和阶级的局限，哈姆莱特的人物构筑在于他能勇敢地揭露世界上存在的种种丑恶，而不在于他如何去消灭这些罪恶。他所代表的新生力量，还处在幼稚的阶段。没有足够的力量去改革显示，消灭罪恶。哈姆莱特的结局反映了封建势力下新生力量的斗争，和他们的悲剧命运。他的精神面貌没有被拔高，胜利也没有被虚构。

莎士比亚是人文主义最杰出的代表。他是文艺复兴时期英国伟大的戏剧家和诗人，是欧洲文学的奠基人。我们可以从他创作的三个时期里，清晰地看到莎士比亚人文主义理想的形成、发展及幻灭。第一个时期，一般的称为历史剧，喜剧时期。在这一时期里，莎士比亚接受了进步思想，形成了人文主义世界观。第二个时期，一般的称为悲剧时期。这个时期，莎士比亚越来越清晰的认识到人文主义思想与黑暗现实之间的深刻矛盾及不可调和性。第三个时期，一般的称为传奇剧时期。这个时期，莎士比亚人文主义理想破灭，梦想通过超自然的力量，用仁爱和宽恕的精神来调和矛盾，实现理想。

莎士比亚的作品从生活真实出发，深刻地反映了时代风貌和社会本质。他认为，戏剧“仿佛要给自然照一面镜子：给德行看一看自己的面貌，给荒唐看一看自己的姿态，给时代和社会看一看自己的形象和印记”。马克思、恩格斯将莎士比亚推崇为现实主义的经典作家，提出戏剧创作应该更加“莎士比亚化”。这是针对戏剧创作中存在的“把个人变成时代精神的单纯的传声筒”的缺点而提出的创作原则。所谓“莎士比亚化”，就是要求作家象莎士比亚那样，善于从生活真实出发，展示广阔的社会背景，给作品中的人物和事件提供富有时代特点的典型环境；作品的情节应该生动、丰富，人物应该有鲜明个性，同时具有典型意义；作品中现实主义的刻画和浪漫主义的氛围要巧妙结合；语言要丰富，富有表现力；作家的倾向要在情节和人物的描述中隐蔽而自然地流露出来。

（二）《巴黎圣母院》——经典的深度诠释

作为文学史上的辉煌著作，原作拥有着非凡的艺术地位；而这个全部由法国人改编表演的音乐剧《巴黎圣母院》，以其强烈的表现力和新颖的视角，不仅在现代戏剧表演中获得了极高的评价，也一举重塑了我心中对于所谓“剧”的印象。

《巴黎圣母院》的剧情梗概我们都有着基本程度上的了解，但是音乐剧一开始诗人的开场就给人以心灵的震撼——

“大教堂撑起这信仰的时代

世界进入了一个新的纪元

人类企图攀及星星的高度

镂刻下自己的事迹

在彩色玻璃或石块上

年复一年，日复一日

一世纪接一世纪，爱从未消逝

人类眼看亲手造的塔越升越高

诗人和吟游歌手唱着爱曲情歌

许诺要带给所有人类

一个更好的明天

大教堂撑起这信仰的时代

世界进入了一个新的纪元

人类企图攀及星星的高度

镂刻下自己的事迹

在彩色玻璃或石块上

信仰的时代已成云烟

野蛮人群集在各个城门

异教徒和破坏者纷纷涌进

世界临近末日

预言了西元两千年的今日”

在中国的表演中是很少可以见到这种水平层次的内容的。“人类企图攀及星星的高度”，和国外不同，中国的戏剧更倾向于塑造人物和描述事件，而不会站在很高的角度审视人类自身，也不会随便说出“世界末日”这种在中国人看来“哗众取宠”“耸人听闻”的字眼，这也正是我们保守的体现。震撼的唱词一遍一遍愈发洪亮，慑人心弦，很快就引导听众以批判的心境和崭新第三人称（上帝）视角进入了剧情的发展。紧接着的吉普赛人群体表演同样的张力十足，编剧花了很多的精力在这样一段表演上用以突出社会人种间的矛盾，事实上，这正是导致爱斯梅拉达悲剧的一个重要因素。“我们是异乡人”“非法移民”“啊圣母！我们向您乞求收容！庇佑！”这些看似自卑的语句由首领带领众人以极富力度和气势的语调唱出，体现了文明人所崇尚的“信仰和神明的慈爱”是多么的虚伪而无力。这也是一种截然不同的表现方式。若是在中国，想要表达类似的思想，则往往是以所谓的“感人”来博取同情，从某种层面上说，这种倾向就是文明的不健全或者说是对人格的不敬。反观《巴》的这种表达方式，是使得人们在震撼的基础上获得了强烈的代入感，从而以更为真实的体验认识到矛盾的突出，期间没有卑劣意识左右下的甚至仅仅为了满足一时情感需要的“伪同情”，却给人以更为透彻的教导意义。

说这部改编剧创新新颖，既有舞台布局道具选用的意象化概念化，也有剧情节选增添巧妙合理又有升华……但最让我在意且与众不同之处就在于，本剧不再把大量精力放在男女主角的塑造上，而是分出了不少戏份在原本处于二线地位的“神父”和“警卫队长”身上。如果说男女主角代表的是纯粹的善，这两个反派角色却不能简单的用一个“恶”字来概括。中国人喜欢给位个角色贴上善或恶的标签，但在西方却没有这样分明的情感要求。在西方文化中，人们认为在上帝面前每个人都是“有罪的”，一个纯粹“善的角色”是不立体的。所以，这场局着重表现了“神父”和“警卫队长”的矛盾，因为这才是最真实“人类”的相貌，比起对“真善美”的标榜，这更能引人反思。警卫队长腓比斯的那段“我的心分给两个人”可谓是全剧中最巧妙最抽象的独白戏。一般的认识来看，警卫队长是一个花心而贪图美色的男人而遭鄙夷，但是这里却被塑造成一个“多情男子”，他是确确实实为两个女子付出了爱，而且还为此感到罪恶，以至于不停呼喊“心碎”“心碎”。虽然同样是这个男子，行为较之于原著不无区别，但是这种独白的设计却使得人物一下丰满真实了许多。或许现实中也有许多人干着与此人相同的勾当，但他们中的大多数不会将自己与传统看法中的腓比斯画上等号——因为他们会给自己找各种借口理由而否定自己是“恶人”。但是现在，腓比斯成了一个“为情所伤”的“性情中人”，这更能反映人的心在现实中的复杂，也更具有了现实的象征意义。同样，神父的表演也是巧妙到位，对艾丝美拉达的“我的床还是地狱”的逼迫不再是虚伪可憎的面孔，而是双手摩擦甚至不敢看美人一眼的背德的灵魂的低声嘶吼。他不是一副淫贼般垂涎的表情，而是像孩子渴望玩具般以渴求的神态说出“我只是想爽一下”——一个恶人一下变成了一个可怜虫。正是人文情怀的体现，编剧让我们能够更全面而感性地去理解人物事物，可谓是经典随时代发展的升华。

西方戏剧发展比中国戏剧发展的速度要快、要早。古希腊酒神祭祀活动中的歌舞表演很快地演变成了以叙事为主体的戏剧，而中国的“诗歌、舞蹈、音乐三位一体的表演”，却较长时间地原地踏步、徘徊不前，一直到很晚的宋元时代才演变成为正式“戏曲”。中国是一个抒情诗的王国，真正的叙事诗的兴起从唐代的变文算起。发展到宋、金、元时期，说唱艺术才汇集了前代叙事诗的成果，以多样的形式在民间广泛传播，这样不但为后来的戏曲提供了有待戏剧化的音乐结构和歌唱、散说等手段，更为其提供了大量的反映各阶层社会生活的故事内容。当这种说唱文学一旦与从汉唐以来出现的歌舞戏、滑稽戏相遇，才以一种巨大的催发力量，促使我国戏曲以独树一帜的形态迅速出现于东方巨坛。

中西戏剧由于形成的基础不同，以及艺术旨向、审美趣味不同，在漫长的历史进程中也就形成了不同的文化品格，各有所重，各具特色。

著名的学诚大师说过：“在生死的长夜中，用真理和热情点燃心灯，照亮自己也照亮别人；在无限的生命里，帮助自己也帮助别人。”人生如戏，在整个人生舞台上，生旦净末丑，我们扮演着不同的社会角色；唱念做打，我们演绎着自己的漫长人生。

在科技飞速发展，人民生活水平不断提高，物质文明发达的今天，精神文明感到日益匮乏。我们渴望充实的人生，我们期盼和谐的沃土，在渴望与期盼中，期待着精神上得到寄托，心灵上得到洗涤。于是，很多人在繁华之夜灯红酒绿；很多人在独处时倍感无聊……他们妄想深夜买醉后可以忘却一切的不如意；他们以为生活是仅仅为温饱而疲于奔命。可是，已经有更多的人开始意识到，人可以换种活法，“慢生活”正在被越来越多的人接受和追捧。听听舒缓的音乐，欣赏一下古老的戏曲，翻翻尘封了的书，拿起平日堆叠的报，或是下下厨房做顿佳肴，或是打打太极、练练瑜伽。所有这些，都是努力在使人们生活的步调慢下来，只有慢下来，你才可以看到人生中的风景；只有慢下来，你才可以审视自己、修养自己。

图书在版编目（CIP）数据

经典阅读/王书芬主编．-- 济南：山东人民出版社，2016.2

ISBN 978-7-209-09379-8

Ⅰ．①经… Ⅱ．①王… Ⅲ．①阅读欣赏－高等学校－教材 Ⅳ．①G634.333

中国版本图书馆CIP数据核字(2015)第304744号

经典阅读

王书芬　主编

主管部门　山东出版传媒股份有限公司
出版发行　山东人民出版社
社　　址　济南市胜利大街39号
邮　　编　250001
电　　话　总编室（0531）82098914
　　　　　市场部（0531）82098027
网　　址　http://www.sd-book.com.cn
印　　装　日照报业印刷有限公司
经　　销　新华书店

规　　格　16开（184mm×260mm）
印　　张　16.25
字　　数　270千字
版　　次　2016年2月第1版
印　　次　2016年2月第1次
ISBN 978-7-209-09379-8
定　　价　30.00元